학교 겁내지 말자

학교, 겁내지 말자

초판 1쇄 발행 2009년 10월 1일
초판 2쇄 발행 2010년 10월 30일

기획 참교육학부모회
글쓴이 박이선, 황수경
펴낸이 현병호

편집 권정민, 김경옥, 홍주리
디자인 조현상

펴낸곳 도서출판 민들레
주소 서울시 마포구 동교동 203−48
전화 02) 322−1603
전송 02) 6008−4399
전자우편 mindle98@empal.com
홈페이지 www.mindle.org

값 12,000원 (잘못된 책은 바꾸어 드립니다.)
ISBN 978−89−88613−36−8(03370)

학부모가 **꼭 알아야 할** 학교생활 지침서

학교 겁내지 말자

참교육학부모회 기획

박이선 · 황수경 지음

민들레

차 례

다른 아이들도 두루 보시길

도종환 교사, 시인

우리나라 학부모처럼 자녀교육에 열의와 관심이 높은 학부모는 없을 겁니다. 아이가 공부도 잘하고 인간성도 좋고 예의 바르며 자기 할 일을 알아서 하는 사람으로 자라길 바라며 온갖 정성을 다 기울입니다.

그런데 이 교육열도 시간이 지나면서 양극화 되어갑니다. 특정 학교를 향한 진학열로 기울거나, 서서히 열망과 기대를 접고 포기하는 쪽으로 나뉩니다. 흔히 '학부모의 정보력과 시간과 돈, 삼박자가 맞아야' 아이를 최상위 대학에 보낼 수 있다는데, 그 세 가지를 충분히 쏟아 부을 처지가 못되는 학부모는 정성과 노력을 쏟고도 자책하는 학부모가 되어야 합니다.

교육학자들은 지나친 교육열이 아이를 잘 키우기보다 부모에 의존하는 아이로 자라게 하거나 세계관이 허약한 아이로 만든다고 걱정합니다. 루소는 방향이 잘못된 적극교육의 폐해를 지적하면서 차라리 소극교육이 아이를 자연스럽게 성장하게 한다고 하였습니다. 동물을 훈련시키는 것과 사람을 교육하는 것은 다르다고 말하며 식물성장론을 주장하는 교육학자들도 있습니다. 햇빛과 바람과 빗줄기만으로도 나무가 자라듯 환경을 제대로 마련해주기만 하면 아이들은 스스로 자란다는 겁니다.

하지만 지금 우리 학부모들은 그런 이야기만으로 안심할 수 있는 처지가 아닙니다. 아이를 위해 더 많은 정보를 알고 싶어 하고 더 많은 관심을 제대로 쏟을 수 있는 길을 찾길 원합니다. 많은 이론서들은 관념적인 교육론에 머물고 있어서 경쟁이 치열한 우리 현실에 적용하기엔 거리가 있고, 내버려 두자니 애가 타고 불안하지 않을 수 없습니다.

그래서 초등학교에 들어가기 전부터 우리는 옆집 엄마의 정보에 귀를 기울입니다. 옆집 엄마 말에 의존해 학교에 대한 선입견을 갖고 선생님을 판단합니다. 제대로 된 정보, 아이의 학교생활을 도와줄 수 있는 올바른 방법을 알고 싶지만 뾰족한 수를 찾지 못한 탓입니다.

이 책은 바로 그런 학부모들의 요구를 채워줄 수 있는 책입니다. 학부모가 지녀야 할 어른다운 태도를 일러주면서 현실에 바로 적용할 수 있는 실제적인 지침을 알려줍니다. 준비물을 챙길 때 36색 크레파스는 책상 위에 놓고 쓰기 불편하므로 18색이나 24색을 준비해주라고 친절하게 일러줍니다. 필통은 교실 바닥에 떨어져도 소리가 나지 않는 천으로 된 것을 사주어야 한다는 것도 가르쳐줍니다. 사소한 듯 보이지만 꼭 필요한 도움말부터 내공 있는 부모가 되는 길을 실천 사례를 통해 보여줍니다.

무엇보다 학부모가 아이보다 한 발 앞서 가서는 안 되며, 불안해하지 말고 여유를 갖는 것이 얼마나 중요한지를 알려줍니다. 나아가 '내' 아이만 보지 않고 '다른' 아이들을 두루 보도록 도와줍니다. 관점을 그리 가질 때 내 아이도 행복해진다고 거듭 강조합니다. 학부모가 학교생활에 건강하게 참여해야 하는 까닭도 바로 거기 있을 것입니다.

* * *

연초에 핀란드에 갔다가 그곳 어머니들의 여유 있는 태도를 보고 부러웠습니다. 그 나라는 아이가 학교에 들어가기 전부터 부모들에게 집중력 있는 아이로 길러 달라고 부탁한답니다. 그래서 부모들은 아이가 놀이에 빠져 있거나 골똘하게 무언가를 하고 있으면 그 시간과 공간을 유지시켜주기 위해 자리를 피합니다. "너 벌써 몇 시간째 이렇게 놀고 있는 거야!" 하고 소리 지르지 않습니다.

집중력 있는 아이가 공부도 잘 합니다. 집중력이 있어야 선생님 말씀을 귀담아 듣고, 끈기 있게 과제를 해결하려고 합니다. 그 집중력이 어릴 때 놀이를 통해서 길러진다는 걸 그 나라 부모들은 알고 있습니다. 전 세계 학생들의 학력평가에서 계속 1위를 놓치지 않는 핀란드는 반부패 지수가 1위이고 창의성 지수도 1위인데, 학원이라고는 찾아볼 수가 없습니다. 수업 시수도 우리의 3분의 1도 되지 않지만 유능하고 정직하며 신뢰받을 수 있는 아이로 키웁니다.

저는 이 책을 보면서 만약 우리나라 학부모들이 이 책을 읽고 자신을 돌아보고 함께 실천하기 위해 노력한다면 우리의 미래가 얼마나 밝을 것인가, 얼마나 가능성 있는 개인과 국가로 발전할 것인가 하는 생각을 했습니다. 교육도 역시 아는 만큼 보이는 법입니다. 이 책을 통해 정말 내공 있는 학부모가 되시길 바랍니다. 아이 교육에 건강한 관심을 갖는 학부모가 되시길 바랍니다.

2009년 9월

학부모로 산다는 것

아이 둘을 키우면서 '학부모가 된다는 것'에 관심을 갖게 된 건 큰아이가 유치원 들어갈 때 겪었던 일 때문이었다. 신도시로 이사한 뒤 집 가까이 다니기 편한 동네유치원을 선택했는데, 예비소집일도 지나고 불쑥 전화 한 통이 왔다. 5세반 등원 시간을 11시로 늦춰야겠다는 요지의 전화였다. 내가 선뜻 납득되지 않는다는 반응을 보이자, 몸이 불편한 아이가 있어 등원 시간을 늦추자는데 그것도 이해하지 못하느냐는 볼멘소리가 돌아왔다. 다른 이유가 있음을 직감으로 눈치채고 유치원을 방문해보니, 너무 많은 아이들을 등록받아 한 교실을 두 개 반이 나눠 사용하기로 정하고는 다른 이유를 둘러대며 학부모들에게 전화를 한 것이었다.

결국 나는 그 유치원에 아이를 보내지 않기로 마음먹고 다른 학부모들에게도 사실을 전했다. 이윤에 눈먼 교육기관이 어린 아이들을 상대로 저지르는 횡포를 나 몰라라 할 수 없었던 것이다. 하지만 아이를 보내지 않는 일 말고는 부모인 내가 할 수 있는 일이 별로 없었다. 그러다 일간신문에 이 유치원의 횡포를 독자투고 형식으로 알리기도 하면서 학부모로 사는 일이 참 녹록한 일이 아님을 어슴푸레 깨닫기 시작했다.

이 일은 학부모가 되는 내게 적잖은 고민거리를 던져주었다. 아이의 보호자인 학부모로 사는 일이 쉽지 않다는 것과 혼자서 할 수 있는 일은 거의 없다는 것. 고민을 거듭하다가 찾은 단체가 '참교육학부모회'였다. 그때 마침 내가 사는 지역에서 학부모 강좌가 열린다기에 자발적으로 전화를 걸어 참여하게 되면서 참교육학부모회와 인연이 시작되었다.

* * *

아이가 초등학교에 들어가니 학부모로 산다는 것이 한층 실감났다. 학교에서 집으로 보내오는 가정통신문에도 '학부모'라는 호칭이 꼬박꼬박 적혀 있고 선생님들을 만날 때도 '학부모'로 자주 불렸다. 낯설고 입에 딱 붙지 않는 이름이었다. 'ㅇㅇ 엄마'로 불리면서 사는 데 익숙해져 있었기 때문이었다.

생활습관부터 준비물까지 부모가 챙겨줘야 할 것이 많아졌다. 서툰 글씨로 적어오는 알림장을 통해 학교생활을 짐작할 뿐, 아이가 학교에 잘 다니는지 친구들은 잘 사귀는지 걱정이 앞섰지만 학교를 찾아가고 선생님을 만나는 일은 쉽지 않았다. 학교급식 시간에 배식을 도와주거나 교실 청소를 도와달라는 선생님의 요청을 받고 선생님을 만날 수 있는 소중한 기회라 여겼지만, 청소가 끝나고 선생님과 마주앉으면 괜시리 주눅이 들면서 내 아이는 마냥 부족한 아이가 되고 말았다. 선생님의 보살핌에 기대고 싶은 마음을 그대로 나타내면 이유를 알 수 없는 미안한 마음이 앞서기도 했다.

부모는 미성년인 아이의 보호자로서 아이를 대신해 결정을 해야 한다. 그런데 학부모가 되고 보니 이미 결정된 내용을 일방적으로 통보받을 뿐이었다. 무엇을 배우는지, 어디로 수학여행을 떠나는지, 급식은 제대로 하는지 궁금한 것들은 많지만, 사전에 의견을 묻는 일도 없어 학부모가 결정할 일은 아무것도 없었다. 그런데 선생님을 만나면 여러 가지로 부족한 내 아이를 맡겨놓아 미안한 마음이 앞서는 이유를 알다가도 모를 일이었다. 난 이런 학부모로 살고 싶지 않았는데 왜 이런 마음이 드는 걸까? 그래, 학교에 대한 공부를 좀 해보자 싶었다. 학부모는 학교에서 도대체 무엇을 할 수 있는지 알아보자 싶어 교육하는 곳을 찾아다녔다. 마침 학교운영위원회가 막 시작되었을 때라 학교운영위원회에 대한 강좌가 여기저기서 열리고 있었다. 강좌를 들으면서 내친김에 내가 학교운영위원을 한번 해보자고 용기를 냈다. 떨리는 가슴을 쓸어내리며 소견발표를 하고 당당하게 당선되었다.

그러나 명색이 학부모 대표로 당선되었는데 학부모들을 만날 수가 없었다. 몇 달에 한 번씩 있는 학교운영위원회 회의에서만 존재감을 느낄 수 있을 뿐 어디에서도 학부모들을 만나 의견을 나눌 기회는 없었다. 대부분의 학부모들은 '어머니회'라는 단체에서 활동하고 있었고 학교운영위원과 어머니회 임원들은 사이가 좋지 않았다. 어머니회에서는 학급별로 회원을 할당하고 불법 찬조금을 갹출하면서 학교운영위원들과 마찰을 빚었는데, 이 과정에서 교육청과 언론에 알려지면서 걷은 돈을 돌려주는 일이 생겼다. 어머니회 임원들이 운영위원회 회의장으로 들어와 고성을 지르는 험악한 분위기가 연출되기도 했다. 여전히 돈 걷어야 학부모 역할을 할 수 있다고 철석같이 믿는 학부모들과 이를 묵인하는 학교, 그리고 나를 비롯한 학부모 운영위원들 사이에 불편하고 힘든 관계가 시작되었다. '학부모들을 만날 수 없는 학부모 대표? 이게 아닌데, 뭐가 잘못되고 있는 거야?'

소문은 발을 달고 일파만파로 번져나갔고 학교에서 나는 빨갱이 학부모가 되어 있었다. 누군가 뒷조사를 다 하고는 한밤중에 전화통에 대고 온갖 험담을 쏟아놓기도 했다. 정말이지 견디기 힘들었지만 물러서지 말자고 다짐을 거듭했다. 내 아이가 나를 지켜보고 있다는 사실에 힘을 냈다. 내가 내 아이만 바라보는 학부모로 살고 싶지 않았던 것은 아이가 다니는 학교가 바로 서야 그 안에서 아이도 건강하게 클 수 있을 것이라 확신했기 때문이다.

마음을 먹으면 눈에 보인다고, 작은 보람을 느낄 수 있는 일들이 의외로 가까이 있었다. 자물쇠로 굳게 닫혀 켜켜이 먼지만 쌓인 도서실을 담당선생님과 의기투합해 바꿔보기로 했다. 문을 열고서 학부모들에게 자원봉사를 요청하자 이에 선뜻 응한 학부모들이 도서위원이 되어 학교 도서실을 활기 차게 운영한 일은 지금도 가슴 뿌듯한 일이다. 함께 참여한 학부모들도 거리낌 없이 학교를 드나들 수 있게 되고, 돈이 아니라 시간과 노력을 들여 학교에 도움이 되고 있다는 사실에 만족해했다. 교장선생님도 도서실의 변화를 내심 반기고 여러 방면으로 지원을 고심했고, 내게 험담을 해대던 학부모도 도서실로 찾아와 사과하며 이런 활동을 할 수 있는지 생각지 못했다며 멋쩍은 웃음을 남기기도 했다.

* * *

도서실에서 행복해하며 책을 읽던 아이들 모습을 떠올리면 행복한 미소가 절로 떠오른다. 여전히 아이들이 부지런히 드나드는 그 학교 도서실은 오늘도 활짝 열려 있고 도서실로 향하는 학부모들의 발걸음도 가볍다. 도서실 봉사활동은 하나의 모델이 되었다. 학교 교문을 넘나드는 일이 어색했던 학부모들에게 정기적으로 학교에 나와 봉사하는 역할을 하게 했고 도서실을 넘어 학교급식, 교복 공동구매, 앨범 등으로 관심을 넓히는 계기가 되었다.

아이가 중학생이 되고 나니 교복을 구입하는데 만만치 않은 비용이 들었다. 학부모들을 만나면 다들 너무 비싸다고 하소연을 하기에 우리가 한번 공동으로 구매해보면 어떻겠냐고 제안했다. 학교에서 난색을 표하고 나섰지만 학부모들이 알아서 할 테니 학교에서는 공개입찰 장소만 제공해주면 된다고 하고서 일을 벌였다. 내가 벌인 일이니까 다른 학교 사례도 찾아보고 공부하기 시작했다.

다행히 초등학교 때 함께했던 학부모들이 서로 같이 하겠다고 나서 쉽게 추진위를 구성했다. 추진 과정을 꼬박꼬박 학교운영위원회에 보고하고 학부모들에게 수시로 가정통신문과 전화로 알렸다. 한 번도 해보지 않은 공개입찰 과정은 다른 학교 사례를 참고하여 준비하고 경찰어 협조를 요청하면서까지 학부모 여럿이 힘을 모아 무난하게 마쳤다. 이 과정에서 대형업체들이 교장실로 찾아와 협박하는 일도 있었다. 교장선생님은 그때마다 추진위에서 하는 일이라 모른다고 하시면서 교복공동구매에 힘을 실어주셨다. 완성된 교복을 받고 나서 학부모들은 시중 가격 절반도 안 되는 값에 대한 만족감과 나름대로 의미 있는 활동을 했다는 자부심을 갖게 되었다.

그밖에도 80명이 넘는 학교급식재료 검수단을 구성했던 일, 졸업앨범을 아이들의 추억이 담긴 새로운 형태로 기획하고 저렴하게 구입할 수 있게 했던 일, 새벽에 급식재료 납품업체를 급습해 놀라게 했던 일, 학교운영위원회에서 학교발전기금을 제대로 걷어 집행했던 일들은 학부모로 산다는 것이 내 아이의 보호자로만 사는 것이 아님을 일깨워주었다. 어느 것 하나 쉬운 일은 아니었지만, 학부모로 산다는 것을 고민하는 학부모들이 힘을 모았기에 가능했다.

내가 학교에 대해 무작정 겁내고 포기해버렸다면 학교가 어떤 곳인지 잘 몰랐을 것이다. 나는 적당히 돈만 내고 다른 학부모들과 학교 밖에서 학교 정보를 엿들으며 학부모 시절을 보내고 싶지 않았다. 내 아이가 자기만을 생각하지 않고 남을 배려하는 따뜻한 심성을 가진 아이로 커나가기를 바랐고, 부모로서 내가 어떤 모습을 보여줄 것인지 늘 염두에 두고 살아왔다. 아이에게 부모만한 교과서는 없기 때문이다. 때문에 학부모가 학교에 대해 관심을 갖는 것은 참 중요하다. 학교 살림살이가 어떻게 꾸려지는지도 모른 채 무턱대고 돈을 걷어 아이를 위하고 학교를 위한다면서 나서는 관심이 아니라, 학교 환경이 공부하기에 적합한지, 아이들이 먹는 급식이 안전한지부터 관심을 가져야 한다.

대부분의 학부모들이 학교를 떠올리면 겁부터 나고 마음이 내키지 않지만 다들 하자는 대로 끌려다니게 되는 것은 학교를 잘 모르기 때문이다. 학교에서 학부모는 중요한 교육의 한 영역을 담당하고 있다. 아이들에게 학교가 가고 싶은 곳이 되려면 학부모가 해야 할 역할이 분명 있다. 교육제도가 바뀐다고 갑자기 학교가 바뀌지 않는다. 결국 학교라는 공동체 안에 있는 사람들이 어떤 생각을 하고 어떤 활동을 하느냐가 학교를 변화시키는 힘이 된다. 이제 학부모들이 더 이상 학교를 겁내지 말아야 한다.

* * *

이 책은 학교 가기를 겁내거나 두려워하는 학부모들을 위해 참교육학부모회가 기획한 책이다. 올해로 20주년을 맞이하는 참교육학부도회는 1989년 창립된 이래 공교육이 바로 서기를 희망하고 그 안에서 우뚝 선 아이들이 자신의 꿈을 찾고 행복해지기를 소망하며, 학부모들이 학교교육에서 중요한 역할을 해야 한다고 믿고 올곧게 한 길을 달려왔다. 그동안 참교육학부모회에서 활동하고 있는 학부모들이 학교와 관계를 맺고 다양한 학교 참여 활동을 해온 사례들과 아이들과 소통하며 줏대 있는 학부모로 커온 사례들을 모아 총결산하는 의미로 이 책을 출간하게 되었다.

14년이라는 짧지 않은 세월, 참교육학부모회 활동을 하는 동안 유치원을 다니던 아이는 이제 대학생이 되었다. 아이가 크는 만큼 성장한 나를 발견한 곳이 참교육학부모회였다. 이 책을 쓸 기회가 주어진 것도 그런 연유에서이리라. 학부모로 어떻게 살아야 하는가를 몸소 실천해 보여준 황수경 씨와 함께 작업하는 일도 행복했고, 부족함투성이인 원고를 모아 한 권의 책으로 묶어준 민들레출판사에도 감사의 말을 전한다. 봄의 끝자락에 시작한 작업이 결실의 계절이 마무리할 수 있게 도와준 참교육학부모회에도 박수를 보낸다. 바로 서는 학부모와 우뚝 서는 아이들을 위한 교육운동의 버팀목, 참교육학부모회 20주년을 축하하며.

2009년 9월

박이선

학교생활,
어떻게 도와줄까

첫 아이를 초등학교에 보내는 엄마다.
우리 애는 아직 글자도 서툴고 마음도 여린데
주위 엄마들이 들려주는 이야기를 들어보면 불안감만 커진다.
아이가 친구들과 잘 못 사귀면 어쩌나, 학교에 잘 다닐 수 있을까
걱정도 되고 아이가 어떻게 생활할지 기대도 된다.
또 숙제도 엄마가 해줘야 한다는데, 정말이지 고민스럽다.
학교생활에 잘 적응하기 위해
무엇을 준비해야 할지 자세하게 알고 싶다.

아이가 곧 중학교에 입학하는데 주변 학부모들은
초등학교와 중학교는 아주 다르다며 겁을 준다.
공부할 양도 많고 규율도 더 엄격할 것 같아 걱정스럽다.
더구나 아이가 사춘기를 겪고 있는지 대화하기가 쉽지 않다.
중학교에 가면 자신의 진로를 고민할 수 있는 프로그램이 있는가?
봉사활동도 점수로 들어간다던데 어떤 봉사활동을 하는 건가?
중학교에서 고등학교 진학하려면 중학교 생활에서
신경 써야 하는 부분은 무엇인지도 궁금하다.

새 학기, 새 출발을 앞두고
알아 두면 좋을 것

부모가 모든 일에 방패막이가 되어줄 순 없다

아이가 부모의 품에서 벗어나 첫 사회생활을 시작하는 시점이 초등학교 입학이다. 부모는 아이 혼자 망망대해를 헤쳐 나가야 하는 순간을 맞이한 듯 두려운 심정이 된다. 아이가 혹시 학교에 가서 소심한 모습을 보이면 어떡하나? 요즘 학교에 왕따 문제가 심각하다는데 친구관계는 어떨까? 혹 너무 산만해서 담임선생님 눈밖에 나 미움을 받지는 않을까? 한글을 아직 못 깨쳤는데 혹 그 때문에 공부에 대한 두려움이나 하기 싫어하는 마음이 들면 어쩌지? 여러 가지 걱정거리에 밤잠을 설치기도 한다.

한편으로 가슴이 설레기도 한다. 마냥 어린아이처럼 보이던 아이가 이제는 제법 커서 학교에 간다고 생각하니 대견스럽기도 하고 자신도 학부모가 된다는 것 때문에 가슴이 떨리고 벅차기도 하다. 이런 마음은 중학교, 고등학교 입학을 앞두고도 비슷하다.

아이들이 자라는 과정에서 입학은 새로운 단계로 나아가는 의미를 담고 있다. 더 높은 단계의 지식을 알아나가게 되고 친구들과 함께 지내면서 공동체 속에서 소통하는 법을 배운다. 때로는 친구와 다투기도 하고 좌충우돌하는 과정에서 다른 사람과 타협하는 자세도 익히면서 조금씩 성장해간다. 이는 전적으로 아이 스스로 부딪히고 극복해나가야 하는 과정이다. 부모가 미리 길을 밝혀주는 것은 한계가 있다. 간혹 부모 입장에서 아이가 학교에 잘 적응하도록 친구 사귀는 것까지 관여하는 경우가 있는데 어디까지나 아이가 자연스럽게 친구를 사귈 수 있도록 자신감을 갖게끔 옆에서 도와주는 것이 아이를 위하는 길이다. 아이의 미래를 학부모가 설계해주겠다고 나서는 일이 오히려 아이를 망치는 부메랑이 될 수 있음을 명심하자.

아이는 부모라는 창을 통해 학교를 배운다

새 출발을 앞둔 아이에게 부모만한 선배는 없다. 부모는 이미 학교를 다녀본 경험이 있기 때문에 길잡이 역할을 할 수 있다. 학교가 두려운 곳이라는 선입견을 갖지 않도록 아이와 함께 미리 학교를 둘러보며 심리적 안정감을 주는 것이 좋다. 도서실, 음악실에도 가보고 교실에서 책상 앞에 앉아보고 운동장에서 축구도 하며 부모가 다니던 시절 학교 운동장에서 놀았던 추억도 들려주자.

부모는 아이가 학교에서 다른 아이들보다 뛰어났으면 하는 바람을 갖고 있다. 그저 건강하게만 자라주었으면 하다가도 학교에 들어가면 다른 어떤 것보다 공부를 잘하기를 바란다. 조급한 마음에 "학교 가면 선생님 말씀 잘 들어야 해. 안 그러면 만날 혼난다. 선생님들 되게 무서워." "학교에 가서 열심히 공부하지 않으면 친구들이 너 무시해." 하며 아이를 겁주게 될지도 모른다. 또, 다른 아이들은 영어, 수학 같은 과목을 학원에서 미리 공부했다는 주위의 이야기에 적잖은 부담과 불안을 느껴 아이의 의사와 상관없이 학원을 보내기도 한다.

부모의 과욕이 아이가 학습에 흥미를 느낄 겨를이 없게 만들지는 않나 되짚어봐야 한다. 심할 경우 아이가 학교에 가기 싫어 이상한 행동이나 반응을 보일 수도 있다. 부모는 아이가 학교생활에 긍정적 이미지를 갖게끔 도와주어야 한다. 경쟁이 치열한 곳이기 때문에 똑바로 정신 차려야 한다는 것만 강조했다가는 학교생활에 부적응할 가능성이 많다. 아이가 무엇에 특별히 관심을 갖는지 살펴보고 재미있어 하는 주제를 탐색할 여유를 주어야 하는 시기가 바로 초등학생 때이다. 다른 사람이 짜놓은 프로그램대로 공부하게 되면 나중에 스스로 무엇을 공부해야 할지 몰라 쩔쩔매게 된다.

'알파맘', '베타맘'이란 신조어가 등장했다. '알파맘'은 아이가 태어나기 전부터 아이를 위해 다방면에서 탄탄한 정보력을 갖춰 아이의 미래를 설계하는 엄마를 말한다. 이들은 일상생활을 전적으로 아이에게 맞추고 아이가 우수한 성과를 거둘 수 있게 최선을 다한다. '베타맘'은 아이 스스로 성장해갈 수 있도록 지켜봐주고 함께 놀아주면서도 자신의 삶을 잃지 않는 엄마를 말한다. 새 출발선에 선 아이에게 나는 어떤 학부모가 될 것인가를 고민해야 한다. 아이가 자신을 존중하고 탐색하는 동안 아이를 지켜봐주는 여유를 가져야 한다. 아이보다 먼저 불안해하고 앞질러 나가 아이가 스스로 고민할 여유를 빼앗지 말자.

첫 발 내딛기, 초등학교 VS 중등학교

교육과정 흐름 알기 아이들은 1년에 205일 가량 학교에 가야 한다. 수업을 해야 하는 날이 법으로 정해져 있고 거기에는 특별활동, 재량활동도 포함된다. 초등학교에서는 단체 활동으로 컵 스카우트나 우주소년단 활동을 할 수 있고, 중등학교에서는 동아리 활동이 가능하고, 학교축제 기간에 전시나 발표하는 기회도 만날 수 있다.

현재 우리나라는 초등학교부터 고등학교 1학년(10학년)까지 국민공통기본 교육과정으로 되어 있고, 고 2, 3학년은 선택형 교육과정으로 운영되고 있다. 국어, 도덕, 국사는 1종 교과서로 국가에서 만들고, 나머지 교과서들은 2종 교과서로 출판사에서 만들고 국가에서 검인정해준다.

초등학교 1학년이 되면 컴퓨터와 생활, 바른 생활, 생활의 길잡이, 수학 익힘책, 슬기로운 생활, 즐거운 생활, 국어를 배우고 3학년이 되면서 국어, 도덕, 수학, 영어, 미술, 사회, 과학, 음악·미술·체육 과목을 배운다.

중학교 1학년부터 고등학교 1학년 때까지는 도덕, 국어, 수학, 사회, 국사, 과학, 영어, 음악·미술·체육, 기술·가정, 컴퓨터, 한문, 환경 등을 배운다. 고등학교 2학년부터는 인문계열과 자연계열로 나뉘어 학생들이 선택하는 교과목을 배우게 되어 있다.

이외에 재량활동과 특별활동은 시·도 교육청마다 다르게 운영되나 초등학교의 재량활동은 60~68시간, 특별활동은 1주 1시간 정도로 정해져 있고 학교의 사정에 맞게 운영된다. 중등학교에서 이루어지는 교과 재량활동은 주로 국민공통 기본교과와 선택과목의 심화보충으로, 창의적 재량활동은 전담교사가 없기 때문에 형식적으로 운영되고 있는 실정이다.

학생생활기록부에는 학생들의 학업성적과 출결, 봉사, 특별활동, 수상실적 등이 기록된다. 중학생부터는 봉사활동 시간이 기록된다. 3년 동안 총 60시간을 이수해야 한다. 봉사활동 점수가 고등학교나 대학 진학에 반영되기 때문에 학교에서는 교내 행사를 봉사시간으로 산정해주기도 한다. 봉사활동을 반영하는 취지가 사회의 일원으로 공동체 정신을 키우는 것인 만큼 형식적인 시간 때우기로 전락하지 않도록 해야 한다.

평가 교육과정을 운영하면서 평가는 반드시 이루어진다. 초등학교에서는 4지선다형 시험을 보지 않았지만 최근 국가수준 일제고사가 시행되면서 정기고사(중간, 기말)가 부활하고 있다. 중등학교에서는 일 년간 4번의 정기고사와 비정기적인 학업성취도 평가 그리고 국가수준의 성취도 평가가 있다. 고등학생이 되면 1년 동안 최소 8번 이상 시험을 보게 된다.

중등학교에서는 초등학교와 다르게 상대평가를 한다. 모두 9등급으로 나뉘는데 1등급과 9등급은 4%, 2등급과 8등급은 7%, 3등급과 7등급은 12%, 4등급과 6등급은 17%, 5등급은 20%로 등급 간 비율이 정해지고, 1등급부터 누적 비율을 더해 100%로 등급을 부여한다. 성적을 산출할 때는 학과 필기고사 외에 수행평가 성적이 10~30% 이상 반영된다. 학부모총회 때 학교에서 과목별 평가 계획을 자료로 배부하므로 확인해보면 된다. 각 교과마다 수행평가를 하기 때문에 아이들이 부담을 느끼기도 하지만, 개인이나 모둠별로 수행평가가 이루어질 때 이를 잘 활용하면 아이의 재능과 관심 분야를 확인해볼 수 있다.

학교생활 등교 시간과 수업 시간도 학교 급별로 차이가 있다. 초등학교는 9시부터 수업이 시작되므로 8시 40분 경까지 가야 하고,

중학교는 수업이 8시 40분 경부터 시작되므로 8시 20분까지 가야 한다. 고등학교는 8시까지 학교에 도착해서 8시 20~30분부터 수업이 시작된다.

학부모가 되면 아이들의 아침밥에 더 신경을 써야 한다. 점심은 학교에서 단체급식으로 먹는데다가 고등학생이 되면 하루에 두세 끼를 학교급식으로 먹어야 하므로 아이들 건강관리에 특별히 신경을 써야 한다.

초등학교에서는 교복도 없고 머리 모양이나 신발 등에 대한 규제가 없지만 중등학교에서는 학교규정을 만들어 학생들의 겉모습이나 복장을 규제한다. 자신을 드러내고 싶어 하는 사춘기 아이들과 이 아이들을 규제하려는 학교는 끊임없이 마찰을 빚으며 평행선을 달린다. 어른들의 시각으로 '학생다움'을 강조하다보면 아이들은 '속박'이나 '압박'으로 느껴 학교생활마저 위태로워지는 경우가 허다하다. 아이들이 지켜야 할 규정이라면 아이들의 의견을 물어 가이드라인을 함께 만드는 것이 필요하다. 규정은 학교운영위원회 심의 사항이므로 학부모들도 규정을 새로 만드는 일에 적극 참여해야 한다. 교복이나 머리 단속 따위의 소모적인 규제 때문에 아이들이 학교생활에 싫증을 내는 일이 줄어들도록 학부모가 도와주는 것이 좋다.

아이의 학교생활이 궁금하다면 학부모 참여수업이나 학부모 방문기간, 시험감독, 학부모회, 학부모 도서위원 등 학교에 참여할 수 있는 통로를 활용하는 것도 필요하다.

입학을 앞둔 부모들의 자세

초등학교 입학을 앞둔 학부모라면　초등학교는 유치원과 환경이 다르기 때문에 애를 먹는 아이들도 간혹 있다. 이럴 때 학부모는 아이의 이야기를 들어주고 마음을 어루만져주어야 한다. 적응하지 못한다고 타박하거나 학부모가 일방적으로 판단하기보다는 아이가 학교생활을 마음놓고 이야기할 수 있는 분위기를 만들어주는 것이 좋다. 또한 학교 가는 시간에 맞추어 일어나고 밥 먹고 가방 챙겨 학교 가는 규칙적인 생활에 익숙해져야 한다. 배변훈련이 필요하다면 그 시간도 고려하여 일어나는 연습을 해 두는 것도 필요하다.

입학 전까지 비교적 자유롭게 생활하던 아이들에게 엄마가 "학교 가면 선생님 말씀 잘 들어야 한다. 네 멋대로 하면 선생님이 널 싫어해." 하던 학교가 무서운 곳이라는 선입견을 가질 수 있다. 학교가 배정되면 아이 손을 잡고 학교를 미리 둘러보는 것이 필요하다. 유치원에서 미리 학교를 방문하는 프로그램을 진행하겠지만 아이와 손잡고 학교 시설을 둘러보며 엄마의 어린 시절을 들려주다 보면 심리적으로 편안함을 느끼게 될 것이다.

학부모가 가장 신경 쓰이는 것은 학습능력일 것이다. 다른 아이들보다 내 아이가 공부를 잘했으면 하는 바람으로 미리 선행학습에 몰두하는 것은 학교생활에 부담을 느끼게 만들 수 있다. 심리적으로 긴장된 상태에서 시작했던 학교생활이 자연스러워지고 안정감이 생겨야 학습능력도 배가될 수 있기 때문이다. 학교생활과 선행학습의 이중 부담이 자칫 학교가기 싫은 것으로 나타날 수 있음을 염두에 두어야 한다.

중등학교 입학을 앞둔 학부모라면　중·고등학교 입학을 앞두고 학부모들은 달라지는 학교 환경도 신경 쓰이지만 성적에 매우 민감해진다. 다른 아이에게 뒤처지지 않게 중학교 과정 선행학습을 시키느라 경제적인 부담을 떠안고 있다. 대다수 학부모들은 당장 아이의 모든 것이 성적 위주로 판단되고 대학입시 경쟁도 한치 앞을 가늠할 수 없기 때문에 뒤처지지 않도록 몸부림치다보니 끝없는 사교육 경쟁대열에서 빠져나오기 어렵다고 호소한다.

그러나 가장 신경써야 할 대목은 사춘기에 접어든 아이가 무엇을 하고 싶어 하는지 스스로 탐색하게 도와주는 일이다. "커서 역사학자가 되고 싶어", "나는 방송작가가 될래." 하며 장래희망이 명확한 아이들도 있지만 무엇을 해야 할지 갈피를 못 잡는 아이들이 대부분이다. 학교에서도 자신의 꿈을 설계하도록 도와주지 않고 집에서도 오로지 공부만 잘하면 된다고 밀어붙이다 보니 아이들은 지쳐가고 있다. 뚜렷한 동기가 생기지 않으면 다른 사람이 아무리 강권해도 공부를 잘하기 어렵다. 자신의 꿈을 스스로 꿀 때 공부하는 힘도 생기는 법이다.

자신의 성격이나 적성, 진로에 대한 고민을 시작해볼 수 있도록 미리 적성검사를 받아보고 함께 전문가의 도움을 얻어 아이와 미래에 대한 이야기를 나눠 보는 것도 좋다. 지방자치단체 청소년 지원센터에서 간단하게 검사를 할 수 있으며, 개인 심리상담소에서도 검사할 수 있다. 온라인, 오프라인 검사도 많으므로 인터넷 정보를 활용하는 것이 좋다. 또, 학교에 입학하면 곧바로 적성과 진로 검사를 하고 결과지를 집으로 보내준다. 결과지를 받아보고 이야기해도 늦지는 않다.

중등학교에 입학하는 시기는 사춘기를 슬기롭게 보내기 위해 아이와 학부모가 노력해야 하는 시기이기도 하다. 엄마 아빠의 학창시절과 비교하여 "내가 너만 했을 때는 안 그랬어.""다 배가 불러서 그래. 시키는 공부나 열심히 하면 되지 무슨 말이 그렇게 많아.""하고 싶은 말이 있으면 해. 뭐가 문젠데?"같은 말을 쏟아내버리면 되돌아오는 것은 냉랭한 기운뿐이다. 요즘 아이들의 문화는 부모세대와 너무나 다르기 때문에 부모의 잣대로 보려고 들면 아이들과 좋은 관계를 유지하기가 어렵다. 아이와 신뢰가 쌓이고 평소에 잘 소통한다면 힘들고 어려움을 겪을 때 부모에게 이야기를 쉽게 꺼낼 수 있다. 성적표에 민감하게 반응하여 아이의 말과 행동을 모두 성적과 연관시켜버리면 아이는 부모와 벽을 쌓고 갈등의 골은 깊어진다.

중등학교 입학을 앞두고 아이와 부모가 서로를 이해하기 위해 성격유형검사를 같이 해보는 것도 도움이 된다. 서로 이해가 안 된다고 고개를 절레절레 흔들기보다는 다른 성격을 갖고 있기 때문에 상황에 대처하는 방법이 다를 수 있음을 인정하는 것이다. 또한 가족이 함께 여행을 가거나 책을 읽는 등 일상생활 속에서 서로 교감을 나누는 가족문화를 가꾸어가는 것도 필요하다.

부모가 아닌 학부모가 되자

'부모'와 '학부모'는 어떻게 다른가? 가정을 벗어나 아이가 학교에 가게 되면 아이의 보호자로 '학부모'란 호칭을 얻게 된다. 학교 공동체 안에서 학부모가 해야 할 역할이 분명 있다는 의미다. 그러나 막상 눈에 띄게 학교를 드나들기는 싫고 안 하자니 학교 안의 정보를 전혀 알 수가 없어 답답하다. 내 아이를 위해서라도 학교에서 건강한 치맛바람을 일으키는 학부모가 되어보자. 돈 얼마 내고 학부모 역할 다했다고 손 놓지 말고 도서관에서 봉사하거나 교통 봉사, 학교급식 재료를 검수하는 일을 돕는 등 학교운영위원회나 학부모회에 참여해보자. 돈으로 살 수 없는 보람을 느낄 수 있고, 아이들은 봉사하는 엄마를 자랑스러워하게 된다. 혼자 외롭다 생각하지 말고 이런 활동을 통해 나와 생각이 비슷한 학부모들을 만날 수 있는 기회로도 활용해보자.

초등 1학년 학부모가 알아야 할 사항

1. 입 학 전

생활습관
- 자기 물건 스스로 챙기기
- 일찍 자고 일찍 일어나기
- 혼자서 세수하고 이 닦고 옷 입기
- 화장실 사용법 기타 지도하기

학용품 준비
- 책가방: 책, 공책, 필통 등을 넣는 보통 크기
  책상에 걸 수 있는 고리가 있는 것으로 준비
- 공책: 담임선생님 설명 듣고 준비
- 연필: 심이 무른 2B 연필 세 자루 정도, 샤프 금지
- 필통: 교실 바닥에 떨어져도 소리 나지 않는
  천으로 만든 것
- 스케치북: 8절 스프링
- 크레파스: 18색, 24색
  (36색은 책상 위에 놓고 쓰기 불편하다.)
- 색연필: 12색
  모든 학용품에는 반드시 이름을 써야 한다.(필기
  도구, 필통, 가방, 실내화, 미술도구, 악기, 크레파스 등)

기타
- 가능하면 끈 없는 신발
- 국어: 글 읽기(독서지도 열심히 해야), 연필 잡는 법
- 수학: 1부터 100까지 수 세기

2. 입 학 후

입학식
- 진지하고 경건하면서도 기쁜 날로 맞이하기

- 옷은 따뜻하게, 가방은 가져가지 않기
- 축하편지, 축하파티 필요(시작을 대단하게 해 주기)

아침 등교 전
- 반드시 대변 누기
- 아침밥 먹기
- 알림장 재확인
- 여유롭게 출발하기(너무 일찍 가는 것도 곤란함)
- 준비물이 많음(거의 날마다 준비물이 있음)

방과 후
- 알림장 반드시 확인하기
- 숙제 먼저 하고 놀도록
- 준비물은 저녁에 준비하도록
- 가방 챙겨놓기(처음엔 아이와 함께, 나중엔 혼자서)
- 연필 확인(미리 깎아 놓기)
- 풀은 딱풀, 가위는 어른용 가위가 좋음
  자는 15cm가 적당

3. 가 정 에 서 의 생 활 지 도

공부하는 습관 형성이 제일 중요
- 날마다 일정하게 공부하는 시간 정해놓고
  스스로 하기(숙제, 독서, 예습, 복습)
- 알림장에서 숙제 확인하기

기본 생활 습관 익히기
- 인사, 말씨, 쓰레기 안 버리기
- 절약하는 습관(색종이, 재활용 종이, 적당한 학용품)
- 식사 예절(음식 안 남기기, 가리지 않기, 흘리지 않기,
  너무 늦게 먹지 않기)

4. 학 교 참 여 하 는 방 법

- 학부모 총회
- 학교운영위원회

- 어머니회
- 학부모 독서토론회, 사서 도우미
- 녹색어머니회: 교통안전 도우미
- 학부모급식봉사단(검수단)

5. 담임선생님과의 관계

- 먼저 긍정적으로 받아들이기
  - 나이 드신 교사＝경험이 많음
  - 젊은 교사＝패기가 있고 적극적임
  - 남자 교사＝씩씩함, 여자교사＝자상함
- 아이에게 긍정적으로 이야기하기:
  - 신뢰감 형성
- 궁금한 것은 알림장이나 이메일,
  - 면담, 전화 등
- 촌지는 절대 안 됨

6. 학교생활에 도움되는 정보

- 점심 급식, 우유 급식은 4월부터 희망자
  에 한하여 실시한다.(우유는 아이들이
  기피하는 경향이 있다.)
- 교실 청소는 2학기부터. 1학기에는
  고학년이 대신 해준다. 청소하는 방법을
  가정에서 미리 훈련시키면 도움이 된다.
- 간식은 되도록 보내지 않는 것이 좋다.
  (인스턴트는 피할 것)
- 학교 성적은 1, 2학기 통지표로 확인할
  수 있다. 석차가 없는 문장식 기술이다.
- 1학년은 소리 내어 동화책 읽기, 간단한
  내용을 엄마와 이야기해보기 같은 것이
  발표력 향상에 도움이 된다.
- 학교에서 하는 특기적성교육은 학교별로
  다양하다.(학원보다 수강료가 싸고 강사도
  믿을 수 있다.)
  _참교육학부모회 새 학기 학부모 교실 자료

솔빛엄마의 부모내공 키우기 | 이남수 | 민들레
사교육과 옆집아줌마에게 휘둘리지 않고 아이를 키우
는 방법을 찾을 수 있다.

우리 아이, 책 날개를 달아주자 | 김은하 | 현암사
어린이 책을 바라보는 올바른 눈과 좋은 책 고르기의
기준을 명쾌하게 제시해 놓았다.

이 시대를 사는 따뜻한 부모들의 이야기 1, 2
이민정 | 김영사
부모와 자녀의 갈등 해소 방법 등 대화와 표현 방법에
대한 지혜를 얻을 수 있다.

일기쓰기 어떻게 시작할까 | 윤태규 | 보리
일기쓰기에 실패하게 되는 까닭과 어떻게 하면 즐거
운 일기쓰기를 할 수 있는지를 잘 밝히고 있다.

재미있는 숙제, 신나는 아이들 | 이호철 | 보리
창의성을 길러주는 재미있는 숙제를 하면서 자라는
아이들을 만날 수 있다.

마지막 한 번을 더 용서하는 마음 | 도종환 | 사계절
공교육 현장에서 교사로서 느낀 교육에 관한 여러 문
제들을 진솔하게 풀어놓았다.

그림책의 이해 | 현은자, 김세희 | 사계절
그림책의 역사부터 그림책 언어의 특성까지, 그림책에
대한 안목을 키울 수 있다.

엄마 힘들 땐 울어도 괜찮아
김상복 지음 | 장차현실 그림 | 21세기북스
몰래 쓴 칭찬일기를 통해 아이 마음을 엿볼 수 있는
책. 칭찬의 힘을 알 수 있다.

초등 2학년 아이가 담임선생님 때문에 힘들어한다.

학교에서 겁에 질려 있다 오는 것 같다. 선생님을 무서워하고

잔뜩 긴장한 나머지 말을 더듬기도 한다. 선생님은 칠판에

40문제를 적어 아이들이 그대로 풀게 하고 채점한 결과를 집에

가지고 가서 부모님께 보여주고 부모 소감문까지 적어오라고 한다.

소감문을 써오지 못한 아이들은 선생님한테 매를 맞는다고 한다.

아이들에게 매질을 하면서 부모들이 잘못해서 아이들이 이렇게

엉망인 거라고 욕하고 아이들을 잔뜩 주눅 들게 만든다.

아이가 많이 위축되어서 스스로 자신이 형편없다고 생각하고 있다.

담임선생님의 교육방식이 내 생각과 많이 다르기도 하고

더구나 아이가 학교 가기 무섭다고까지 하니 걱정이다.

담임선생님을 한번 만나야 할 것 같은데 어떻게 하면 좋을까?

중학교에 다니는 아이는 유난히 수학 과목을 자신 없어 한다.

아이와 이야기를 나누다 보니 시험 결과도 결과지만

수학선생님이 수업시간에 보여주는 태도에 영향을 많이 받고 있는 것 같았다.

수학시간에 성적이 나쁜 아이들끼리만 한 조에 묶어놓고

아이들이 문제를 제기하면 "공부도 못하는 것들이 말이 많아.

그럼 시험점수 좀 올리던가. 누가 공부하지 말랬어?" 하며 아이들을

무시하기 일쑤란다. 이야기를 듣고 있자니 울분이 터질 지경이다.

초등학교와 다르게 중학교는 담임선생님과 각 과목 선생님들이 따로 있어서

불쑥 학교로 찾아가기도 어렵다. 그렇다고 가만 있자니 아이가 저러다

자신감을 완전히 잃고 학교생활에 적응하지 못하게 될까 걱정이 태산이다.

이럴 때 선생님에게 아이의 마음을 어떻게 전달하는 것이 좋을까?

선생님과 좋은 관계를 맺으려면

좋은 선생님, 나쁜 선생님

3월 새 학기가 시작된 첫날, 학교에서 돌아온 아이에게 학부모는 가장 먼저 "담임선생님 누구시니?" 하고 물어본다. 선생님 이름을 알게 되면 옆집 아줌마를 비롯해 거미줄처럼 엮여 있는 동네 아줌마 네트워크를 총동원하여 선생님에 대한 정보를 캐낸다. 선생님이 아이들을 어떻게 대하는지, 학부모들과의 관계는 어떠했는지 물어보며 기대 반 걱정 반으로 아이가 새 학교생활에 잘 적응하기를 바란다.

그러나 옆집 아줌마들로부터 얻는 정보는 두 가지밖에 없다. '좋은 선생님' 아니면 '나쁜 선생님'. 이야기를 들려주는 이의 주관적 판단에 따라 그 선생님과 그 집 아이가 별 문제 없이 일 년을 보냈으면 '좋은 선생님'이 되고, 조금이라도 아이에게 싫은 소리를 했거나 벌을 주었다면 '나쁜 선생님'이 된다. 다행히 좋은 선생님이라는 이야기를 전해 들었다면 학교에서 선생님을 만날 때 부담도 덜하고 훨씬 부드럽게 관계가 시작될 수 있겠지만 반대 경우라면 자칫 나쁜 선입견이 생겨 그 정보는 오히려 걸림돌이 될 수도 있다.

학부모들이 담임선생님을 처음 만나게 되는 날은 3월 중순 학부모 총회가 있는 날이다. 일 년 동안 학교운영을 어떻게 할 것인지 미리 알리고 선생님 소개, 학부모들이 참여할 수 있는 기구와 단체 소개가 끝나고 나면 교실에서 담임선생님과 만나는 시간을 갖게 된다. 교실 문을 열고 들어서면 칠판 앞에 서 있는 선생님과 어색하게 인사를 나누고 아이 책상을 찾아 자리에 앉는다. 다른 학부모들이 도착하기를 기다리며 어색한 침묵이 흐르는 동안 '담임선생님이 어떤 사람일까?' 궁금한 눈으로 이리저리 살펴보고, 선생님은 떨리는 마음으로 '무슨 말을 먼저 꺼낼까?' 궁리하며 교실을 왔다갔다 하기도 한다. 침묵을 깨는 쪽은 주로 선생님이다. "바쁘실 텐데 이렇게 와주셔서 감사합니다. 저는 올해로 경력 ○년 되었고, ○학년 ○반을 맡은 ○○○입니다." 하고 자신의 이야기를 죽 풀어놓으면 긴장은 반으로 줄어든다. 학부모들은 선생님의 말과 행동 그 어느 것 하나라도 놓치지 않으려 눈에 힘을 주고 쳐다보며 이야기를 듣는다. 옆집 아줌마를 통해 얻은 정보를 되짚으며 선생님의 인상과 말투, 행동, 교육관을 꼼꼼하게 살펴본다.

사실 선생님들도 학부모들을 처음 대면할 때 무척 떨린다. 여러 학부모들의 시선을 한눈에 받으니 첫인상이 어떻게 보일까 고민하며 정성들여 옷도 챙겨 입는다. '학기 시작한 지 2주밖에 지나지 않아 아이들 이름도 다 외우지 못했는데 학부모가 아이에 대해 물어보면 어떻게 하나!' 걱정하기도 한다.

학부모가 아이의 담임선생님에 대해 궁금해하는 것은 당연하다. 담임선생님이 어떤 분인지 관심을 갖는 까닭은 아이들의 삶에 선생님이 긍정적인 영향을 주었으면 하는 바람이 있기 때문이다. 담임선생님이 아이에게 주는 영향은 매우 크다. 선생님의 말 한 마디와 행동 하나하나는 아이에게 본보기가 될 수밖에 없다. 특히 초등학교라면 선생님과 아이들의 친밀도가 훨씬 더 높기 때문에 선생님의 영향력도 그만큼 크다.

당연히 내 아이만큼은 좋은 담임을 만나 잘 지내기를 바라지만 꼭 원하는 대로만 될 수는 없다. 좋은 분이라 하더라도 내 아이와 잘 맞지 않을 수도 있다. 더구나 세상에는 '좋은 선생님', '나쁜 선생님'이라는 두 종류의 선생님만 있는 것이 아니다. 잘못된 고정관념은 자칫 선생님과 자연스러운 관계를 맺는 데 걸림돌이 된다는 것을 잊지 말아야 한다.

교사와 학부모, 서로가 불편한 이유

"내가 선생님을 만날 일이 있나요?" 아이를 키우면서 한 번도 학교에 가보지 않은 학부모가 한 말이다. 자신은 두 아이를 고등학교까지 졸업시켰지만 아이들은 별 문제 없이 학교에 잘 다녔고 부모가 학교에 가야 할 일도 없었다고 했다. 학교 가봐야 할 말도 없고 학부모들하고 얼굴이라도 익히게 되면 반모임에 나오라고 수시로 전화를 하게 되고, 반모임에 나가면 꼭 돈을 내라 하기 때문에 주변 학부모들하고도 연락 두절하고 살았노라는 것이다. 다른 학부모들을 괜스레 만났다가 골치 아픈 일에 엮이고 싶지 않다는 솔직한 심정을 표현한 것이다. 이처럼 그저 아이에게 큰 문제가 생겼을 때에만 부모가 학교에 간다고 믿는 학부모들이 꽤 많다.

선생님과 얼굴을 맞대기 부담스러워하는 학부모처럼 선생님들 또한 학부모와의 대면을 부담스럽게 여기는 경우가 많다. 우리 아이가 중학교 2학년 때 담임선생님은 학부모 만나기를 몹시 두려워하는 분이었다. 그때 학교운영위원으로 활동하던 나는 학급에서 학부모회의를 한 번 해보자고 제안했다. "어휴~ 저는 절대 못해요. 어머니들 만나는 거 너무 힘들어요. 자신 없어요." 하며 한사코 손사래를 쳤다. 단번에 내 제안이 거절당하자 머쓱해졌다. 다음에 자연스럽게 복도에서 만날 기회가 있어 물어보았더니 "어머니들은 자기 아이에게만 관심을 가져달라고 하잖아요. 학교가 어떻게 돌아가는지, 교사가 아이들을 어떻게 가르치고 싶은지 이런 이야기보다는 각자 당신 아이 성적이 어떻고, 친구관계가 어떻고, 학교생활이 어떤지 그런 이야기만 듣고 싶어 하시니까 서른 명이 넘는 학부모 모두를 일일이 대할 자신이 없어요." 하는 것이었다. 나는 학교운영위원 활동을 하면서 학부모들의 의견을 들을 기회가 별로 없으니 학급에서 한 학기에 한 번이라도 모임을 해서 학교운영위원회에서 나온 이야기도 나누고 학교에 건의하고 싶은 이야기를 듣는 기회로 삼으면 좋을 것 같아 제안을 했는데 정 내키지 않으면 못하는 거지 어쩌겠냐고 물러났다.

　　담임뿐만 아니라 교장선생님도 학부모들이 학교에 오는 것을 달가워하지 않았다. 당황스러워 이유를 물었더니 "학부모들은 학교에 올 때부터 하나의 시선에만 고정되어 있어요. 아이 담임선생님 만날 것만 생각하지요. 교문 지나면서 비올 때 운동장 흙에 빗물이 고여 물이 튀는지, 계단 유리창이 깨졌는지, 구멍 난 학교 담장 철조망 사이로 축구공이 빠져나가는지 따위에는 관심이 없으신가 봐요. 그런 걸 눈여겨 보고 얼른 나한테 와서 고쳐 달라고 하면 나도 이참에 학교 이야기도 좀 하고 그러겠는데,

교장 생활 20년 동안 그런 학부모는 한 명도 없었어요. 괜히 학부모들 학교 오라 하면 무턱대고 요구만 하지 뭐, 아이구 머리 아파."하는 것이었다. 학부모들의 이기적인 모습이 싫다는 이야기였다.

학부모와 선생님들은 저마다의 이유로 서로 만나기 불편한 사이가 되어버렸다. 무엇보다도 학교 시스템 상 학부모와 교사가 서로 자연스럽게 만날 통로가 없다. 학급에서도 담임선생님과 학부모들이 만날 기회가 없고, 학부모 총회에 나가지 못하면 일 년 내내 선생님을 만나지 못하는 경우도 허다하다. 또한 학부모들 스스로도 학교에 가는 일을 몹시 부담스러워한다. 학부모가 학교에 공식적으로 방문하는 날은 몇 차례밖에 없다. 초등학교가 그나마 좀 많은 편인데, 학부모 총회나 학부모 참여수업, 체육대회에 나가기도 하고 학급 급식당번이나 청소할 때 학교에 가기도 한다.

그러나 중학교에서는 학부모 총회 말고는 학교운영위원이나 학부모회 임원을 맡은 사람들 외에는 학교에 가서 선생님 만날 기회가 별로 없다. 아이가 싸웠다거나 다쳤다거나 벌을 받아 학부모가 호출되는 일 말고는 말이다. 좋지 않은 일로 학부모가 선생님을 만나게 될 때는 당연히 좋은 감정으로 만나기가 어렵다. 담임선생님도 잘 모르는 판국에 아이 문제가 다른 과목 선생님과 연관되어 있다면 일은 더 복잡해진다. 교사와의 첫 대면을 어떻게 시작해야 할지 막막하기만 할 것이다.

앞에서 상담을 의뢰한 학부모처럼 특정 교과를 지도하는 선생님 때문에 아이가 힘들어한다면 일단 그 선생님을 만나야 한다. 이럴 때는 담임선생님을 통해서 과목 선생님을 만나게 주선해 달라고 부탁하는 것이 좋다. 이런 경우 담임선생님과 학부모가 미리 안면을 익히고 관계가 잘 맺어져 있다면 도움이 될 텐데 그렇지 못하다면 선뜻 도움을 요청하기 힘들다.

선생님의 교육방식에 문제가 있다고 판단되면

상담 사례에서 보듯이 선생님의 교육방식과 학부모의 생각이 다소 차이가 날 때도 있다. 문제를 풀고 점수를 매긴 후 학부모가 소감을 써서 보내는 과정이 아이의 학습에 도움이 되기보다는 아이의 자신감을 심각하게 떨어뜨린다면 선생님을 만나보는 것이 좋다. 아이의 특성과 겪고 있는 어려움을 이야기하고 학부모가 느낀 생각도 함께 나누어야 한다. 선생님이 미처 생각하지 못했던 문제일 수도 있기 때문에 적극적으로 대응하는 것이 아이의 학교생활에 도움이 된다.

특히 일기 쓰기의 경우 선생님과 학부모의 의견이 많이 다를 수 있다. 이런 경우라면 서로 다른 교육관을 가지고 대립하기보다는 지혜롭게 아이가 잘 성장할 수 있는 방법을 찾게끔 교사와 충분히 의견을 나누는 것이 필요하다. 한 예로 글 쓰는 일을 즐거워하는 아이가 있었다. 선생님은 매일 일기를 쓰도록 지도하고 안 쓰면 혼을 내는데 아이는 날마다 강제로 일기 쓰는 것을 무척 싫어했다. 부모는 자칫 아이가 글 쓰는 것에 흥미를 영영 잃어버릴까 봐 걱정스러웠다. 고민만 하지 않고 용기를 내어 선생님을 만나 아이 문제를 의논했다. 글을 재미있게 쓰는 아이지만 일기는 일주일에 세 번만 쓰고 싶다는 아이의 마음을 전하고 일기 쓰기 과제를 조정해 줄 수 없는지 여쭤봤다. 선생님은 이 의견을 받아들였고, 이 아이뿐만 아니라 아이들에게 물어보고 아이마다의 특성을 감안해 약속을 정했다. 그 뒤 아이는 일주일에 세 번 일기를 쓰기로 한 약속을 지켰고 일기로 상까지 받았다. 이 사례는 학부모가 선생님과 만나 아이의 특성을 살리며 문제를 적극적으로 해결한 경우다.

선생님의 지도 방식이 아이와 맞지 않을 때 아이는 심한 스트레스를 겪게 된다. 아이가 힘든데도 학부모가 선생님 만나기를 두려워하다보면 아이는 학교생활에 부적응 상태가 될 수 있다. 초등 1학년 선생님이 받아쓰기 틀린 것을 100번씩 써오라는 숙제를 냈다고 한다. 8개를 틀린 아이는 800번을 써야 하는데 어린 아이 수준에서는 지나친 숙제가 아닐 수 없다. 잘못하다가는 숙제에 대한 공포가 생길 수도 있다. 선생님의 교육방식이 상식에 견주어 지나치다 싶을 때는 부모가 나서서 도와줘야 한다.

사실 선생님의 교육방식이 납득하기 어렵다고 대뜸 지적하고 나서기는 힘들다. 그러나 심사숙고 해봐도 객관적으로 문제가 있다는 판단이 들 때는 다른 학부모들과 충분하게 이야기를 나누고 공동으로 대처하는 방안을 찾아야 한다. 함께 선생님을 만나보고 그것으로 해결이 안 되면 교장선생님을 만나보아야 한다. 학교 안에서 해결하려는 노력이 수도로 돌아가면 교육청이나 시민단체를 찾아 도움을 요청해야 한다. 학급 전체가 아니라 내 아이에게만 해당되는 문제가 생겼더라도 선생님을 만나는 것이 제일 중요하다. 전화를 하거나 메일을 보내 만날 날을 정하고, 만나면 "요즘 아이가 힘들어하는 일이 생겼어요. 선생님의 교육방식이 아이와 맞지 않는 부분이 있는 것 같은데 어떻게 하면 좋을까요?" 하고 말을 꺼내고 아이가 자라온 환경이나 특성을 이야기한다. 그동안 집에서 힘들어하는 아이 모습을 있는 그대로 이야기하다보면 상당 부분 타협점을 찾을 수 있다. 내 이야기를 충분히 했다면 선생님 이야기도 충분히 들어주어야 한다. 이때 감정에 사로잡히지 않아야 얼굴 붉히는 일도 생기지 않고 이야기도 끝까지 마무리지을 수 있다.

또, 인터넷 게임에 노출되어 걱정스러운 아이라면 선생님을 만나 아이의 학교생활에 지장이 없는지 상담해보는 것도 필요하다. 초등 고학년이 될수록 아이는 집에서 보이는 모습과 학교에서의 모습이 매우 다른 경우가 많다. 아이 모습이 걱정스럽다면 진심으로 문제를 의논하고자 하는 자세로 선생님을 만나보자. 부모 다음으로 아이를 많이 지켜보는 사람은 담임선생님이다. 때로는 선생님과의 만남이 큰 위로가 될 수 있다. "걱정하지 마세요. 요즘 아이들이 다 그래요. 학교에서도 잘 지켜보고 이야기 나눠볼게요." 이런 위로의 말을 듣는다면 부모는 큰 걱정을 덜게 된다.

아주 극단적으로 선생님의 자질이 의심스러운 경우도 있다. 몇 년 전 토한 급식을 먹게 한 교사가 언론에 보도되어 크게 비난을 받은 일이 있었다. 그러나 그 교사는 정직 3개월에 해당하는 징계만 받았을 뿐 지금도 교단에서 아이들을 가르치고 있다. 학부모들 상식으로 도저히 납득할 수 없는 일이 버젓이 일어나기도 한다. 학부모들은 자질이 부족한 교사를 만나 아이가 힘겨운 일을 겪을 때 가장 난감하고 힘들다. 이곳저곳 상담을 의뢰해봐도 별 뾰족한 수가 없다. 현재 각 교육청에는 부적격 교원 여부를 심의하기 위한 '교직복무심의위원회'라는 기구가 있긴 하지만 실제로 심의한 사례 자체가 별로 없는 형편이다. 학부모가 직접 제소를 해야 하기 때문에 당사자들은 부담스러울 수밖에 없다. 설사 부적격하다고 심의하여 징계위원회에 회부하더라도 징계 가능성이 낮아서 실효성이 없다는 지적을 받고 있다.

교직복무심의위원회의 부적격 교원 기준은, 시험문제 유출 및 성적조작 등 학생 성적과 관련한 부정행위, 직무와 관련한 금품수수 행위, 미성년자에 대한 성폭력 범죄 행위, 학생에 대한 상습적이고 심각한 신체적 폭력행위로 한정하고 있다. 하지만 자질이 부족한 교사 때문에 아이들이 겪는 고통과 상처는 심각하고 회복되기 힘들기에 학부모들의 적극적인 행동이 필요하다. 시민단체나 인권위원회, 교육청, 교육부, 성상담소, 교직복무심의위원회까지 총동원하여 도움을 호소하는 등 해결하려는 굳건한 의지를 굽히지 말아야 한다.

교사와 학부모의 역할

교사와 학부모는 아이가 문제가 있건 없건 간에 만나는 게 필요하다. 내 아이를 소중하게 키우고 싶고, 아이가 잘 성장하도록 선생님이 도와주면 좋겠다는 학부모의 바람이야 당연하다. 교사와 학부모는 아이의 소질과 특성을 잘 파악하고 건강한 인격체로 성장하도록 도와주는 역할을 해야 한다. 학부모는 아이가 지금까지 어떻게 성장했고 그 과정에서 아팠던 일이나 좋았던 일, 슬픈 일, 아이의 성격, 특징에 대한 정보를 선생님에게 전달해주어야 한다. 선생님은 부모가 들려주는 아이의 특성을 토대로 아이의 학교생활을 잘 지켜보며 학부모와 협력해야 한다.

학교마다 차이가 있겠지만 학부모가 공개적으로 참여할 수 있는 기회를 적극 활용해보라고 권하고 싶다. 학부모 상담의 날을 운영하는 학교가 있다. 작년까지만 해도 학교 강당에 학년별로 테이블을 설치하고 학부모들이 한 곳에 모여 선생님들과 이야기를 나누는 방식으로 운영했는데 어수선하다는 지적이 많아 올해부터 학급 교실에서 하고 있다. 맞벌이하는 부모님을 배려하여 저녁 7시에 학교 교실에서 서로 만나 1학기 동안의 소회를 이야기하고 아이의 학습태도, 성적, 교우관계에 대해 상담을 한다. 또 학교 방문 기간을 두어 학부모가 선생님과 시간 약속을 하고 방문하여 개별 상담을 하기도 한다.

초등학교에서는 학부모가 공개수업에 참관하는 행사를 운영하는 학교가 많다. 공개수업을 하는 동안 아이를 지켜보고 동시에 선생님의 수업도 참관하며 주로 오후에는 선생님과 상담을 진행하기도 한다.

상담을 하는 동안 아이에 관한 이야기를 주로 하겠지만 그 동안 학교에 건의하고 싶었던 내용이나 궁금한 점을 물어보고 학급운영이나 생활지도에 대해서도 의견을 나누면 좋다. 부모는 아이의 말을 듣고 판단하는 경우가 많기 때문에 선생님과 직접 만났을 때 아이의 학교생활에 대한 정보를 정확하게 얻도록 한다.

알림장이나 휴대폰을 적극 활용하라

초등학교 저학년은 알림장을 사용한다. 날마다 과제나 준비물을 적어주는 알림장을 선생님과 학부모의 중요한 메신저로 활용하면 좋다. 선생님이 날마다 알림장을 확인하니까 질문이나 전달사항, 상담요구와 같은 내용을 알림장에 적으면서 소통의 도구로 유용하게 활용할 수 있다. 초등 고학년 이상은 선생님의 휴대폰을 활용하면 좋다. 선생님도 학부모에게 알릴 사항이 있으면 문자메시지로 보내기 때문에 학부모들도 이를 활용하면 직접 대면하는 것보다 부담이 덜하다.

학부모 참여 기회를 놓치지 말자

학부모가 학교에 참여할 수 있는 기회에 선생님과 얼굴을 익히고 이야기 나누는 것이 아무래도 편하다. 첫 대면이 어렵지 다음부터는 조금씩 자연스럽게 되기 마련이다. 학부모 총회나 학교방문, 상담에 적극적으로 참여하는 것이 좋으나 맞벌이를 하느라 참여하기 어려운 경우는 개별 만남을 제안하거나 저녁시간에 학부모가 참여할 수 있는 기회를 만들어줄 것을 학교 측에 요청해보자.

선생님을 만나고 나서 판단하라

선생님을 만나기 전에 옆집 아줌마에게서 들은 정보로 미리 선생님을 판단하지 말아야 한다. "저 선생님 어때요?" "저 선생님 별로라던데." 옆집 아줌마가 주는 정보는 지극히 주관적인 정보일 뿐이다. 선입견 없이 선생님을 만나고 판단해도 늦지 않다. 아이를 가르치는 일은 매우 어렵고 힘들다는 사실을 염두에 두어야 한다. 담임선생님은 내 아이만을 위한 선생님이 아니라 모든 아이들에게 손길을 미쳐야 하는 사람이다. 선생님이 어떤 분인지, 교육에 대한 열정, 생각, 교사로서의 자세가 어떤지는 이야기를 나누다보면 알게 된다. 그때 담임선생님의 면모를 파악해도 늦지 않다. 선생님의 학급운영 방식이 내가 생각했던 것과 다르다면 선생님을 자연스럽게 만날 기회가 있을 때 이야기를 나눠보는 것이 좋다. 선생님도 나름의 철학으로 학급운영을 하고 아이들을 가르치고 있기에 충분히 존중해주며 이야기해야 한다. 이야기 도중에 내가 생각했던 것을 꺼내면 자연스럽다.

선생님은 아이의 성장과정에 가장 중요한 조언자다

아이의 학교생활이 궁금하다면 선생님을 통해 아이 이야기를 듣는 것이 좋다. 아이는 학교에서 있었던 일을 이야기할 때 자신에게 불리한 이야기는 하지 않는 경향이 있다. 무조건 내 아이 말만 믿기보다는 선생님과 만나 이야기를 나누어보고 아이를 객관적으로 파악하기 위해 노력해야 한다. 부모와 소통하기 어려운 사춘기 시기에 있거나 부모와 갈등이 있는 아이라면 선생님께 도움을 요청하여 함께 해결하려는 노력이 필요하다.

학부모들은 자질에 문제가 있는 교사 때문에 아이가 고통을 겪지 않기를 간절히 바란다. 교사의 자질 문제는 내 아이에게만 해당되는 일도 아니고, 특정 교사만 피하면 된다고 생각할 일도 아니다. 학교 다니는 동안 언제 또 그런 교사를 만날수 있을지 모르는 일이다. 내 아이만 생각해서 '몇 개월만 참으면 되지'라고 생각하거나 다른 학교로 전학을 가서 피해버린다면 문제는 계속 반복될 뿐이다. 내 아이가 아닌 또 다른 아이가 고통을 똑같이 겪어야 하기 때문이다.

대다수 학부모들은 문제 해결을 시도해보지도 않고 교장이나 교육청 모두 한통속일 것이라고 생각해버린다. 하지만 정말 문제가 있는 교사라면 끝까지 포기하지 말아야 한다. 학부모가 문제를 제기할 수 있는 창구로는 소속 학교 교장, 지역교육청, 교직복무심의위원회 등이 있고, 그밖에 시민운동단체나 성상담소, 인권위원회, 인권단체에 도움을 구할 수도 있다. 적극적인 도움을 요청하고 학부모가 끝까지 해결하려는 의지를 가져야 한다.

대부분의 학부모가 교사에 대해 문제를 제기하지 못하는 이유는 내 아이가 불이익을 당할까봐 불안하기 때문이다. 한 번 찍히면 학교생활이 힘들고 꼬리표가 영원히 따라붙는다는 생각 때문에 대부분 그냥 더러워도 피한다는 식이다. 그러나 실제로 꼬리표가 따라붙는 일은 없다. 학생생활기록부에 기록되는 일도 아닐 뿐더러 그 어떤 기록물에도 남지 않으므로 걱정할 필요는 없다. 부적격한 자질을 가진 교사는 대체로 교사들 내에서도 소통을 제대로 못하는 경우가 많기 때문에 동료교사들에게도 외면당하기 십상이다. 처음에 용기가 나지 않더라도 뜻 맞는 학부모 한두 명과 함께 대처해간다면 의외로 쉽게 문제를 해결할 수 있다.

학교에서 만나는 선생님들은 전문 교육과정을 이수하고 교원임용시험에 합격하여 발령받은 사람들이다. 초등학교 선생님이 되려면 교육대학에 가야 한다. 교육대학은 전국에 10개 있으며 제주대 사라캠퍼스(2008년부터 제주교대와 제주대가 통폐합)와 한국교원대 초등교육과, 이화여대 사범대학 초등교육과와 같이 종합대학단과대학이나 학과로 있는 경우가 있다. 교육대학에서 4년간 교육학 이론과 학교 수업지도에서 필요한 피아노, 뜀틀, 납땜질, 리코더, 서예, 재봉질, 무용 등을 배우고 모의 수업 능력 등의 교육과정을 이수하면 졸업할 때 초등 2급 정교사 자격증을 받게 된다.

중등교사가 되려면 사범대학에 진학하거나 일반대학에서 교직과목을 이수하거나 일반대학을 졸업한 후 교육대학원에 진학하여 졸업하면 중등 2급 정교사 자격증을 취득하게 된다. 일반대학에서 교직과목을 이수하여 자격증을 딴 비율은 30% 정도 된다.

초등이나 중등교사 모두 교사자격증을 딴 후에 교원임용시험를 봐야 한다. 교원임용시험은 2008년부터 객관식 필답고사로 선발 인원의 200%를 선발하고, 2차 교육학 및 전공 관련 논술시험에서 선발 인원의 130%를 선발한 후 마지막으로 수업실기 및 면접에서 100%를 선발한다. 교원임용시험을 본 사람은 공립학교에 발령이 나지만, 사립학교는 자체적으로 교사를 뽑는데 정규직 이외에도 기간제(계약직)로 뽑아 일정기간이 지나면 정교사로 채용하기도 한다.

1. 목적 징계의결 요구권자가 부적격 교원에 대한 징계의결을 요구함에 있어 이를 객관적이고 공정하게 처리할 수 있도록 사전에 부적격 교원 여부를 심의하기 위한 ○○교육청 교직복무심의위원회의 설치·운영에 관하여 필요한 사항을 규정함을 목적으로 한다.

2. 부적격교원 시험문제 유출 및 성적조작 등 성적과 관련한 부정행위, 직무와 관련한 금품수수 행위, 미성년자에 대한 「성폭력범죄의 처벌 및 피해자보호 등에 관한 법률」 제2조의 규정에 의한 성폭력 범죄행위, 학생에 대한 상습적이고 심각한 신체적 폭력행위

3. 설치 교육감 소속하에 ○○교육청 교직복무심의위원회를 둔다.

4. 구성 위원장을 포함하여 15인 이내의 위원으로 구성하되, 교육감 소속 공무원, 교직단체에서 추천하는 자, 학부모단체 인사, 법률전문가, 지역인사, 교육관계자 등으로 구성한다.

5. 회의 비공개를 원칙으로 한다.

6. 심의절차 ① 교육감은 부적격 교원에 대한 사안이 민원, 감사 및 기관장의 요청 등으로 접수되거나 자체적으로 사실을 인지하게 된 경우 즉시 감사담당부서 및 해당부서로 하여금 사실을 조사하게 해야 한다.
② 교육감은 제1항에 의한 조사 결과를 감사담당부서 또는 해당부서가 위원회에 보고하도록 해야 한다.

③ 교육감은 위원회의 심의가 필요하다고 인정되거나, 제2항의 규정에 의한 보고 사안 중 위원회가 필요하다고 인정하여 심의를 결정한 사안에 대하여 즉시 입증자료를 갖추어 심의를 요구하여야 한다. 다만, 「교육공무원 징계령」 제6조 제3항에 의하여 통보받은 비위행위 교원과 심의절차 이행으로 징계사유의 시효기간이 경과될 수 있는 교원에 대하여는 심의요구를 생략할 수 있다.

④ 위원회는 심의요구를 받은 날부터 30일 이내에 교육감에게 심사결과를 통보하여야 한다. 다만, 위원회 의결로 30일을 연장할 수 있다.

⑤ 위원회의 심의결과는 "해임", "파면" 또는 "부적격 교원에 해당되지 않음"으로 표기하며, 그 이유를 상세하게 기재하여야 한다.

⑥ 교육감은 상당한 이유가 없는 한 위원회로부터 통보받은 심의결과에 따라 관할 징계위원회에 징계의결을 요구하여야 한다. 다만, 사립학교 교원의 경우에는 관계법령에 의한 조치를 하도록 당해교원의 임용권자에게 심의결과를 통보하여야 한다.

⑦ 교육감은 제6항에 의한 징계의결요구를 할 때 위원회의 심의자료를 징계의결요구 관계서류와 함께 제출할 수 있다.

○○ 학부모

미리 한글을 가르치지 않고 초등학교에 보냈더니
1학년인데 숙제가 너무 많다. 쓰기를 죽어라 싫어하는 아이는
알림장도 제대로 써오지 못해 매일 같은 반 아이한테
전화해서 물어봐야 할 정도다. 학교에서 차근차근 배우기를 바라며
미리 준비시키지 않은 게 후회스럽고, 교육적 소신도 흔들린다.
받아쓰기 시험을 보고 틀린 것을 반복해서 써 오라고 하는데
보다 못해 내가 왼손으로 글씨를 써주어 숙제를 간신히
해결하기도 했다. 만들기, 그림도 계속 도와주다보니
애 숙제인지 엄마 숙제인지 모를 지경이다. 학교 공부를 어디까지
미리 준비시켜야 하고, 숙제는 어디까지 도와줘야 할까?

□□ 학부모

올해 아이가 중학교에 들어갔다. 초등학교 6년 내내
성적이 전교 10등 안에 들 만큼 좋았는데 중학교 들어가더니
성적이 계속 떨어져 반에서 중간쯤 한다. 초등학교 때는
아이가 열심히 하고 학원도 꾸준하게 다녔는데,
학원 다니기 싫다고 해서 그만두게 했더니 성적이 떨어지는 게
아닌가 싶다. 중학교에서 아이 공부가 판가름이 난다고 하는데
걱정이다. 공부하기 싫어하는 아이를 마냥 내버려둘 수는 없어
다시 학원에 보낼까 생각 중이다. 집에서 아이는 도통 공부를
하지 않는데 공부하는 습관은 어떻게 잡아주어야 하는 걸까?
이제까지 내가 아이를 잘못 가르친 것인지 후회스럽다.

공부하는 힘,
어떻게 길러주면 좋을까?

아이 성적은 부모 탓?

학부모들의 최대 관심사는 단연 아이의 성적이다. 성적이 아이를 판단하는 가장 중요한 잣대가 되어버렸다. 이는 좋은 대학에 진학하는 것이 아이 인생을 결정한다고 굳게 믿고 있기 때문이다. 학교가 사람이 배워야 할 기본 소양을 가르치는 곳이라기보다 온갖 시험과 평가를 통해 아이의 석차를 매기는 곳이라는 생각이 점점 보편화되고 있다. 성적에 민감한 부모는 내 아이의 성적이 전국 어디쯤일까 너무 궁금하다. 최근 전국적으로 일제고사를 보고 학교와 학생들의 성적을 공개하는 일까지 벌어지고 있다. 10여 년 전 없어졌던 일제고사가 다시 부활하자 안 그래도 소수점 둘째자리까지 합산할 정도로 점수에 민감한 학부모들의 불안감은 극도로 커지게 되었다.

'이제는 개천에서 용이 날 수 없다.' '학부모의 정보력과 시간과 돈, 삼박자가 맞아야 아이를 최상위권 대학에 보낼 수 있다'는 말이 학부모들 사이에서 정설로 굳어지고 있다. 아이들도 '우리 엄마아빠가 능력이 있으면 좋겠다. 그래야 좋은 대학에 갈 수 있다'고 믿는 경향이 강하다. 이 믿음처럼 이미 부모의 경제력이 뒤처지면 아무리 열심히 노력한들 그 경쟁에서 이길 수 없는 세상으로 변하고 있음을 부인하기는 어렵다.

입시철이 끝나고 당락이 결정된 뒤에 어김없이 등장하는 '우리 아이 서울대 이렇게 보냈어요' 따위의 인터뷰 기사를 접하게 되면 학부모들은 가슴을 치고 후회한다. '그때 학원, 과외선생에 대한 정보를 놓친 탓이야.' '이웃집 아이 과외 할 때 우리 애도 할걸!' '아! 그때 영어를 시작했더라면….' '애가 싫다고 해도 손목이라도 붙들고 갔어야 하는데.' '요즈음은 부모가 얼마나 뒷바라지 할 수 있느냐에 따라 아이들 실력도 달라진다는데 이건 모두 내 탓이야.' 하며 가슴을 친다. 부모는 자신의 경제적 처지를 비관하며 아이가 교육의 기회를 갖지 못한 까닭을 자신의 부족함 탓으로 돌리고 그 때문에 결과도 나빴다고 좌절한다. 이는 경제력을 바탕으로 밀어붙이면 성적을 올릴 수 있다는 기대를 갖게 만드는 정부의 교육정책과 사교육시장의 불안 마케팅에 대다수 부모들이 휘둘리고 있기 때문이다. 이런 까닭에 사교육을 더 많이 시키면 시킬수록 교육 경쟁력이 생긴다는 논리에 갇혀 가계비의 절반에 가까운 비용을 사교육비에 쏟아 붓고 있다.

그러나 성적으로 줄을 세우는 무한경쟁 교육에서 최상위권에 진입할 수 있는 아이는 극히 제한될 수밖에 없다. 결코 학부모의 경제력과 능력이 부족해서가 아니라는 사실을 분명히 깨달아야 한다. 학부모들의 불안 심리를 자극하여 사교육 시장은 호황을 누리고 정부 정책은 더 가혹한 경쟁을 강요하는 풍토에서 학부모는 어떻게 중심을 잡아야 할까?

선행학습에 대한 편견을 깨자

'경쟁만이 살 길이다.' 우리 교육이 강조하는 교육경쟁력 강화라는 경쟁 패러다임은 수십 년 동안 우리나라 교육을 지배해왔다. 최근에는 경쟁이 더 살벌해져 초등학교부터 시험을 봐야 하고 이로 인해 사교육 광풍이 더 거세게 불고 있다. '점수의 딜레마'에 빠진 학부모들은 이중적인 태도를 갖고 있다. 학부모들이 모인 자리에서는 점수 경쟁보다는 자유롭게 자라기를 희망하며 의연한 척 하지만 집으로 돌아와서는 학교 성적에 연연해하며 아이를 닦달한다. 대개 이런 학부모들은 "아니. 쟤는 내가 아무 말도 안 했는데 지가 저리 안달이니 어떡하면 좋아요"라며 아이 스스로 공부 욕심을 낸다고 은근히 자랑스럽게 이야기한다. 물론 남에게 지기 싫어하고 친구보다 뭐든지 잘해야만 직성이 풀리는 성향의 아이들도 있다. 그러나 공부에 욕심을 내는 아이의 뒷배경에는 아이의 본성보다는 점수 경쟁 대열에서 낙오하면 사회적으로도 낙오한다는 학부모의 불안감이 아이에게 깊은 영향을 미치고 있는 경우가 더 많다.

우수한 학교 성적이 상위권 대학과 취업을 가능하게 한다는 믿음이 광범위하게 퍼져 있는 가운데 경쟁 패러다임은 점점 신화로 굳어지고 있다. 아이가 가진 재능보다는 성적이 더 중요하고 남들보다 유리한 고지에 오르기 위해 선행학습은 필수가 되고 있다. 각종 사교육 기관들은 선행학습을 더 부추기고, 정작 보충학습이 필요한 학생에게 도움이 되기보다 다른 곳과의 경쟁에서 살아남기 위한 상업적 논리만 가득한 곳이 되었다. 선행학습을 하는 학원은 학부모들 사이에서 좋은 학원으로 소문이 나고, 이 학원에 다니면 학교 시험에서 좋은 결과를 얻을 수 있을 것이라는 근거 없는 믿음에 오늘도 학부모들은 아이 성적을 올려줄 학원을 선택하기 위해 각종 정보에 귀 기울이고 있다.

정말로 선행학습을 해야 우수한 성적을 얻을 수 있을까? 2009년 8월 19일 '사교육 걱정 없는 세상'이라는 단체에서 서울과 경기 지역의 초등생 183명, 중학생 340명, 고교생 430명 총 953명을 대상으로 선행학습 효과에 대한 설문조사 결과를 발표했다. 설문은 사교육 참여 여부와 선행학습 정도, 선행학습이 학업성취도에 도움주는 정도, 학교 수업 집중도, 부모의 직업과 태도, 학교 시험성적 등을 물어보았는데, 학부모들의 예상을 빗나가는 결과가 나왔다. 사교육 시간이나 비용은 선행학습 효과와 별 상관관계가 없고 오히려 학교 수업에 집중하고 수업 태도가 좋은 학생들이 학업 성취도가 높은 것으로 나타났다. 이 설문조사에서 드러난 것은 많은 아이들이 문제를 푸는 것으로 교과 내용을 이해했다고 착각한다는 것, 미리 학습할수록 학교 수업에서 흥미가 떨어진다는 것, 원리를 정확히 이해하지 않은 상태에서 계속 선행학습을 하면 학습 기초가 부실해진다는 것이다.

우수한 대학에 진학한 학생들에게 어떻게 공부했는지 물어보면 대부분 "학교 공부를 열심히 했다. 수업시간에 졸아본 적이 없다"고 대답한다. 많은 학부모들은 믿을 수 없는 얘기라고 코웃음을 치지만, 학교수업에 집중하지 못하는 아이는 학원에서도 집중하기 어렵다. 수업시간에 조는 아이는 학원수업에 매달리느라 수면 부족에 시달린다. 학부모들의 불안감을 증폭시키는 사교육 시장의 홍보 마케팅에 현혹되어 아이들을 학교로, 학원으로 내보낸다고 해서 학부모들이 원하는 결과를 보장받을 수는 없다.

많은 학부모들은 아이가 스스로 공부하기를 바란다. 스스로 공부하는 습관을 들이기 위해서는 학부모가 아이보다 한발 앞서 가서는 안 된다. 학교와 학원 사이에서 줄타기하는 학부모의 불안감은 아이에게 고스란히 전달되고 아이 스스로 무엇을 하야 할지 몰라 우왕좌왕하게 만든다. 초등학생 시절부터 과외와 학원에 매달렸던 학생이 수능시험을 보고 와서 "엄마, 나 이제 뭐 해?" 하고 묻는 일은 남의 집에서만 생기는 일이 아니다. 부모는 좀 답답하더라도 아이 스스로 공부하고 싶은 마음이 성기도록 도와주고 기다려야 한다. 그래야 아이도 여유를 갖게 되고 하고 싶은 것을 탐색할 수 있게 된다.

스스로 공부하는 습관을 어떻게 키워줄까

초등학교 때부터 스스로 공부하는 습관을 키우기 위해서 학부모는 어떤 도움을 주어야 할까? 초등학교 1학년인 아이는 학교에 적응하는 데 시간이 필요하다. 아침에 일어나 학교에 등교하는 생활상의 변화뿐 아니라 수업 시간, 쉬는 시간, 숙제, 준비물 챙기기와 같은 학습습관에도 익숙해져야 한다. 하루아침에 적응하기도 어렵고 스스로 하기도 힘들다. 학부모도 아침에 아이를 깨우고 준비물 챙기는 일, 학교 앞까지 데려다주는 것부터 학교숙제에 이르기까지 언제까지 대신 해주고 어느 정도까지 도와주어야 할지 난감하기만 하다. 아이가 스스로 알아서 공부하기를 바라는 마음이지만 내 뜻대로 되는 일이 아니다.

대부분의 학부모들은 아이가 학교에서 돌아오자마자 "오늘 뭐 배웠어?"라고 묻는다. 아이는 친한 친구를 만난 이야기가 하고 싶은데 뭘 배웠냐고 물어보면 이야기하기가 불편해진다. 우물쭈물하면 엄마는 덜컥 걱정이 앞선다. '아니, 하루 종일 뭐 하다 온 거야. 뭘 배웠는지도 모르고.' 그러면서 '학습에 관심이 없는 아이가 아닌가? 지적 능력이 부족한 건 아닌가?' 하는 걱정이 앞선다. 부모가 앞서 불안해지기 시작하면 안 된다. 학교에 입학한 초반기에는 느긋하게 기다리며 아이가 학교에 제대로 적응하고 친구들과 잘 지내는지, 선생님하고는 어떤 이야기들을 주고받았는지 아이가 먼저 이야기를 털어놓게 해야 한다.

아이가 학교생활에 대해 이야기를 하지 않으면 먼저 "오늘은 뭐가 제일 재미있었어?" 하고 물어보자. 어떤 아이는 자기 할 일 다 하면서도 선생님 말을 놓치지 않는가 하면, 가만히 집중해서 들어도 선생님 말을 전혀 이해하지 못하는 아이도 있다. 아이 이야기를 들으면서 말을 이해하고 전달하는 능력을 간파할 수 있다. 하지만 초조해할 일이 아니다. 초등학교 생활을 6년으로 보면 정말 긴 시간이다. 1년 하다가 그만두는 게 아니라 앞으로 12년 넘게 학교공부를 해야 하고, 그 긴 여정에 이제 한걸음을 내딛었을 뿐이다. 그러니 시행착오는 당연히 있기 마련이고 처음 하는 학교생활이며 학습에서 서투를 수밖에 없다. 느긋한 마음을 가지고 초등학교 6년 동안 아이 스스로 공부할 수 있는 습관을 키워줘보자.

아이가 즐거워하는 것이 무엇인지 파악한다

즐거운 일은 아무리 해도 지겹지 않다. 부모는 가장 먼저 아이의 마음을 읽을 수 있어야 한다. 아이는 긍정적 자아상을 갖게 될 때 즐거워한다. 무엇이 아이를 긍정적으로 만드는지 유심히 살펴보고 아이가 즐거워하는 활동을 많이 하게 하는 것이 학습효과를 내게 하는 포인트다. 잘 노는 아이가 공부도 잘한다는 것은 사실이다. 특히 몸을 움직이는 놀이는 아이의 지각능력 발달에 큰 영향을 미친다.

부모들 눈에는 내 아이가 무엇을 잘 하는지 잘 들어오지 않는다. 옆집 아이나 친척집 아이가 잘하는 것은 금방 눈에 들어온다. 그런데 눈에 들어오는 것도 어른에게 인사를 잘 한다든가, 식구가 많이 모였을 때 신발정리를 잘 한다든가, 식사 후 물을 챙겨줄 줄 안다거나 하는 것이 아니라 중간고사 점수가 몇 점인지, 학교에서 몇 등인지, 학원은 어디 다니는지 같은 것들이다. 주변 아이들이 잘하는 것을 듣거나 보고 나면 바로 내 아이와 비교하는 마음이 들면서 부족함에 은근히 울화가 치민다.

뭐든지 잘하는 아이는 없다. 누구나 잘 할 수 있는 것이 한 가지쯤은 있지만, 그것을 평생 찾지 못하는 불행한 사람들도 많다. 불행한 사람이 되는 일에 부모가 일조해서는 안 되지 않겠는가? 학교 성적만 해도 40명 되는 아이들 모두가 1등을 할 수는 없는 일이다. 너무도 평범하고 받아들이기 싫은 이야기이지만 40등 하는 아이가 있기에 1등 하는 아이도 있는 것이다. 일렬로 줄 세우기 좋아하는 우리 사회에서 그 대열에서 이탈할 용기 있는 부모는 거의 없다. 뭐든지 다 잘할 수는 없는 우리 아이, 잘할 수 있는 것을 찾는 것이 또한 포인트다.

별 탈 없이 집중력도 있고 진득하게 잘 앉아 있는 아이는 사실 별 문제가 없다. 요즈음은 앉은 자리에서 5분을 가만히 있기 힘들어 하는 아이들이 많다. 이런 아이들에게는 앉아서 무엇을 해야 한다는 것이 고역이다. 이런 아이들을 앉혀놓고 문제지를 풀게 한다든가 억지공부를 시킨다 한들 제대로 해낼 수 있을까? 아이는 또 얼마나 힘들 것인가? 억지로 한 시간 이상을 앉아 있는다 해도 학습효과는 제로다. 학원에 보내면 공부를 알아서 잘 해줄까 싶어 보내보지만 역시 마찬가지다.

모두가 자기주도적으로 학습하기를 원하지만 책상에 앉아서 공부하는 것만 자기주도적 학습은 아니라는 사실을 먼저 알아야 한다. 관심 있는 것에 한 시간을 집중할 수 있는 힘이 있다면 자기주도적 학습을 할 수 있는 기본은 갖춘 셈이다. 집중할 수 있는 시간을 일주일에 1분씩만 늘려간다면 초등학교 6학년이 되었을 때 몇 시간이나 앉아 있을 수 있는지 계산해보라! 아마 어마어마한 시간에 놀랄 것이다. 그러니 조급하게 생각할 일이 아니다.

요즘 학교마다 유난히 산만해서 선생님들을 애먹이는 아이들이 적지 않다. 주의력결핍과잉행동장애(ADHD) 판정을 받은 아이들도 있다. 심한 경우 약물 처방을 하기도 하는데, 아이의 성장에는 좋지 않은 처방이다. 이 아이들에게 결핍된 것은 주의력이 아니라 에너지를 발산할 수 있는 공간과 시간, 그리고 부모의 관심인 경우가 많다. 부모의 지나친 간섭이 원인이 되기도 한다. 아이한테서 문제의 원인을 찾기보다 주변 환경을 먼저 살피고, 아이에게 맞는 처방을 찾아야 한다.(『가만히 있지 못하는 아이들』, 크리스 메르코글리아노, 민들레. 참조)

스스로 학습 계획을 세우게 해라

무리한 계획은 금물이다. 아이 스스로도 많이 해야만 한다는 강박증이 있어 계획을 세우게 하면 엄청난 학습량을 계획한다. 이럴 때 부모가 조절해주면 아이들은 "정말, 요것만 해도 돼?" 하며 의아해한다. 만약 부모가 아이에게 일방적으로 "오늘은 여기서부터 여기까지 10쪽 풀어놔."라든가 "숙제 다 해야만 놀 수 있어." 한다면 의기소침해진다. 아이의 심리를 잘 알고 그에 맞게 처신할 필요가 있다.

"놀고 싶은 만큼 놀고 숙제해도 돼." 하고 말해준다면 설사 너무 놀아 숙제를 못해 간다 하더라도 엄마 탓은 하기 힘들어진다. 아이들 중에는 자신의 일상을 모두 엄마 탓으로 돌리는 아이들이 많다. 그만큼 아이 스스로 할 수 있는 것이 없어졌다는 뜻이다. 아주 간단한 결정도 "엄마한테 물어봐야 돼요." 한다. 그러니 자기가 잘못해도 엄마가 못 챙겨줘서 그런 거라며 엄마 탓으로 돌리게 되는 것이다.

실컷 놀 수 있는 아이들이 건강하다. 아이는 잘 놀아야 한다고 믿는 부모들도 숙제를 먼저 해놓고 놀아야 한다는 조건을 붙이는데, 그다지 현명한 처신은 아니다. 어떤 학부모는 아이가 학고 다녀온 후 계속 바깥에서 놀다가 해가 넘어갈 때쯤 돌아오면 피곤한 나머지 숙제도 안 하고 자는데, 이걸 방관만 하냐고 묻는다. 역설 같지만 숙제를 해가지 않아서 선생님께 야단도 맞고 지적도 당해본 아이들이 숙제를 왜 해야 하는지 정확하게 안다.

한 가지 잊지 말아야 할 것은 스스로 세운 계획을 잘 지켜서 실행했다면 충분히 칭찬해줘야 한다는 것이다. 그러나 너무 뻔한 칭찬, 무조건적인 칭찬, 칭찬을 위한 칭찬은 오히려 아이의 자존심을 상하게 한다. 칭찬은 고래도 춤추게 한다는 말이 있지만, 적재적소에 하지 못하면 효과는 반감된다. 아주 작은 것이라도, 예를 들어 아이 스스로 책을 5분 읽기로 계획하고 실행했다면 칭찬을 아끼지 말아야 한다. 오랜 시간 동안 많이 한 것이 전부 좋은 건 아니다. 시켜서 한 1시간보다 스스로 한 5분이 더 의미 있다는 사실을 잊지 말아야 한다.

공부를 꼭 시켜야만 하는 아이들도 있다. 이런 아이들의 부모는 모든 일을 이끌어줘야한다고 생각하기 쉽다. 부모가 계획표 짜는 일부터 시작해 일일이 옆에 달라붙어 공부를 시키는 방법은 공부하는 것을 싫어하게 만들 가능성이 높다. 그렇다고 아이 혼자 공부방에 몰아놓고 감시하지 말고 함께 둘러 앉아 공부하는 시간을 마련해보는 것이 좋다. 엄마도, 아빠도, 누나도, 형도 저마다 자기 공부를 하는 모습을 보여주더 공부하고 싶은 마음이 들게 분위기를 만들어가는 방법도 좋다.

학습준비물과 숙제, 얼마나 도와주어야 할까 초등학교는 학습

준비물과 숙제가 많은 시기이다. 미술과목에서 챙겨야 할 준비물이 많은
데 스케치북이나 크레파스, 물감은 미리 사두어도 좋다. 그러나 특정한 색
깔만 많이 쓰게 되므로 또 새 것을 사게 되는데, 그러지 말고 특정 색깔의
크레파스와 물감만 사면 된다. 그 밖의 것은 필요할 때 맞추어 준비하면
된다. 음악시간에 필요한 준비물도 그때마다 준비하면 된다. 학교에 따라
서는 학습준비물을 학교에서 준비해주는 경우도 많다. 색종이나 가위,
풀, 도화지를 비롯해 교육과정에 필요한 기본 준비물을 학교예산으로 충
당하는 학교에서는 미리 살펴본 후에 부족한 것만 준비하면 된다.

　학부모들이 아무래도 가장 신경 쓰는 것은 숙제다. 적당한 숙제는 학습
동기를 유발하고 학습목표에 도달할 수 있게 하고 복습의 효과가 있다. 내
일 시험 볼 받아쓰기를 미리 10번 써보기와 같은 숙제는 학부모가 신경을
많이 쓰게 되는데, 무조건 100점을 받아야 한다는 강박에서 벗어나는 것
이 필요하다. 가벼운 평가에 대비하는 숙제의 경우 아이 스스로 부족한
부분을 찾아내고 강화하는 과정이 수반될 때 학습효과가 더 커진다. 100
점이라는 결과에 얽매어 학부모가 주도적으로 숙제를 하려 들면 공부 재
미도 반감되고 공부는 억지로 해야 하는 것이 되어버리고 만다.

　부모가 숙제의 주도권을 잡는 것은 아이가 스스로 공부하려는 자세를
빼앗는 지름길이다. 부모는 오늘 숙제가 무엇인가를 상기시켜주는 역할만
하면 된다. 다만 아이가 도움을 요청할 때는 옆에서 지켜봐주고 모르는

것은 알려주어야 한다. 요즘은 학교 숙제뿐 아니라 학원에서 내주는 숙제도 만만치 않다. 학원 숙제 하랴, 학교 숙제 하랴, 하루에 아이가 소화해 내기 어려운 양이라면 당연히 조절해주어야 한다. 학교에서 내주는 숙제는 아이의 단계에 맞게 내주게 되므로 공부 양이 많지 않은 편이지만 학원에서 내주는 숙제는 아이의 발달단계를 무시하고 내주는 경우가 많아 학부모가 중간에서 조절해주는 역할을 해야 한다. 무조건 숙제니까 다 해야한다고 아이를 윽박지르면 공부에 흥미를 잃게 된다.

학습하는 태도에 목숨 걸지 마라

책상 앞에 반듯이 앉아 정해진 과제를 해결하는 모습, 학부모들이 아이에게 바라는 모습이다. 시키지 않아도 책상 앞에 앉는 아이들도 있지만 아이의 특성상 엎드려 공부하는 아이, 여러 명이 모여 공부하는 것을 좋아하는 아이 등 공부하는 태도는 다양하다. 아이마다 공부에 집중할 수 있는 시간, 분위기, 방법들이 다 다르기 때문에 그것을 존중해줘야 한다. 부모가 생각한 방법이 전부 옳은 건아니니까 무조건 책상 앞에 반듯이 앉으라고 강요해 공부하고자 하는 욕구를 좌절시켜서는 안 된다.

어떤 학부모는 직접 아이를 가르치다가 관계가 어그러져 속상해하기도한다. 수학과목을 가르치다가 아이가 빨리 이해하지 못하거나 문제풀이를 제대로 하지 못한다고 화를 내고 감정이 격해져 아이에게 해서는 안 되는말까지 하다가 서로 마주치는 것조차 꺼리게 되었다는 것이다. 자녀를 가르쳐본 부모는 한 번쯤 이런 경험을 했을 것이다. 아이가 탁월하게 잘하는 모습을 기대했다가 기대에 미치지 못하니까 윽박지르고 화를 내면서 생기는 문제다. 아이와 공부하다가 부모가 스스로 컨트롤이 안 되면 부모와의 학습은 포기하는 것이 좋다. 분위기를 바꾸어 다른 사람의 도움을 받거나 친구들과 함께 공부하는 시간을 마련해 학습동기를 높이는 방법을 택해야 한다.

심심하게 만들어라

요즘 아이들은 너무 바쁘다. 그래서 깊이 있게 뭔가 하지를 못한다. 얼른얼른, 빨리빨리가 몸에 배어 있다. "저요, 이거 끝나고 태권도 가야 해요. 지금 몇 시예요?" 아이들이 심심할 겨를이 없다. 아이들은 심심해야 뭘 하고 놀지 고민하고 생각하게 된다. 생각을 많이 하는 아이가 창의적인 아이이다. 아이들이 잘 노는 것은 정말 중요한데, 부모들은 놀이와 공부가 병행되기 어렵다고 여겨 아이가 놀기만 하고 공부를 등한시할까봐 걱정한다. 아이들은 놀면서 성장하는 면이 훨씬 많다. 친구들과 관계를 맺고 갈등을 풀어내는 방법도 놀면서 부딪치며 배우는 것이다.

잘 노는 아이는 분쟁이 일어났을 때 어떻게 해야 하는지, 힘이 약한 아이를 어떻게 도와주어야 하고, 형제자매들과 다투지 않고 잘 지내려면 어떻게 해야 하는지를 안다. 몸과 마음으로 체득하며 자라는 것이다. 그 어떤 학습보다 중요한 학습을 할 수 있는 기회를 갖는 셈이다.

믿어주는 만큼만 자란다

최악의 상태에서 부모가 자녀에게 "난 널 믿어!"라고 한마디 해주는 것이 아이에게 얼마나 힘이 되는지 모른다. 자존감 있는 아이로 커나가게 하기 위해서는 단계마다 부모가 칭찬해주고, 불안해하는 모습을 보이지 않아야 한다. 부모와 자식 간에 연결되어 있는 보이지 않는 끈은 부모의 감정이 아이에게 고스란히 전달되게 만든다. 부모가 안절부절못하면 아이도 불안해한다. 초등학교까지 아이와 잘 지내던 학부모들도 아이가 중학생이 되면서 관계가 멀어지는 수가 많다. 중학생이 되면 학부모들은 서로 경쟁하듯이 아이를 학원으로 보내고, 학원에 보내지 않는 부모는 아이의 장래를 망치는 부모라며 비난을 받는다. 비난을 받은 부모는 아무리 심기가 굳다 해도 내심 불안해진다. 혹, 내가 진짜 아이를 망치고 있는 건 아닌가 싶은 것이다. 아이들도 흔들리는 부모를 보았을 때 함께 흔들린다. 믿어보자. 그 믿음이 아이에게 힘이 될 것이다.

욕심은 금물

때로는 방학숙제나 과제물에 상이 걸리기도 한다. 과제를 성실하게 수행한 데 대해 상이 주어지면 새로운 학습동기가 생기기 때문에 학교에서도 이를 적절하게 활용한다. 그런데 학부모들은 이렇게 주어지는 상에 울고 웃는다. 아이 손에 맡겨서는 상을 받을 수 없다고 판단하고 부모가 나서서 열심히 정리해 가는데, 정리해온 포트폴리오가 장난이 아니다. 누가 봐도 다른 아이들과는 비교되는 과제물이다. 당연히 상을 타고 아이는 자랑스러워한다.

과연 이래도 되는 것일까. 아이에게 부모가 뭘 가르치고 있는지 정확하게 알아야 한다. 만약 부모가 숙제를 다 해주었는데 상을 못 탔다면 그것 또한 내 탓이 아니라 부모 탓이 되어버린다. 이렇게 살다가 대학에 떨어지면 당연히 부모 때문에 떨어진 것이다. '아직 어리니까' 하고 넘어가는데,

성인이 되어 한 가정을 꾸려서도 여전히 부모 탓을 하는 어른아닌 어른을 많이 본다. 어른다운 어른으로 성장할 수 있도록 상이나 평가에 욕심 부리지 말자.

책 읽는 아이가 공부도 잘 할 수 있다

몇 백 번을 강조해도 당연한 말이다. 문제는 책을 안 읽는 아이들이 또 문제가 된다는 것이다. 아무리 해도 책을 안 읽는 아이를 어떻게 읽게 할 수 있을지 답답하기만 하다. 무엇이 문제인지 하나하나 짚어보자.

재미있는 책을 만나보지 않은 아이는 책을 읽지 않는다

누군가 집에 책이 3천 권쯤 있는데 아이가 통 책을 읽으려 하지 않는다고 했다. 2학년인 아이는 책을 지겹다고까지 표현했다. 이런 경우 대개 집에 가보면 전집이 빽빽하게 꽂힌 책장을 볼 수 있다. 부모는 전집으로 다양한 종류를 구입했기 때문에 부족한 게 없을 것이라고 생각한다. 책이 그렇게 많이 있으니 도서관이나 서점에는 가볼 생각도 하지 않는다. 이런 집 아이들은 불행하게도 아이 눈높이에 맞춘 재미있는 동화를 만나본 적이 없다. 이런 아이들에게는 재미있는 동화를 먼저 접하게 해주자.

만화책만 보는 아이

만화책의 종류가 많아졌고, 재미있고 좋은 만화책이나 만화잡지가 많이 나와 있다. 만화책이라 해서 무턱대고 내용상 문제가 있다거나 보면 안 될 책이라고 생각하는 것 자체가 문제이다. 하지만 독서력이 있는 아이들이 만화책만 본다면 그것은 생각해볼 문제다. 그림책이나 저학년 동화를 재미있게 보는 아이들이 만화를 만나게 되면 활자로 된 책을 전혀 보지 않으려 한다. 이띠는 살짝 방향을 틀어보는 것도 필요하다. 일정 기간 동안 집에서 모조리 만화책을 치운다든가 조금은 강제적으로 책을 보게 하는 방법도 시도해보고, 차라리 아주 좋은 만화를 선택해서 읽히는 것도 한 방법이다.(월간지 『고래가 그랬어』, 『개똥이네 놀이터』 등)

책을 읽었다는데 물어보면 내용을 하나도 모르는 아이

책을 읽긴 읽는데 글자만 읽는 아이들이 있다. 한 권을 후딱 읽었는데 아주 기본적인 사실들, 배경이 어디인지, 주인공이 누구인지, 무슨 사건이 있었는지 전혀 모르는 경우이다. 이런 아이들은 한글을 너무 빨리 깨쳐서 그림책은 시시한 것으로 생각해 접할 기회를 놓치고 활자로 된 책부터 읽기 시작했기 때문인 경우가 많다. 활자를 이미지화해서 읽는 단계를 거치지 않았기에 그 기능이 약화된 것이다. 이런 경우는 아주 쉬운 그림책부터 다시 시작해보는 것이 좋다. 그림책이라고 해서 단계가 낮은 것이 아니므로 주로 활자가 적게 나오고 그림 비중이 큰 책을 보는 것이 좋다. 충분한 시간이 있기 때문에 천천히 읽고 특히 부모가 함께 읽고 이야기를 나눠보는 것이 가장 좋은 방법이다. 많은 부모들이 책읽기에 단계가 있다고 생각해서 "우리 아이는 5학년인데 그림책을 읽어요." 하는 경우를 많이 본다. 조금도 걱정할 필요 없다. 책은 학습지처럼 단계별로 읽어야 하는 것이 아니다. 느낌을 살려 책을 읽을 수단 있다면 그것으로 족하다. 책에 흥미를 느끼게 되면 그 다음은 저절로 풀린다.

독후감 또는 독후활동 강박증에서 벗어나야

아이들 이야기를 들어보면 그냥 책 읽는 것은 좋은데 독후감 쓰기가 싫어서 책을 읽지 않는다고 말하는 아이가 많다. 매번 읽을 때마다 기록해야 하는 일이 힘겨울 때가 너무 많다. 책 중에서도 읽고 나면 책을 덮고 가슴에 고이고이 간직하고 입 밖으로 이야기하고 싶지 않은 책이 있고, 꼭 생각을 나누고 싶은 책이 있다. 또 어떤 책은 읽고 나면 뒷이야기가 정말 궁금하기도 하고 어느 한 장면이 생각나 그림으로 그리고 싶은 책이 있다. 이럴 때 자연스럽게 하는 것이 좋은데 요즈음은 강요된 독후활동들이 많아 오히려 책과 멀어지게 하는 데 일조를 하고 있다. 친구들과 함께 책을 읽고 이야기를 나누는 기회를 마련하여 책 읽은 즐거움을 느끼는 기회를 마련해보는 것은 어떨까? 책을 읽은 후 머릿속에만 혼자 담아 놓던 것과는 달리 다른 사람의 생각도 들어볼 수 있는 색다른 즐거움을 맛볼 수 있을 것이다.

그래도 책을 읽지 않는다면 책을 읽는 것이 좋은 일이기는 하지만 아무리 해도 안 읽는 아이들에게는 좋은 영화를 많이 보여주면 좋다. 책이 주는 감동, 생각, 느낌을 영화도 갖고 있고, 좋은 영상은 책보다도 더 큰 감동을 줄 수 있다. 또 책보다 실제 살아 있는 세계에 더 흥미를 느끼는 아이들도 있다. 책이 싫어 안 보는 아이를 억지로 책 앞에 붙잡아 앉힌다면 아마 책에서 더 멀어지게 될 것이다.

또 한편에서는 모두가 책을 읽는 것에만 관심이 있어 책만 읽으려는 아이에 대해서는 문제라고 생각하지 않고 오히려 부러워한다. 많이 읽는 것이 당연히 좋은 일 아니겠는가 하지만, 가끔 머릿속의 지식은 30대요 행동은 유아기인 아이들, 머리만 큰 아이들을 보기도 한다. 책을 읽되 가슴 따뜻한 아이로 성장할 수 있도록 배려해야 할 일이다.

초등 6년의 시간 계획표

학년 계획 내용	책읽는 시간	아침에 깨우기	준비물 챙겨주기	숙제 도와주기	스스로 계획 도와주기
1학년					
2학년					
3학년					
4학년					
5학년					
6학년					

출처 : 엄마생각

기 본 원 칙

- 아이의 습관을 계획할 때는 작은 숫자부터 시작한다.

  예를 들면 제자리에 앉아 책읽기는 최소 3분부터 시작하고 일주일에 1분 정도씩 늘려간다.
- 엄마가 도움을 줘야 하는 일은 큰 숫자부터 시작한다.

  예를 들면 준비물 챙기기는 1학년 초는 80%부터 시작해서 점점 부모의 역할을 줄여간다.
- 과도한 욕심이라고 생각될 때는 지체 없이 계획표를 수정한다.

이 프로그램은 실제로 이대로 실천하는 것보다 계획표를 짜면서 정말 6년이라는 시간이 길다는 것, 그렇다면 여유롭게 생각해도 된다는 인식을 끌어내는 데 목적이 있다. 학습에 너무 조급한 학부모들에게 느긋함을 주고 싶어 만든 것이다.

계획 내용은 부모가 하고 싶은 모든 것을 담아내도 좋다. 그것이 한 과목일 수도 있다. 수학이나 피아노, 또는 태권도 같은 것도 좋다. 중요한 것은 아이 스스로 선택하게 하는 비중을 높이고 실천해갈 수 있는 힘을 기르는 것이지, 부모와 아이를 힘들게 만드는 것이 목적이 아니라는 점이다. 이 표에 맞추어 어느 시기에 아이가 혼자서 한 시간 정도를 할 수 있는지를 체크해보고 그것이 가능하게 될 때 계획표는 버려도 된다.

세상의 모든 학부모들이 바라는 대로 아이들이 살아갈 수는 없다. 저마다 타고난 소질과 기능, 욕망이 다르기 때문에 아이들은 저마다 다 다른 색깔로 살아가고 싶어 한다. 무지개가 아름다운 것은 다양한 색들이 서로 조화를 이루기 때문이다. 빨간색 안에도 더 약하고 진한 색들이 섞여 있다. 학습에 얽매여 그 다양한 색깔을 한 가지 색으로 칠해버리는 부모가 아니었으면 하는 바람으로 이 프로그램을 만들었다.

초등학교에 들어가 첫 번째 맞는 방학이다.
마냥 노는 것보다는 방학 동안 다양한 경험을 하게 해주고 싶은데
어떤 활동을 하면 도움이 되는지 알고 싶다. 친구들은 외국으로
영어연수를 떠나지만 우리 아이에게는 영어보다 단체활동이
더 필요할 것 같아 짧은 캠프에 보낼 생각이다.
가장 신경 쓰이는 것은 책 읽기다. 아무래도 책을 많이 보면 좋은데
아이는 책 보는 것을 싫어한다. 어떻게 하면 책을 좋아하고
가까이 할 수 있을지 방법을 알고 싶다.

중학교 3학년 남자아이 학부모다. 이번 여름방학 때 친구들과
여행을 가고 싶다고 한다. 세상이 하도 험해서 여행은 절대 안 된다고
반대를 했더니 며칠째 보채고 있다. 예전에는 아이들끼리
무전여행도 가고 그러긴 했는데 막상 내 아이가 친구들과 간다니
가슴이 조마조마하다. 아이들을 보호할 만한 형이나 어른이
한 명 갔으면 좋겠는데 굳이 친구들끼리 간다는데 보내도 될까?

방학, 학기보다
더 중요한 것을 배우는 시간

아이는 방학, 엄마는 개학

방학은 아이들에게는 일상에서의 탈출이지만 엄마들에게는 또 다른 스트레스다. 천방지축 생각과 몸이 자유로운 아이들은 매일 정해진 시간에 일어나 학교에 가야 하고 정해진 공부를 해야 하는 일이 생각만 해도 싫은 일이다. 아이들에게 방학은 늦잠을 자도 되고 매일매일 해야 하는 숙제에서도 조금은 벗어날 수 있는 자유의 시간이다.

그러나 아이의 방학이 곧 부모에게는 개학이라고들 표현한다. 아이를 학교에 보내놓고 나름대로 사회활동을 하는 학부모는 방학이 되면 정신이 없고 신경 쓸 일이 한두 가지가 아니다. 아침 점심 끼니 챙기기, 학원 보내기, 방학숙제에 신경 쓰다 지쳐 아이가 개학할 날만 손꼽아 기다리게 된다. 하루 종일 컴퓨터 앞에 앉아 있는 아이, 온종일 이불을 펴놓고 뭉개는 아이, 리모콘을 끼고서 텔레비전 앞에 들러붙어 있는 아이를 바라보며 어떻게 하면 건강하고 활기차게 방학을 보낼 수 있을지 고민하게 된다.

**아이와 함께
방학 계획 세우기** 방학하기 전에 세우는 계획은 기대감과 설렘 때문에 더욱 효과적이다. 동그란 시계를 그려놓고 정하는 하루일과표보다는 전체 방학일정을 계획하는 것이 좋다. 계획을 세울 때 가장 중요한 것은 아이 이야기에 귀를 기울이는 것이다. 대개 계획을 세운다면서 마주앉아서는 어른이 일방적으로 정하기가 쉽다. 그렇게 일방적으로 정하면 계획은 실천으로 이어지기 어렵다.

무리한 계획을 세워 지키지 못하면 아이는 죄책감과 무기력감으로 계획을 포기하게 되고 아이와 계속 갈등을 겪는 부모 또한 편치 않은 마음으로 방학을 보내기 쉽다. 방학 계획을 잘 실현하여 아이가 작은 승리감과 만족감을 느낄 수 있는 좋은 계기로 삼아보자. 그러려면 너무 거창한 계획보다는 실천할수 있는 작은 계획이 필요하다.

**아이들 프로그램을
직접 기획해보자** 참교육학부모회 고양지회를 창립하고 야심차게 엄마들이 직접 방학캠프를 기획하기로 마음먹고 실행한 적이있다. 학부모들이 저마다 가진 재주를 살려 다양한 프로그램을 진행해보는 것이 매력적인 일이라는 생각을 했다.

아주 오래된 일이지만 너무도 선명하게 모든 것이 기억난다. 우선 프로그램을 진행할 선생님들을 모두 엄마들로 구성했다. 캠프 제목은 '엄마와 함께 하는 여름 이야기'였다. 전체 일정이 시간대로 구성되고, 활동할 모둠의 인원과 각 담당선생님, 보조선생님이 정해졌다. 내용은 생태, 과학, 연극으로 구성했다. 생태를 맡은 엄마들은 숲속 생태관찰 수업을 준비했다. 직접 숲속에 들어가 나무, 풀, 꽃등의 이름을 알아코고 자기만의 식물 이름표도 만들어보고 자연놀이도 곁들인 프로그램이었다. 과학을 맡은 엄마들은 물놀이를 진행하면서 할 수 있는 부력 실험을 했다. 물고기들이 물속에서 살 수 있는 원리에 대한 공부 등 모든 실험을 물놀이를 하면서 할 수 있게 준비했다. 연극을 준비하는 엄마들은 모둠을 만들어 주제를 정하고 무대를 마련해 발표하는 시간을 가졌다. 아이들은 모둠을 이루어 모둠 이름도 함께 정하고 힘을 합치는 활동을 통해 협력을 경험했다.

엄마들은 여러 아이들 속에 섞여 있는 내 아이를 보면서 조금은 객관적으로 아이를 볼 수 있는 눈이 생겼다. 내 아이만이 아니라 공동체적인 생각으로 모두를 내 자녀처럼 생각하는 마음이 싹텄던 것이다. 혼자 커왔던 아이들도 언니 오빠, 동생들이 생겼고, 함께 한다는 것의 즐거움을 맛보았다. 무엇보다도 엄마가 선생님이 되어 함께할 수 있다는 것 때문에 아이들은 더욱 즐거워했다. 밤 늦은 시간에는 퇴근 후 방문한 아빠들 덕분에 하루 종일 선생님으로 바쁜 일과를 보낸 엄마들도 즐거운 시간을 보낼 수 있었다. 엄마들이 자신의 가능성을 다시 한 번 확인하는 계기가 되었다.

'엄마와 함께 하는 여름 이야기'가 그 뒤로도 매년 계속되고 엄마들이 마련하는 자체 프로그램으로 진행된 것은 당연한 일이다. 한 해는 시골 초등학교를 빌려 전래놀이만 하기도 했다. 하루 종일 옛날에 엄마 아빠가 했던 아카시아 파마하기, 수박씨 멀리 뱉기, 술래잡기 같은 다양한 놀이도 하고 저녁에는 모둠을 짜서 요리 경연대회도 했다. 저마다 창의적인 요리들을 만들어냈다. 밤에는 잔디밭에 누워 별자리를 관찰하는 시간도 갖고 운동장에 텐트를 치고 아이들 나름대로 귀신놀이도 했다.

그렇게 유치원, 초등학교를 다니던 아이들이 이제 대학생이 되고 성인이 되었다. 지금도 그때 이야기를 하며 박장대소하는 아이들과 함께 웃을 때면 그렇게 행복할 수가 없다.

노동의 즐거움을 느낄 수 있는 일거리 찾아보기 방학이 되어 아이들이 집에 있으면 자질구레한 일들이 더욱 많이 생긴다. 청소, 설거지, 쓰레기 버리기, 재활용품 정리해서 버리기, 빨래 널기, 빨래 개고 정리하기, 요리하기와 같은 집안일을 아이와 함께 해보자.

막연하게 음식을 만드는 것보다는 일주일에 주말 저녁식사를 아이에게 맡겨본다. 맡길 때는 요리만 맡길 것이 아니라 식단 짜기, 시장 보기부터 하게 한다. 먹고 싶은 것을 선택해서 직접 영양소를 알아보고 예산서도 짜보게 한다. 슈퍼에서 시장을 보는 것보다 재래시장을 가는 것이 좋지만, 무리해서까지 갈 필요는 없다. 요리 과정도 아이가 알아서 하게 하고, 도중에 아이의 요청이 있을 때 도와주는 것이 좋다. 상차림도 평소에 쓰지 않은 그릇들을 이용하여 멋진 식탁을 꾸밀 수 있게 도와준다.

식당놀이를 해도 좋다. 아이는 주방장이 되고 부모는 손님이 되어 메뉴판을 만들어 주문받는 것부터 시작하여 계산 완료까지 하고 나면 돈을 쥔 아이의 표정은 더할 나위 없이 행복할 것이다. 방학 동안 매주 한 번씩만 해도 좋은 경험이 된다. 이 놀이를 통해 멋진 요리책을 만들 수 있는데, 세상에 하나밖에 없는 요리책이 될 것이다. 물론 사진도 찍어 멋지게 만든다.

책읽기, 즐겁게 할 수 없을까 죽어라 만화책만 읽는 아이, 산더미 같이 책은 쌓였는데 도통 읽지 않는 아이, 이런 아이들과 즐거운 마음으로 책읽기를 할 수는 없을까? 부모가 책을 권하면 오히려 책읽기가 지겨운 일이 된다. 아이가 재미있게 읽을 수 있는 책을 스스로 선택하도록 기다려주고, 선택한 책이 마음에 들지 않더라도 읽고 나서 함께 이야기할 수 있으면 좋다. 무엇보다 부모가 책을 가까이하는 것이 가장 효과적인 방법이다. 요일을 정해 도서관이나 서점 나들이를 하는 것도 좋은데, 어렵다면 방학 기간을 이용해도 된다.

요즈음에는 일주일에 일정 분량의 책을 배달 받는 가정도 적지 않다. 이 경우 도서관에 가지 않아도 되고 경제적이기도 하지만, 아이가 직접 책을 선택할 수 없다는 것이 단점이다. 여러 매체나 정보를 통해 아이가 좋아하는 책을 직접 도서관에 가서 고를 수 있다면 주체적으로 책을 고르는 훈련이 될 수 있다. 많은 부모들이 서점이나 도서관에 가도 어떤 책을 선택할지 모르고 아이도 책을 고르지 못해 공연히 여기저기 기웃거리는 경우가 많다. 책에 대한 정보를 주는 인터넷 사이트나 어린이 전문서점을 활용해볼 일이다.

또, 무조건 읽고 싶은 책을 읽기보다는 책 선택도 아이의 특성에 맞게 주제가 있는 책을 골라서 보면 좋다. 만약 공룡에 관심이 많은 아이라면 공룡을 주인공으로 한 창작동화부터 공룡에 대한 비밀을 파헤쳐놓은 과학책, 공룡 사전, 뜯어 만들 수 있는 조형물도 만들어보면 좋다. 역사서적을 즐겨 읽는 아이에게는 신화, 문화재, 답사에 도움이 되는 책, 인물 이야기 등 점점 깊이 있고 폭이 넓어지는 책읽기를 해보게 하는 것이다. 방학 동안 여행지를 선택해서 그 지역에 관한 책을 읽어보는 것도 연결성 있는 책읽기가 될 수 있다. 주제가 정해지면 이웃 친구들과 만나 독서활동 모임을 만들어 방학 동안에 읽은 책 내용을 함께 이야기할 수 있도록 분위기를 조성해주면 금상첨화다.

여름에는 휴가철이 있어 온가족이 함께 피서를 떠나는
가정이 많지만 겨울에 가족과 함께 하는 여행을 계획하
기는 조금 힘들다. 아주 어린아이가 아니라면 겨울에는 아이만의 여행을 계획
해보는 것이 어떨까? 세상이 험악하다고 겁을 내는 부모들이 많은데, 의외로
좋은 사람을 많이 만나게 된다. 잠자리가 걱정되면 친척이 있는 지역에 보내면
좋다.

요즘 아이들은 학원을 가든 학교를 가든 대중교통을 이용하는 기회가 별로
없다. 5학년 아이들에게 경복궁 가는 방법을 이야기해보라고 했더니 "엄마 차
타고 가면 돼요." 한다는데, 이렇게 대답하는 아이로 자라기를 바라는 부모는
없을 것이다. 저학년 아이에게는 지하철과 버스를 이용하여 가까운 곳을 다녀
오게 하는 것도 괜찮고, 고학년인 경우에는 친구끼리 여행을 떠나보게 하는 것
도 좋다. 먼 곳이 아니어도 좋다. 어른의 도움 없이 스스로 길을 찾아가보는 경
험은 책에서 얻을 수 없는 경험이다.

여행을 가기 전에는 지도를 보면서 목적지, 경유지를 표시하게 하고 지역에
대해서도 미리 알아보게 하면 여행 효과도 커질 것이다. 먼 지역이거나 외국이
라면 사전 계획을 좀더 철저히 해야 한다. 여행계획서부터 일정표, 준비물, 아
는 곳 연락처 등 머리 맞대어 계획을 세워본다. 이때 주의할 것은 무리한 계획
이나 터무니없는 계획도 무시하기보다는 일단 해보게 하는 것이 중요하다는 점
이다. 예산을 세운 것이 허술하더라도 여러 해 하다보면 예비비까지 예산을 세
우는 꼼꼼함이 생겨날 것이다.

방학에는 한 번쯤 부모의 품을 떠나 이색 체험을 해
보는 것도 필요하다. 요즈음에는 교육단체, 청소년

단체, 각종 언론사 등에서 다양한 방학 프로그램을 마련하고 있다. 우리 전통 문화를 체험해볼 수 있는 프로그램으로 풍물, 염색, 탈 만들기, 서당 체험도 있고 문화재 답사 프로그램도 많다.

방학 동안 한 가지 스포츠를 익히게 하는 것도 좋은 방법이다. 스케이트, 스키, 수영 등 평소 시간이 없어 배우지 못한 운동을 방학에 할 수 있다면 좋다. 국토순례나 통일 캠프라 하여 우리나라 최남단부터 임진강까지 걸어서 여행하는 프로그램도 있다. 환경단체에서 하는 환경 캠프, 인권단체에서 하는 인권 캠프, 청소년 단체에서 하는 또래상담 캠프등 다양한 프로그램이 많아 오히려 선택하기 어려울지 모르지만 좋은 정보를 잘 분석하여 참여시키면 아주 좋은 경험이 될 것이다. 이 프로그램에 참여하는 것 역시, 부모의 의지대로 보내기만 한다면 좋은 결과를 맺기 어렵다. 어느 기관에서 어떤 사람들이 진행하는지 꼼꼼히 살펴보고 정하는 것이 좋다.

봉사활동, 이웃을 위해 할 수 있는 일 찾아보기

남을 위한 봉사활동은 내가 여유가 있어야 할 수 있다고 생각하기 쉽다. 하지만 실제로 봉사하는 사람들은 의외로 그리 넉넉한 사람들이 아닌 경우가 더 많다. 물질이 아니라 마음이 넉넉해야 할 수 있는 일이 봉사다. 아이에게 멀리서 봉사할 일을 찾게 하지 말고 가까이 있는 내 이웃을 들아보게 하는 것이 중요하다. 요즘은 학교에서 봉사활동도 점수화 한다고 하니 방학 때면 너도나도 봉사활동 한다고 난리들이다. 오히려 봉사활동 하러 오는 사람들을 부담스러워 하는 기관도 생겨나고 있다.

방학 때만 할 수 있는 봉사활동은 군이 하지 않는 편이 더 낫다. 형식적으로 이루어지는 봉사활동은 오히려 아이들에게 좋지 않은 영향만을 남기기 쉽다.

진심으로 내가 남을 위해 무엇을 할 수 있는지 알아보고 계획적으로 꾸준히 하는 것이 좋다. 초등학교 아이들에게는 부모가 하는 모습이 그대로 교훈이 될 수 있다. 정기적으로 봉사활동 하는 부모의 모습에서 아이들도 진정으로 봉사의 의미를 배울 수 있을 것이다. 혼자 찾아다니며 하는 봉사가 어려울 경우 각 지역의 자원봉사센터의 도움을 받아 함께 하면 좋다.

방학 동안 학습은 어떻게 할까

여러 가지 체험이나 활동도 중요하지만 모자라는 학습을 보충할 수 있는 시간도 방학이다. 방학이 되면 다니는 학원 수가 두 배로 늘어나 방학 내내 학원만 다니다 끝나는 아이들도 있다. 다른 계획은 몰라도 방학 동안 학습계획은 아이나 부모나 욕심을 많이 낸다. 평소에 하지 못한 과목을 보충하려다 보면 그만큼 욕심은 커지게 되고, 다음 학년 교과서를 놓고 미리 공부하는 경우도 많다.

다른 계획도 그렇지만 무리한 계획을 세우지 말아야 하는 것이 바로 학습계획이다. 조금씩 시간을 정해서 하는 것이 중요하고 예습보다는 복습을 하는 쪽이 더 낫다. 복습을 하다보면 연관되는 책도 발견할 수 있고 활동해보고 싶은 것도 있을 수 있다. 아이마다 학습 스타일이 다르기 때문에 철저하게 아이 눈높이에서 결정해야 한다. 부모가 대신 공부할 수 없다는 것을 염두에 두었으면 한다.

지리를 좋아하는 아이라면 방학 동안 우리 동네 지도부터 우리나라 전도를 더욱 자세하게 공부해보는 것도 좋겠다. 역사를 좋아하는 아이라면 여러 가지 자료를 통해 연도표를 만들어보는 것도 좋을 것이다. 이렇게 조금 깊고 넓은 학습을 하다 보면 공부하는 힘이 부쩍 자람을 느낄 수 있다. 학습지를 푸는 것에 목숨 걸 필요는 없다.

체험학습은 이렇게

체험학습은 몸과 마음, 손을 통해 어떤 것을 경험하면서 배우는 활동이다. 숫자로 나타낼 수 있는 성적평가에서 벗어나 좀더 다양한 경험을 아이들이 할 수 있게 하는 것이 체험학습의 근본 취지다. 자전거 타기처럼 몸을 통한 습득은 잊혀지지 않는다. 최근에는 체험학습의 중요성을 인식해서 여기저기 체험학습장이 많이 생기고 온갖 행사에도 체험학습이 동원되고 있어 오히려 문제가 되고 있다. 상업화되고 단순화된 체험이 성행하면서 과정보다 결과만 중요시하는 풍토가 생겨나고 있어 참으로 안타깝다.

결과물보다는 과정을 중요시하자

아이가 애써서 두 시간 정도 작업해서 자그마한 어떤 것을 만들어왔을 때, "에이그, 두 시간 동안 만든 것이 겨우 이거야?" 하고 말한다면, 안 하느니만 못한 결과를 낳는다. 훌륭한 상품을 원했다면 차라리 체험비에 쓰지 말고 그 물건을 구입해서 쓰는 것이 낫다. 부모가 보기에 어설퍼서 그렇지 아이는 그 자그마한 것을 만들기 위해 두 시간 동안 열심히 생각하고 부지런히 손을 놀리고 땀을 흘렸다. 세밀한 손놀림을 못 하는 아이는 당연히 거칠게 만들었을 것이고 여기저기 빈틈이 많은 물건이 되기 마련이다. 체험장에서 아이의 장점을 나름 말해주고 칭찬해준 체험교사가 머쓱해지는 순간이고 아이는 엄마 말을 듣는 순간 그 물건을 내동댕이치고 싶을 것이다. 결국 애써 돈 들여가며 아이의 자존감을 뭉개버린 셈이다.

될 수 있으면 부모와 함께 해보자

손으로 뭔가 만드는 일은 때로 무아지경에 이르도록 집중하게 하는 힘이 있다. 한동안 집중해서 하다보면 손

놀림이 익숙하고 자신감이 붙게 된다. 그 순간부터 아이들은 주변의 친구들이나 함께 하고 있는 사람들과 이야기를 하고 싶어 한다. 입은 쉬고 있기에 가능한 일이다. 복잡하고 어렵지 않은 활동이면 부모와 함께 하면서 많은 이야기를 나눌 수 있는 기회가 된다. 이때 주의해야 할 점은 절대 아이가 만드는 것에 손을 대면 안 된다는 것이다. 그러기가 힘들다면 차라리 함께 하지 않는 것이 좋다. 때로 부모를 너무 의지하는 아이들인 경우 자기는 손도 대지 않으면서 입으로만 지시하는 아이가 있는데, 이럴 경우도 함께 하지 않는 것이 좋다. 또 부모가 아이 옆에 지켜 서서 이건 이렇게 해야지 저건 저렇게 해야지 참견하는 것도 금물이다.

마지막 단계보다는 처음 단계부터 할 수 있는 체험을 선택하자

여건이 되고 그런 프로그램이 있다면 시간을 들여서라도 처음 과정부터 체험해보는 것이 좋다. 예를 들어 천연염색 체험을 한다면 준비된 염료에 한두 번 담가보는 것이 아니라, 자연염료를 채취해 물에 끓이거나 즙으로 만들거나 해서 염료 자체를 만들어보는 작업과 그 채취한 염료로 염색해보는 것이 좋다. 요즈음 1박2일 진행하는 체험학습도 많이 생겨났다. 몸을 움직여 내게 필요한 뭔가를 만들면서 자연에 대한 고마움과 경이로움을 체험할 수 있다면 더할 나위 없이 좋은 일이다.

박물관이나 전시회에 갔을 때

눈으로 보고 귀로 듣는 것 역시 좋은 체험 중의 하나이다. 학교생활에 바쁜 아이들은 음악회나 전시회를 찾을 여유가 없다. 단체로 관람할 때는 온전히 몰입해서 감상하기가 힘들다. 친구들과 학교 밖으로 외출했다는 것 자체가 더 즐겁기 때문이다. 때로는 견학기록문을 써야 한다는 것이 즐겁게 관람할 수 없도록 만들기도 한다. 요즈음은 체험 학습을 개별적으로 학교에 신청해서 허락받을 수도 있다. 정말 놓치기 아까운 전시회나 음악회가 있다면 체험학습을 신청해서 조금 한가한 시간에 둘러보는 것도 방법이다.

그런데 박물관에 가면 열심히 뭔가 적고 있는 아이들이 많다. 적다보면 정작 중요한 것을 놓치기가 쉽다. 박물관을 간다면 전부 다 볼 욕심을 내지 않는 것이 좋다. 목적을 정해 필요한 전시관만 보는 것도 방법 중의 하나이다. 어차피 다 보는 것이 효과적이지 않기 때문이다. 부모랑 동행했을 경우 입구에서 헤어져보는 것도 좋다. 자기 관심 분야가 아니면서 함께 전시장을 둘러보는 것은 스트레스일 수 있고 즐길 수 없게 되기 때문이다. 입구에서 헤어져 자유롭게 관람하고 서로 다르게 본 것을 이야기해보는 것도 재미있는 일이다. 이런 체험을 통해 아이가 관심 있어 하는 분야를 찾을 수도 있다.

가족구성원의 소통구조, 가족회의를 겸한 가족신문 만들기

가족끼리도 의사소통이 필요하다. 가족은 서로 편한 관계이기 때문에 굳이 설명하지 않아도 되고, 타인을 대할 때보다는 자기 감정대로 하게 되는 수가 있다. 그런데 그 편안함이 일방적일 때 가족구성원 중 누군가는 불편한 사람이 생기기 마련이다. 기질상 불편함을 바로 말하는 사람이 있는가 하면 가슴속에 꽁꽁 묻어두는 사람도 있다. 묻어두는 것이 많아지고 시간이 길어지면 어느 날 문득 분노가 터져 나와 서로 감당할 수 없을 지경에 이르기도 한다. 또, 부모들은 자녀들이 어리니까 사소한 문제가 생기면 어른의 잣대로 해결하려는 경향이 있다. 아이의 이야기는 별로 들을 필요가 없다고 생각해 갈등을 부추기기도 한다. 이럴 때 가족끼리 '가족신문'을 만들어보기를 권한다. 신문에 들어갈 내용을 같이 의논하다보면 생각을 나누게 되고 서로의 생활에 관심을 갖게 되므로 자연스럽게 가족회의를 하는 효과도 있다. 평상시에 만들어보면 좋지만 방학 때만이라도 실천해보면 많은 도움이 된다.

가 족 신 문 이 렇 게 만 들 어 요

가족 모두가 참여하도록 한다.

대개 아빠를 참여시키기가 어려운데 아빠가 어렸을 때 이야기나 창간 축하문이라도 쓰게 하면 쑥쓰러워 하면서도 한두 번은 써주기 마련이다.

편집장은 돌아가면서 맡는다.

처음에 틀을 잡으려면 부모 중 한 사람이 맡아 6개월 정도 진행하다가 투표를 통해 다른 사람으로 정한다. 역할 분담을 잘 하면 즐거운 놀이가 될 수 있다.

신문 기획회의를 한다.

아이들은 새롭게 뭔가 해야 된다고 생각하면 어려워 하기 때문에 평소에 학교에서 그렸던 그림, 열심히 해 갖고 갔던 과제물, 심심할 때 써

놓았던 낙서장, 부모와 주고받았던 쪽지편지 등 평소에 해놓았던 것을 토대로 한다.

외부 친척친지의 글도 꼭 한 꼭지씩 받도록 한다.

가족신문을 구독하는 구독자에게 글 한 꼭지 부탁해서 외부 필진도 섭외하고 원고 마감, 편집 등 아이들 스스로 구상한 것을 하게 하고 편집후기도 쓰게 한다.

가끔 특집호도 만들어본다.

집안에 있는 큰 행사나 '사진으로 보는 20XX년'같이 신문의 틀도 다양하게 생각해본다.

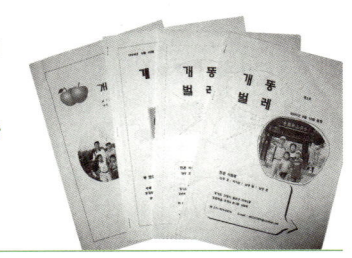

다 만든 가족신문은 꼭 50부 이상 발간하여 이웃과 친지와 함께 본다.

발송 작업까지 아이들과 함께 한다.

어린이도서관에서 하는 인형극을 아이와 함께 보러온 엄마들이 아이들만 삼삼오오 짝을 지어 들여보내고 분위기 있는 커피숍에 모여 앉아 이야기꽃을 피우는 장면을 자주 목격하게 된다. 그런 엄마들을 보면 안타깝다. '길어야 40여 분 정도를 왜 아이와 함께하지 못하지.' '편안하게 이야기할 시간이 지금밖에 없을까?' 하는 생각이 든다. 물론 육아에 지친 엄마들을 이해하지 못해서가 아니다. 아이들과 공감할 수 있는 기회를 잃어버리고 있는 것이 아닌가 하는 마음이 들기 때문이다.

아이들은 새로운 것을 보거나 느꼈을 때 곧잘 흥분한다. 인형극을 보는 아이들은 갖가지 표정을 짓고 감정을 담은 소리를 자유롭게 지른다. 이런 아이들과 같이 느껴보라고 엄마들에게 "아이와 함께 보세요." 하고 권했더니 인형극은 아이들이 보는 거라 재미가 없다고 했다. 그럼 아이는 재미있게 볼까도 의문이지만 인형극에서 받은 느낌을 밖에 있는 엄마에게 제대로 전달해줄 수 있을까 싶다. 아이는 신나서 자신이 본 것을 이야기하는데 엄마는 알아들을 수 없고 아이가 무엇 때문에 흥분하는지도 놓치고 만다. 아이들과 공감대가 전혀 형성되지 않는 것이다. 함께 본 어떤 공연에 대해 두고두고 같이 이야기할 때 아이들이 느낄 행복감에 대해 다시 한 번 생각해보기를 권한다. 전시회, 박물관, 공연장을 함께 가보는 것이 아이들의 마음 읽기에 최고라는 점을 잊지 마시라.

줏대 있는 부모가 되는 십계명

1. 내 아이를 돌같이 보라.
2. 내 아이 볼 때 남의 아이 보듯 하라.
3. 내 아이를 귀히 여기지 마라.
4. 학원을 선택할 때 참견하지 마라.
5. 자녀 양육서를 너무 많이 읽지 마라.
6. 성적을 알려 하지 마라.
7. 아이 공부보다는 내 공부에 충실하라.
8. 아이보다 앞서가지 마라.
9. 간식을 챙겨주되 내가 좋아하는 것을 챙겨줘라.
10. 말보다는 본보기 행동을 보여줘라.

중학생 학부모다.
초등학교 때부터 리더십이 있어 임원을 자주 맡았는데
중학교에서도 학생회 활동을 해보겠다고 해서
선생님께 이야기를 했더니 성적 때문에 안 되겠다고
나가지 말라 했다는 것이다.
아이가 몹시 화가 나서 돌아왔는데
솔직히 엄마인 나도 기분이 나빴다.
학생회 활동하는데 왜 성적이 기준이 되어야 하는가?
법으로 정해져 있는 건가?
학생회에서는 무슨 일을 하는지 제대로 알고 나서
학교에 전화를 하고 싶다.

고등학교 1학년 아이의 학부모다. 난데없이 학생회장을 해보고
싶다고 한다. 대학입시를 앞두고 공부에 전념해야 하는데
학생회에서 어떤 활동을 하는지 알고 싶다. 아무래도 입시가
더 중요하니까 공부에 방해가 되면 하지 말라고 하고 싶다.
주변 학부모들한테 들으니 학생회장을 하면 대학 가는데
도움이 된다는 이야기도 하더라. 정말 도움이 되는 건가?
아이 학교는 그나마 회의도 잘 하고 학생회 역할이 크다고 하지만
막상 내 아이가 시간 빼앗길까봐 걱정이다.

학생회 활동,
공부만큼이나 중요하다

학생회요? 잘 모르겠는데요

"학생회요? 우리 학교에 학생회가 있는지 없는지 모르겠어요."

"우리 학교는 있는데 거의 눈에 띄지도 않고 모이기는 하는 모양인데 뭘 하는지 모르겠어요."

"우리 엄마가요. 그런 쓸데없는 짓 하지 말고 공부나 열심히 하래요."

"학생들이 너무 무관심해요. 자기들 일인데… 관심 좀 가졌으면 좋겠어요."

학생회에 관한 학생들의 반응이다. 학생들이 학생회 활동을 주체적으로 잘하고 있건 잘하지 못하건 이것이 학생회의 현주소이다. 10년 넘는 세월 동안 계속 일방적으로 듣기만 하는 공부에 익숙한 학생들은 수업 시간을 제외하고 학교 내에서 무엇인가 다른 활동을 해보는 것이 영 마음 내키지 않고 부담스러운 것이 사실이다. 학교와 관련한 논의거리가 있다 하더라고 '내가 얘기한다고 뭐 달라지겠어? 나는 내 공부만 하면 돼.' 하는 마음이 앞서고 각자 별 상관없는 타인처럼 제 할 일만 하고 가는 곳이 되어 버렸다.

학생회는 학생들이 학교교육과 운영에 참여할 수 있도록 하기 위해 만들어진 자치기구이다. 학생회가 하는 가장 두드러진 활동은 학생 대표를 선출하는 선거라 할 수 있다. 그러나 아무나 학생 대표가 될 수도 없고, 누가 학생 대표가 되든 관심 없는 학생들 사이에서 학생회는 표류하고 있다. 최근 서울의 한 고등학교에서 학생회장 선거에 출마했다가 학교에서 후보자격을 박탈해 학생들이 학생회장 후보등록을 허용하라며 운동장에서 촛불시위를 벌인 일이 있었다. 학생회장에 출마하려 한 학생이 촛불집회에 나가고 학칙개정운동을 벌이는 등 학생회장 자격이 없다며 학생부장 교사가 동의서를 써주지 않아 결국 출마하지 못했다. 이 학교의 학칙에는 학생회장 선거에 나가려면 학생회를 담당하는 학생부장 교사의 동의서가 꼭 있어야 한다는 조항이 있었던 것이다.

이처럼 어떤 학교에서는 선거에서 자신들의 손으로 대표를 뽑고 자신들의 의견을 모아 학교운영에 반영하도록 하는 기본적인 민주주의 원칙도 지켜지지 않고 있다. 교사와 학부모 모두 학생의 본분은 첫째도 공부, 둘째도 공부라고 압박하는 사이에 학생들조차도 학생회에 무관심해지고 있는 것이다.

학교 밖의 세상사에 대해 선생님과 진지하게 이야기하는 것도 계면쩍은 일이 되어버렸다. 한번도 공부와 성적 이외의 내용을 갖고 이야기해본 적이 없고 그럴 시간도 없다. "아이들 스스로도 세상 밖 관심사를 외면하고 있는 것 같아요. 친구들과는 아주 가벼운 연예인 이야기나 시험 이야기, 이성교제 등이 화제가 되긴 하지만 문학과 시사 이야기를 할라치면 비아냥거려요. 지가 무슨 철학가인 줄 아나, 잘난 척 좀 그만해, 그러거든요." 하는 어느 학생의 이야기가 쉽게 잊혀지지 않는다.

학생회조차 입시의 들러리가 되고 있는 현실

아이들이 자신이 살고 있는 세상 일에 관심을 갖는 것은 당연하고 또 마땅하다. 그러나 아직 어리다는 이유로, 시험공부를 해야 한다는 이유로 학교 담을 넘어선 세상사에 대한 관심은 불필요하다고 제지당하고 있다. 부모들은 아이들이 그저 수업시간에 공부 열심히 하고 시험점수 잘 받아오는 데만 관심이 있다. 책상 앞에 앉아 열심히 문제 푸는 모습에만 만족스러워 하고 동아리 활동은 시간낭비라고 여기는 부모들, 그 시간에 학원 가서 조금 더 공부해야 한다고 믿는 부모들과 시험과 성적만 중시하는 학교 사이에서 아이들은 정작 중요한 것을 배울 기회를 빼앗기고 있다.

학생들은 어린 시절부터 서로 대화를 통해 문제를 해결하는 것을 배우지 못했다. 초등학교 학급회의를 보면 "자, 지금부터 학급회의를 시작하겠습니다. 지난주 반성이 있겠습니다." 하며 회의가 시작된다. 매주 그렇게도 반성할 것이 많은지 의문이다. 형식적인 회의 틀에 매여 짜여진 각본과 주어진 주제로 회의 시간이 끝나버린다. 전체 학생회의라고 해서 다르지도 않다. 가끔 학급 친구들의 의견을 모아 안건을 내놓으면 번번이 학교 사정상의 이유를 들어 거절당하기 일쑤이기 때문에 일찌감치 포기하는 것부터 배우게 된다.

중고등학교에 가면 상황은 더 심각하다. 학급회의 시간이 있어도 회의를 하지 않는다. 학급회장이 할 일도 없고 전체 학생회의도 선생님이 의논하라는 안건만 의논하는 시간이다. 공부 잘하고 못하는 것이 학생회 활동의 기준이 되어버렸고, 학생 입장에서 학교에 건의하고 싶은 것이 많더라도 의견을 수렴해가는 과정을 연습해보지도 못하고, "설마 우리 말을 들어주겠어?" 하는 식으로 지레 포기한다. 어렵사리 학생회 활동을 시작해보지만 교사와 학생들의 무관심에 지치기만 한다. 그래도 기를 쓰고 간신히 한 고비를 넘으면 이제 난데없이 교장선생님이 나서서 반대해버리면서 모든 게 종료되는 상황이다.

요즈음 학생회 활동이 상급학교 진학에 도움이 된다 하니 학생회 활동을 하려는 학생들이 많이 있다. 학생생활기록부에 학급 임원부터 학생회 임원, 동아리 임원까지 기록되어 입시에서 중요한 사정자료로 활용된다니까 학부모들까지 나서서 아이의 스펙 쌓기에 열을 올린다. 학생회 임원이 되는데 얼마간의 발전기금을 내는 것도 유행이 되었다. 학교에서도 입시결과가 공개되기 때문에 아무나 학생회 활동을 할 수 없도록 규정을 만들거나 고치기도 한다. 성적이 좋은 학생들이 학생회 활동을 하고 입시에서도 성과를 나타낸다면 성적이 좋지 못한 학생들에게 불리한 규정을 만드는 것쯤이야 대수가 아니라고 생각한다. 학생회가 학교에 왜 필요한 기구인지 알다가도 모를 일만 벌어지고 있는 사이, 학생회의 알맹이는 사라지고 껍데기만 남아 있게 되었다.

학생회 활동이 중요한 이유

학부모들은 자녀가 학교를 다니면서 유

능한 사람이 되어 당당하게 자신을 표현하면서 살 수 있는 자질을 갖추기를 바란다. 학교교육은 사회에 나와서 자기중심을 갖고 살아가는 시민이 되기 위한 훈련과정이다. 사회의 구성원으로서 당당하고 행복한 삶을 꾸려가는 데는 꼭 필요한 과정이 있다. 이 과정은 시험 성적만으로는 알 수 없다. 성적표에 표시된 숫자 말고 아이를 된사람으로 성장하게 하는 것은 과연 무엇일까? 아이에게 더불어 사는 법을 가르치는 일이 아닐까. 어른을 공경하고 가족을 사랑하며, 동료를 이해하고 나보다 못한 사람을 보살피고 이끌어주는 사람이 되는 것, 이 평범함이 학교교육의 가장 어려운 과제가 되어버렸다.

학교생활은 시험점수를 따기 위한 공부가 다가 아니다. 아이들은 학교생활을 통해 스스로 생각하고, 친구들 생각을 듣고, 갈등을 조정하고 타협하는 경험을 할 수 있어야 한다. 이것은 삶의 소중한 경험이다. 서로 의견이 다르다고 적이 되는 것이 아니라 그 다름을 인정해주고, 틀린 부분에 대해서는 끊임없이 설득할 수 있어야 하고, 나보다 부족한 친구를 보살펴주고, 얍삽하게 승리하려는 사람들을 정직함이나 당당함으로 이겨내는 자세를 배워야 한다. 이런 경험은 교과서를 보면서 할 수 있는 것이 아니다. 살아 있는 이런 배움을 경험할 수 있는 장이 학생회 활동이나 동아리 활동이다.

자기 의견을 자유롭게 발표하고 타협하고 조율하는 능력은 어느 날 갑자기 생겨나는 것이 아니다. 많은 경험과 훈련이 필요하다. 초등학교 때부터 학급회의나 학생회의를 통해 남의 이야기를 듣고 조율하는 훈련을 거치면 중고생이 되었을 때 최소한 주변에 일어나는 일들은 학생들 스스로 해결할 수 있게 된다. 아이가 가진 능력, 재능, 소질은 친구들과 어울려 있는 가운데에서 빛을 발하게 되어 있다. 친구의 재능이나 소질을 칭찬해줄 줄 알고 자신에게 부족한 점을 채워나가는 자질이 교과서만 들여다본다고 길러지겠는가? 자녀가 정말 잘 살아가길 원한다면 학생회를 비롯한 수업 외 활동에서 삶의 모델을 찾고 동기를 찾을 수 있게 기회를 주어야 한다.

변화를 시도하는 학생들

쌓아올린 성냥갑처럼 갑갑한 학교, 성냥갑 속에 줄맞춰 들어선 성냥들처럼 책상 앞에 앉아 있기를 강요받는 아이들은 성냥갑을 뚫고 뛰쳐 나올 태세다. 아이들이 견디다 못해 "행복은 성적순이 아니잖아요!" "밥 좀 먹자, 잠 좀 자자!"를 외쳐도 기성세대의 벽은 높기만 하다. 어쩌다 터져나오는 학생의 목소리에 어른들은 귀를 기울이기보다 탄압할 궁리나 하고 있고, 집회와 표현의 자유는 아이들의 권리 밖이다. 수원시의 자문단체 격인 '차세대위원회' 소속 학생들이 두발 문제와 관련해 시민 의견을 듣는 거리캠페인을 준비하자 경찰과 학교, 시청이 조직적으로 막고 나서기도 했다. '다니고 싶은 학교'를 만드는 데 힘쓰겠다는 게 출마 당시의 포부였던 어느 고등학교 학생회장은 "학생회는 이름뿐인 단체에 불과해요. 행사 때 물건이나 나르는 도우미단체일 뿐이죠!" 하고 푸념한다.

그러나 최근 아이들의 외침은 외침으로 그치지 않고 있다. 어려운 환경 속에서도 동아리 활동을 통해 자신을 표현하고 꿈을 꾸는 아이들이 늘어나고, 매일 아침 교문 앞에서 단속 당하는 신분이기를 거부하는 아이들의 움직임도 나타나고 있다. 두발자유화를 위해 설문조사를 하고 '인권'에 대한 강좌를 듣기도 하고, 종이비행기에 머리 모양만이라도 마음대로 할 수 있게 해달라는 소망을 적어 교실 창밖으로 날리기도 한다. 학생회 선거도 조금씩 달라지고 있다. 학생회장을 선출할 때부터 친구들과 선거유세단을 만들어 선거에 임하고, 공약이 남발되지 않도록 주변 친구와 함께 논의하고 토론하여 내세울 줄 알고, 학생회에 냉담한 친구들이 야속하긴 하지만 이해하고 받아들이려 애쓰고 있는 모습들도 보인다. 자신들의 의견을 당당하게 요구하고 그 요구가 옳다면 끝까지 노력해보는 학생들의 움직임이 나타나고 있다. 놀라운 점은 모든 것을 아이들이 스스로 준비하고 진행한다는 점이다. 아름다운 모습이다. 모든 일에 열정을 갖고 학생이 주인 되는 학교를 만들기 위해 조금씩 깨어나고 있는 것이다.

학생이 주인 되는 학생회 활동이 되도록 도와주자

학생회 대표가 학교운영위원회에 들어갈 수 있도록 하자

아이들의 모습이 이렇게 변화되어 갈 때 학부모로서 돕는 길은 아이들의 의견이 반영될 수 있는 창구를 열어주는 것이다. 학교 운영 전반에 관해 심의하는 학교운영위원회에 학생회 대표가 들어올 수 있도록 힘을 써보자.

지금 학교운영위원회는 교사, 학부모, 지역위원으로 구성되어 있다. 학생 대표가 법적으로 참여할 수 있는 권한이 없는 상태다. 이는 학교 밖에서 끊임없이 요구해야 할 일이지만, 지금 같은 상황에서도 학생 대표가 참여할 수 있는 방안을 강구해야 한다. 특히 학생회 규정이나 자신들의 머리 모양이나 옷, 먹는 것, 생활규정에 대해 학생들의 입장을 말하고 학부모나 교사의 이야기를 듣고 조율할 수 있어야 한다. 학교운영위원회에 소위원회를 두어 학생들이 참여할 수 있게 하는 방안도 있다.

선거에서부터 일상 활동에 이르기까지 학부모들이 개입하는 경우가 많다. 학부모들의 개입은 주로 경제적인 지원이다. 선거 과정에 드는 경비, 아이가 학생회 임원이 되었을 때 학교에 내는 발전기금 명목의 당선사례금, 학생회의 때마다 간식 지원, 학교행사 지원에 이르기까지 돈으로 시작해서 돈으로 끝나는 경우가 허다하다.

아이가 임원인지 학부모가 임원인지 분간이 되지 않는다. 학부모들은 학생자치활동의 원칙에 맞게 학생들이 주도적으로 활동하도록 지켜보는 데 머물러야 한다.

**어른의 시각으로
학생들을 무시하지 말자**
학생들이 해내지 못할 거라 지레 단정해서는 안 된다. 가령 학생들 머리 모양을 자율적으로 하도록 하면 아이들 머리가 엉망이 될 거라 걱정하는 어른들이 많다.

실제로 학생들이 모여 의논하게 하면 스스로 기준을 세우기 마련이다. 마음대로 하겠다는 아이도 있고 그렇게 해서는 안 된다는 아이도 있기 때문에 아이들 스스로 조율하는 과정을 거치게 된다. 아이들이 스스로 그렇게 조율해나가는 과정이 중요한 것이다. 교사나 학부모들은 아이들이 스스로 의견을 수렴해가는 과정을 경험해 보도록 장을 만들어주고 한걸음 떨어져서 바라볼 수 있어야 한다.

**학교 밖 청소년 모임 활동
을 해보게 하자**
학교 안에서 활동하기 어려워하는 학생들에게는 학교 밖에서 이루어지는 청소년 모임 활동을 권해봄직하다. 시민단체에서 운영하는 모임도 있고 청소년단체도 여럿 있기 때문에 하고자 하는 마음만 있으면 어렵지 않게 활동에 참여할 수 있다.

서로 다른 학교에서 생활하는 학생들이 한자리에 모여 공통의 관심사를 토론하고 제안도 하면서 한 단계 성장하는 경험을 할 수 있을 것이다.

초등학교 1학년 엄마다. 학교에서 일제고사를 본다면서
70점 이하 점수를 맞은 아이들은 학습부진아로 구분하겠다고 한다.
이제 학교 들어간 아이들에게 시험을 보게 하는 것도 마뜩찮은데
점수를 기준으로 학습부진아로 낙인찍겠다고 하니
속이 부글부글 끓는다. 벌써부터 시험에 대비해야 한다며
주변 엄마들은 아이들을 학원에 다 보내고 있다. 나는 학교 적응이
우선이라 생각해서 학원에 보내지 않고 있는데 나만 바보 되는
느낌을 지울 수 없다. 학교를 안 보낼 수도 없고 그렇다고 무턱대고
학원에 아이를 보내는 것도 내키지 않는다. 아이가 시험의 기계가
되기보다는 스스로 삶을 생각하고 설계할 수 있도록 도와주고 싶다.

중학교 3학년인 아이와 지내기가 참 힘들다. 고등학교도
준비를 해야 갈 수 있는 시대인데 내가 뭘 좀 하자 그러면 무조건
아무 것도 안 하겠다고 짜증을 부린다. 다른 집 아이들 하는 것 보면
걱정이 태산이고 내가 그 동안 아이에게 별로 잘못한 것도 없는 것
같은데 아이가 왜 이렇게 나오는 건지 모르겠다. 다 자기 잘되라고
애쓴 건데 애가 이렇게 나오니 섭섭하기만 하다. 내 얼굴만 보면
인상만 쓰고 말을 한마디도 안 하려고 한다. '학교에 기숙사가 있으면
엄마 얼굴 안 봐도 되니까 참 좋겠다'는 말을 듣고 너무 충격을
받았다. 내가 아들을 이해할 수 있는 방법이 있는지 알고 싶다.

아이와의 갈등,
미리 준비하자

부모와 학부모의 차이

여자로 태어나 '여성'이라는 이름을 얻고 살다가 결혼을 하고 아이를 낳으면 '부모'라는 이름을 얻게 된다. 아이가 자라 학교에 들어가게 되면 아이의 보호자로 '학부모'라는 이름을 또 하나 얻는다. 부모이거나 학부모이거나 아이에게 없어서는 안 되는 존재요, 아이가 걸어가야 할 길을 안내해주는 길잡이 역할을 하는 존재다.

좋은 부모가 되기 위한 부모들의 노력은 끝이 없다. 부모교육을 받으며 아이와 대화하는 법, 아이 마음 읽는 법도 배운다. 물론 교육을 받으면서는 가슴을 치며 후회하고 집에 돌아가서는 '네가 그렇게 이야기하니 엄마 마음이 참 아프구나.' 하면서 아이와 교감을 나눠야지 결심하지만 교육의 효과는 일주일을 못 넘긴다. 아이에게 소리를 지르고 못마땅한 행동을 하면 손이 올라가는 예전의 나로 다시 돌아가면 또 후회하고 교육 받기를 반복한다. 이처럼 힘든 과정을 되풀이하면서도 좋은 부모가 되려는 이유는 무엇일까?

지금의 부모 세대들이 아이였을 때, 그때의 부모들은 먹고 사는 일로 너무 바빴다. 삶의 여유를 찾기는커녕 사는 일이 녹록지 않은 시절을 보내야 했고 그 이전 세대들이 그러했듯이 엄격한 부모의 모습과 예의범절을 중시하는 분위기를 그대로 따르는 수밖에 없었다. 고생하시는 부모님을 위해 일찍 철이 들어야 했고 내가 살아가야 할 길을 치열하게 고민하며 학창시절을 보냈다. 부모가 내게 조금만 관심을 가져주고 나를 지원해주었다면 더 나은 나를 만날 수 있었을 텐데 하는 아쉬움 속에서 어른이 되었고 부모가 되었다. '나는 내 아이에게 정말 좋은 부모가 되고 싶다' '아이와 함께 놀고 이야기를 나누는 친구 같은 부모가 되어야지', '내 아이만큼은 나처럼 살게 하고 싶지 않아' 하는 마음은 곧 내가 노력하여 좋은 부모가 되겠다는 다짐이었다.

내가 부모가 되고 보니 먹고 사는 일만 중요한 것은 아니었다. 부모 세대와 다르게 자신을 잘 표현하는 아이, 자신 있게 행동하는 아이들이 두각을 나타냈고 감성이나 창의력을 가진 아이들이 미래사회를 이끌어갈 것이라는 예측이 여기저기서 등장했다. 아이의 감성지수를 높이기 위해 새로운 경험을 할 수 있게 해주고 친구 같은 부모가 되기 위해 아이들과 소통하려 애쓰는 부모들이 많아졌다.

그러나 학부모가 되고보니 아이가 경쟁에서 밀려나 이도저도 안 될 것 같은 불안감이 생각보다 너무 크다. 아이의 꿈과 적성, 소질보다 당장 주변 아이들보다 공부를 잘해야 꿈도 이룰 수 있을 것이라 믿게 된다. '예체능에 관련된 것은 저학년 때 다 떼라. 고학년에는 수학, 영어에 매진하라.

중학교 들어가기 전 겨울방학이 중요하다. 그 겨울방학에 중학교 과정의 수학, 영어를 선행학습 해야 한다. 그래야 선두그룹에 끼어 상위권에 등극하게 된다. 돈이 문제가 아니다.' 라는 말을 절대진리로 받아들인다. 이 과정에서 아이가 고생하고 부모가 고생하는 것은 어쩔 수 없다. 만약 옆집 애는 세 살 때부터 영어를 했다는데 초등학생인 우리 아이보다 훨씬 영어를 잘 한다면 '아이고 이게 내가 죄인이구나! 부모 잘못 만난 탓이지.' 자책하게 된다. 옆집 아이보다 내 아이가 공부를 못한다는 일은 있을 수 없는 일이다. 내 아이가 옆집 아이보다 뒤지고 모자라면 학교에서 무시당할 것 같은 강박증이 생긴다. 은근한 경쟁심도 생긴다.

같은 사람이 부모도 되고 학부모도 된다. 아이와 잘 통하는 친구 같은 부모가 되고자 다짐했지만 학브모가 되는 순간 아이보다 앞서서 아이의 미래를 설계하고 아이의 꿈은 잠시 보류해야 한다고 믿게 되면서 아이와 갈등이 시작된다.

학습 때문에 생기는 아이와 부모의 갈등
부모들은 아이 키우는 일이 쉽지 않다고 고개를 절레절레 흔들 때가 많다. 특히 아이의 학습결과가 좋지 못할 때 학부모들의 낙담은 이만저만이 아니다. 온종일 아이를 이 학원 저 학원으로 실어 나르고 간식도 학원 현관 앞에서, 자동차 안에서, 학원 앞 버스정류장에서 먹여가며 애를 썼는데 도대체 뭐가 부족해서 그런 거냐고 아이에게 한소리를 해댄다. 돈은 돈대로 들어갔는데 어쩔 거냐고, 앞으로는 어떻게 할 것인지 반성문이라도 쓰라며 화를 내고 답답한 가슴을 친다. 아이는 아이대로 불만이다. 열심히 노력했는데도 시험결과가 좋지 않으니 자신감도 없어지고 어찌해야 할지 난감하기만 하다. 학원도 다니고 잠도 안 자면서 공부했는데 말이다. 앞으로 더 어떻게 하라는 거냐고 항변하고 싶지만 입을 꾹 다물고 만다. 말해봐야 소용없다는 걸 이미 알고 있기 때문이다.

초등학생일 때는 부모가 하자는 대로 아이는 싫어도 따라온다. 그러나 사춘기에 접어들면서 부모의 강권으로 공부를 억지로 하게 되면 십중팔구 부모와 갈등 관계에 놓이게 된다. 아이와 관계가 좋지 않은 부모들의 경우 아이의 성적 때문에 말다툼을 하다가 갈등이 시작되는 경우가 대부분이다. 세상 모든 아이들이 1등을 할 수는 없는 것 아니냐고 되물으면 "누가 꼭 1등 하라고 했나? 그저 그래도 다른 애들보다 조금 더 잘해보라는 거지." 그런다. 아이가 축구를 좋아해도, 기타 치는 것을 좋아해도 우선 공부부터 해야 한다고 생각한다. "축구해서 밥먹고 살겠냐. 세상살이가 그렇게 쉬운 줄 아냐. 남들보다 좋은 직장 얻으려면 공부 잘해야 하는 거다. 공부 잘해야 좋은 대학 가고 좋은 대학 가야 좋은 직장 얻을 거 아니냐."하고 타이름 반 협박 반으로 말하게 된다. 학창시절을 겪은 부모는 경험으로 알기 때문이다.

학력과 학벌이 좌우하는 사회에서 경쟁은 불가피하다고 여기고 아이의 특성이나 재능과 상관없이 모두 경쟁의 굴레에 밀어 넣는다고 부모가 원하는 결과가 나오지는 않는다. 아이마다 다름을 인정하지 않으면 아이와 부모의 갈등은 내내 지속될 수밖에 없다. 부모가 아이의 소질이나 개성, 재능보다 먼저 공부를 잘해야 한다는 전제를 포기하지 않는 한 아이와 불편한 관계를 감수해야 하고 사교육비의 고통에서 벗어나기도 어렵다. 사교육시장이 끊임없이 부모들에게 협박하다시피 강조하는 것은 "학원에 다니지 않고 살벌한 경쟁에서 이기는 자는 없다"이다. 매년 늘어가는 사교육비의 규모는 공교육비를 넘어서고 갈수록 살벌한 입시경쟁에서 맹위를 떨치고 있다. 그러나 모든 아이들이 학원에 의존한다고 해서 1등을 할 수 있는 것은 아니라는 엄연한 사실을 염두에 두어야 한다.

학원에 다니면서 새로운 학습방법을 배웠다거나 스스로 학습할 수 있는 능력이 생겼다는 이야기는 좀처럼 듣지 못했다. 결국 학원에 다니거나 안 다니거나 아이들 스스로 공부해야 한다. 무엇 때문에 공부를 해야 하는지 생각하고 고민할 여지를 주어야 한다. 지금 당장 공부에 매달리지 않는 아이가 한없이 불안하다 하더라도 아이 스스로 동기를 갖도록 기다려주자. 학부모가 미리 편안하고 안락한 길만 걸어가도록 아이를 이끌어가겠다고 생각하지 말아야 한다. 아이의 교육은 부모의 경제력과 정보력에 좌우된다고들 하지만, 그런 말에 현혹되지 않을 수 있는 심지를 가져야 한다. 지금 옆집 아이보다 내 아이가 뒤처지는 것 같아도 남들과 똑같은 시기에 졸업하고 입학하는 것에 목숨을 걸기보다는 아이가 정말 하고 싶은 일을 찾고 행복하게 사는 길을 찾아가도록 기다리고 지켜봐주는 인내가 필요하다.

아이는 부모를 보면서 큰다. 부모와 전혀 다른 아이로 크는 경우는 드물다. 부모가 살아가는 모습, 가치관, 세계관이 아이에게 미치는 영향은 매우 크다. 부모는 아이를 낳고 키운다고 하지만 아이는 스스로 커나간다. 부모를 보면서 배우고, 학교에서 다른 친구를 만나면서 자기 세계를 만들어가는 것이다. 아이의 세계 안에 부모가 들어가 있고, 부모의 세계 안에 아이가 들어가 있어야 소통이 된다. 서로의 세계 안에 들어가기 위한 노력의 첫걸음은 아이가 타고난 모습을 인정하고 나와 다르다는 것을 인정하는 데에서부터다.

사춘기에 접어든 아이, 어떻게 하나

요즈음은 뭐든지 빨라지면서 "3학년인데 아이가 벌써 연애를 해요." "아휴 1학년인데도 그래요." 그러지만, 대개 초등학교 4,5학년이 되면 몸의 성숙과 함께 사춘기가 시작된다. 아이 스스로 통제할 수 있거나 인지할 수 있는 일이라면 문제가 되지 않지만 자신도 모르는 가운데 과잉행동이나 대인기피증이 나타날 수 있고 필요 이상으로 짜증을 내기도 한다. 이론적으로는 다 알고 있는 사실인데 내 아이가 그러면 당황스럽고 어찌해야 좋을지 모르겠다는 것이 일반적인 부모들의 반응이다.

사춘기 아이들은 자신에 대한 관심이 커져 외모에 신경을 많이 쓰고 온통 짜증만 부린다. 이럴 때 부모가 이해할 수 없다고 같이 짜증을 부리고 말싸움을 하게 되면 아이는 부모를 피하게 된다. 말이 통하는 친구가 훨씬 편하기 때문에 친구하고만 이야기하고 부모와는 눈도 마주치지 않으려 하면서 아이는 아이대로 부모는 부모대로 지치게 된다.

아이와 지내기 어렵다고 호소하는 학부모들은 아이의 변화 원인을 대부분 바깥에서 찾는다. 소통이 이루어지지 않을수록 아이의 문제가 모두 친구 때문이라고 생각하는 부모들이 많다. "원래 저런 애가 아니었어요. 얼마나 착했는데요. 말도 잘 듣고…." 그러던 아이가 변한 것은 모두 다 친구를 잘못 만난 탓이라고 돌려버리는 부모들은 이 시기 아이들의 심리적 변화를 준비하지 못한 경우에 해당된다. 내 아이에게도 사춘기를 오게 되어 있고 정도의 차이가 있지만 부모와 다른 자신의 세계를 구축하고 자신만의 색깔을 갖기 원하는 아이의 변화를 인정하고 준비해야 한다.

사춘기에 접어든 아이들과 부모가 서로 갈등할 때 어느 한 쪽이 주도권을 갖게 된다. 부모가 주도권을 갖고 있으면 아이는 권위에 대해 분노하고 자신감이 위축되고, 아이가 주도권을 갖게 되면 자기만 아는 이기적인 모습을 띠게 된다. 부모와 아이 간의 갈등도 사람 사이의 관계 맺기처럼 일방적일 때 나타나는 문제다. 이럴 때 서로의 감정과 상황을 존중해주는 태도가 가장 기본이 되어야 한다. 아이와 부딪치기보다는 기다려주는 것이 중요하다. "네가 무엇 때문에 그러는지 알겠다." 하고 공감하면서 부모는 일방적 타이름과 꾸짖음을 내려놓아야 한다. 아이의 생활습관 하나하나부터 간섭하고 타이르다보면 매일 아이와 소통불능 상태에 빠질 수밖에 없다. 부모와 갈등이 너무 심해 한마디 말조차 나누기 어렵다면 주변에 나이 차이가 많이 나지 않는 언니 오빠가 문제 해결에 도움이 될 수 있다. 사춘기나 청소년기는 어느 날 갑자기 찾아오는 것이 아니지만, 부모가 마음의 준비를 하고 있지 않으면 아이의 변화에 당황하게 된다. 미리 마음의 준비를 하고 있으면서 조금 너그러워질 필요가 있다. 가장 중요한 것은 어릴 때부터 부모와 좋은 시간을 많이 가진 아이들이 청소년기를 잘 보내기가 훨씬 수월하다는 것이다.

아이와 지내기 힘들 때

말 잘 듣던 착한 아이가 어느 날부터 반항을 하기 시작하면 갑자기 화가 머리끝까지 나면서 '그동안 내가 널 어떻게 키웠는데 이럴 수 있느냐'고 서러운 마음에 눈물이 솟구칠 때가 있다. 부모 마음을 몰라주는 아이가 서운하기만 하고 반항하는 아이는 아이대로 자신을 나타내고 싶은데 서로 소통하는 방법을 모른다. 아이와 잘 지내고 싶다면 부모가 먼저 준비를 하는 것이 필요하다.

아이는 나와 다르다는 것을 먼저 인정하고 존중해주자

부모와 자식 관계도 사람 관계처럼 서로 다르기 때문에 싸울 수밖에 없다. 관계를 풀어나갈 때 제일 중요한 원칙은 서로 다르다는 것을 인정하는 것이다. 내가 큰아이와 참 다르다는 사실은 인정하게 된 때는 초등학교 3학년이었다. 그전까지 내가 이해할 수 없는 것이 한두 가지가 아니었다. 예를 들면, 기쁜 일이 생기면 나는 박수를 치고 환호성을 지르는데 아이는 씩 한번 웃는 것으로 끝나는 것이다. 자꾸 이유를 물으면 아이는 짜증을 내고 이런 상황이 반복되다 보니 아이와 내가 이야기 나누는 일이 점점 줄어들었다. 이래서는 안 되겠다 싶어 성격검사를 해보니 아이와 나는 정반대 성격을 가지고 있었다. 서로 다르구나 하고 새삼 알게 된 후로 아이를 내 방식대로 끌어당기거나 밀어내지 않도록 무진장 노력했고 지금까지는 그런 대로 잘 소통하고 있다.

어른과의 부딪힘이 많아진다는 것은 아이가 성숙해간다는 의미이다. 그 시절에는 학교로부터, 사회로부터, 가정으로부터 제대로 대우를 받고 있지 못하다고 생각하기 때문에 항상 피해의식이 따라다닌다. 본인은 다 컸다고 생각해서 행동하면 "저 머리에 피도 안 마른 것이…" 하는 사회적 분위기가 그렇다. 그래서 항상 날을 세우고 다니는 아이들이 많다. 세상의 모든 것에 대한 적대심이 가득하다. 이럴수록 내 아이나 다른 집 아이나 존중해주는 것이 필요하다. 아이는 부모가 생각하는 대로 생각하지 않고 원하는 대로 행동하지 않는다. 아이가 살아갈 길을 좀더 편하게 해준다는 명분으로 부모가 감정을 앞세운다면 아이와 교감하기는 어려워질 수밖에 없다.

아이가 어렵게 부모에게 꺼낸 이야기를 끝까지 다
듣기도 전에 "아빠가 너만 했을 때는 안 그랬어."
"학생이 공부나 열심히 하면 되지. 공부를 안 시켜, 옷을 안 사줘, 부모가 너한
테 안 해준 게 뭐 있어?" 하고 말해버리면 아이는 다시 이야기하려들지 않는
다. 부모는 뭐든지 옳은 거니까 무조건 복종하고 말 잘 들으라는 방식으로는
아이와 소통불능 상태에 빠지기 쉽다. 아이가 어떤 상태에 놓여 있는지, 아이
가 어떤 생각을 하고 있는지 충분히 들어주려는 자세와 아이의 말에 전적으로
공감해주는 자세가 관계 개선의 첫발이다. 아이가 화난 상황을 공감해주고 원
하는 것을 들어주고 나서 부모의 생각과 느낀 점을 이야기하는 것이 좋다. "네
가 이렇게 해서 엄마가 화가 났던 거야." "엄마는 이렇게 하면 어떨까 싶은데."
하고 반응을 보여주며 아이가 스스로 상황을 해결해 나가도록 기다려주어야
한다. 부모는 옆에서 도움이 필요하다면 도와주는 역할만 해야지 감시하고 미
리 판단하지 않아야 한다. 먼저 너 아이가 슬기롭게 상황을 극복할 것이라 믿
어야 한다.

사춘기에 접어든 아이들은 "몰라요." "생각 안 해봤어
요." "하기 싫어요" "누가 뭐래요?" "아 글쎄 알았다구
요." 모두 부정적인 반응투성이다. 한마디로 시한폭탄이요 짜증덩어리다. 부모
가 이런 것 해보자 하면 절대로 하지 않는다. 옆에서 지켜보면서 아이가 즐거워
하는 것, 어느 때 가장 행복해 하는지, 관심 있는 것을 해볼 수 있도록 넌지시
도와주는 것이 좋다. 다양한 경험이 필요한 시기이고 경험을 바탕으로 자신의
진로를 고민해볼 수 있도록 해야 한다. 학교 성적에 너무 집착한 나머지 아이가
정말 하고 싶어 하는 것을 못하게 하거나 "그거 해서 밥은 먹고 살겠냐!" 하고

기를 꺾어버리면 자신이 무엇을 해야 할지 모른 채 20대를 맞이할 수 있다. 성적관리도 잘하면서 자신이 하고 싶은 일을 찾아나가면 좋겠지만 아이마다 개성과 성격이 다른데 하나같이 공부 잘하는 것을 제일 목표로 삼는 것은 부모나 아이에게 다 불행한 일이다. 자기가 좋아하는 것과 잘하는 것이 무엇인지 찾아나가도록 도와주는 것이 아이와 부모 모두 건강한 관계를 유지하는 비결이다.

엄친아, 엄친딸 아이들을 부러워하지 마라

'엄친아(엄마 친구 아들)', '엄친딸(엄마 친구 딸)'이 대세다. 마냥 부럽기만 한 그들은 어느 것 하나 부족함이 없다. 내 아이가 부족한 면이 있어 자극 줄 요량으로 엄친아와 엄친딸을 들이대지 말아야 한다. 자칫 아이는 엄마와 소통불가의 금줄을 치게 될 것이다. 출중한 외모가 아니면 어떠랴, 공부 좀 못하면 어떠랴. 내가 배 아파서 낳은 아이다. 부모의 유전자를 기막히게도 이어받은 아이들은 나의 거울이다. 아이들은 비교당하는 걸 제일 싫어한다. 어른들은 엄친아, 엄친딸을 부러워하지만 아이들은 무슨 '웬수'같이 생각한다. 보지도 않고 싫어하고 노골적으로 반감을 표현한다. 같은 형제, 가까운 이웃친구와도 절대 비교하지 마라.

아이랑 나랑 동일시하지 마라

아주 극단적으로 잘난 아이를 둔 엄마와 한없이 부족하고 모자란 아이를 둔 엄마가 있다. 잘난 아이를 둔 엄마는 도저히 두 눈 뜨고 못 볼 정도다. "우리 아이는 1학년이지만 3, 4학년 이하 프로그램은 문제없어요. 워낙 책도 많이 읽고 야무지거든요. 책을 하루에 10권 이상 읽는 아이니까요." "우리 아이가 그럴 리 없어요. 주님이 내린 아이거든요. 친구를 왕따시키다니요. 뭔가 크게 잘못 알고 계신 거예요." 반면 부족한 아이를 둔 엄마는 "아휴, 내가 그럴 줄 알았어. 니가 뭘 할 수 있겠니? 발표 좀

하면 어디 덧나니? 그렇게 소심해서 어쩔래? 속 터진다니까…" 하며 아이를 무시하기 일쑤다. 부모들은 자신이 원하는 아이 모습을 그려놓고 아이를 자꾸 그 틀에 맞추려 한다. 아이를 객관적으로 보는 것도 훈련이 필요하다. 아이가 가진 가능성을 부모의 잣대로 판단하지 말아야 아이는 아이 인생을 뚜벅뚜벅 걸어갈 수 있다.

흔히 부모만큼 아이에 대해 잘 아는 사람은 없다고들 말하지만 의외로 아이에 대해 모르는 부모가 많다. 무얼 고민하고 사는지, 좋아하는 것이 무엇인지, 유독 왜 그 친구를 좋아하는지, 아이를 이해하는 데 이런 것들이 도움이 많이 되지만 이미 악화된 관계에서는 구얼 알아볼 수가 없다. 평소 즐거운 대화를 많이 하는 것이 좋다. 문제가 있을 때만 이야기하다보면 우리 부모는 매일 문제만 가지고 야단치는 사람쯤으로 여기게 된다. 좋은 영화, 좋은 책, 좋은 텔레비전 프로그램을 보고 자주 이야기를 나누자.

심리, 상담 공부를 해보자

아이와 갈등관계에 놓인 학부모들이 상담소를 찾아 도움을 받는 경우가 늘고 있다. 일시적으로 제3자의 도움을 받는 것이긴 하지만 이런 기회를 활용할 필요도 있다. 아이 마음을 읽어주지 못하고 있는 나 자신에 대해 탐색해보고 사춘기 시기 아이들의 심리적 특징을 어떤 것이 있는지 공부를 하다보면 자신을 되돌아보는 소중한 시간을 만나게 된다. 아이의 좋은 세계 안에 부모가 들어갈 수 있고, 부모의 좋은 세계 안에 아이가 들어가 있는 관계를 맺어나가는 중심에는 내가 있다는 사실을 알게 된다. 내 마음을 읽게 되면 아이 마음도 자연스럽게 읽어줄 수 있게 될 것이다.

자녀,
안심하고 학교 보내기

아이의 담임선생님이 너무 심하다.
아이들이 떠들거나 딴짓을 하거나 또는 준비물을 가져오지 않거나
숙제를 해가지 않을 때마다 체벌을 가한다.
대나무 가른 것을 고무줄로 묶어서 손바닥, 발바닥, 몸 어디든
가리지 않고 때려서 아이의 팔과 어깨, 등에 멍이 들었다.
50~60대를 맞고 수백 대를 맞기도 한다고 한다.
처음에는 맞는 것에 겁을 먹더니 이제는
'때릴 테면 때려라. 더 아프게 때려 봐라.' 하는 마음이 든다고 한다.
부모들에게도 '아이가 늘 딴짓 한다. 산만하다'는 말을 자주 하고
아이에게 칭찬보다는 매나 혼을 내려고만 한다.
학기 초에는 선생님의 체벌 때문에 전학을 간 부모도 있다.
어떻게 하면 좋을까.

중1 엄마다. 학부모 총회에서 성적 미달 학생에게는 체벌을 가해서라도
성적을 올리겠다고 하더니 수시로 쪽지시험을 보고 성적이 안 나오는
아이는 손바닥을 때린다. 우리 아이가 주로 맞고 오는데
담임선생님만 보면 심한 공포를 느끼고 있다. 초등학교 3학년 때
선생님한테 무자비하게 맞은 경험이 상처로 남아 있기 때문이다.
특히 국어와 사회를 못하는데, 체벌에 대한 공포가 너무 심해
중간고사 때는 시험공부를 열심히 했지만
막상 시험시간에 너무 떨어 답안지를 제대로 표기하지 못했다.
담임을 찾아가 상담도 하고 편지도 보냈는데
매우 기분 나빠 했다. 학교에서도 담임이 사이코라는 소문이 나 있다.

아이가 학교에서
체벌을 당했을 때

체벌은 모멸감과 적개심을 키운다

학교에서 돌아온 아이가 엄마를 보자마자 "앙~" 하고 울음을 터트리며 들어온다. 왼쪽 뺨 위로 불그스레한 어른 손자국이 나 있고 종아리에 선명한 매 자국이 있다. 아이는 두려움에 떨면서 학교에 가기 싫다 한다. 평소에 매를 맞을 만한 짓을 하는 아이가 아닌데 무슨 일일까 싶으면서도 아무리 그래도 그렇지 아이를 때렸다는 사실에 화가 치민다.

최근 언론에 오른 학교 체벌 기사를 보면 아이들이 목숨을 버리는 이유 중 하나가 체벌인 것으로 나타났다. 체벌을 가하는 자는 교육적으로 필요하다고 하고, 체벌을 당하는 자는 수치심과 굴욕감을 이기지 못하고 자살을 선택하고 있는 상황이다.

"아파트에서 여중생 A(13) 양이 자신의 방에서 목을 매 숨져 있는 것을 가족이 발견해 경찰에 신고했다. A양은 사건 전날 학교추천도서를 제대로 읽지 않았다는 이유 등으로 담당교사로부터 '쪼그려 앉았다 일어서기' 체벌과 독후감 숙제를 받은 것으로 알려졌다." _동아일보 2009.5

"고교 1학년 남학생이 여교사로부터 매를 맞고 귀가한 뒤 자신이 사는 아파트 놀이터에서 스스로 목숨을 끊었다. 이 학생은 자율학습 2시간을 빠졌다는 이유로 친구 1명과 함께 발바닥을 지시봉으로 110대 가량 맞았다." _국민일보 2009.5

"모 여고에서 쪽지시험 성적이 나쁜 학생에게 치마를 벗도록 한 벌칙을 줘 물의를 빚었다. 벌칙을 받은 학생들은 치마를 벗고 스타킹 차림으로 교탁 뒤에서 2~3분간 무릎을 꿇다가 제자리로 되돌아가거나 교탁 주변을 왔다갔다하는 벌을 받았다." _노컷뉴스 2009.4

"담임교사가 시험성적이 낮은 학생 10여 명을 교실 앞으로 불러내 50cm 길이의 막대기로 한 명당 30~50대씩 종아리를 때렸다. 맞은 학생들은 시뻘건 멍이 들거나 심지어 살이 터져 피가 나기도 했다고 학부모들은 전했다. 또 학생과 학부모들은 이 교사가 일요일 오전 9시부터 오후 6시까지 자율학습을 하라며 학교에 강제로 나오게 해 종교 활동도 하지 못하게 했고, 예·체능계 학생도 실기를 배우러 학원에 가지 못하게 했다고 주장했다." _연합뉴스 2009. 5

우리가 학교 다니던 몇십 년 전에도 체벌은 있었다. 손바닥 맞는 것은 보통이고 엉덩이, 얼굴, 종아리 가리지 않고 매를 맞을 수 있는 곳은 다

맞았다. 왜 맞아야 하는지 모르고 맞는 경우도 허다했다. 선생님 눈을 쳐다보았다고 교실 바닥에 내팽개쳐지기도 했고, 아무 이유 없이 손바닥으로 얼굴을 얻어맞고 발로 엉덩이를 차였다. 머리카락이 귀밑으로 2cm를 넘었다고 가위로 머리를 자르는 일도 다반사였다. 학교운동부에 소속된 친구들에게 가해지는 체벌은 상상하기 어려울 정도였다. 육상부에서 활동하던 친한 친구는 기록이 좀 늦었다고 배를 걷어차이고 욕을 먹으면서 모멸감을 느꼈던 경험이 잊고 싶은 고등학교 기억 중 하나라며 고개를 절레절레 흔들었다.

요즘도 아이들 체벌에 무신경한 사람들은 '맞을 만하니 맞는다.' 또는 '맞아야 사람구실 한다.' 하고 쉽게 이야기한다. 사람이 맞아야 할 짓이란 게 어디 있나. 학교에 다니는 아이들이 맞아야 할 짓이라고는 어른들이 만들어놓은 틀에서 벗어났을 때뿐이다. 자신들과 의논하여 만든 규칙이 아닌데도 강압적으로 지키라고 강요하는 분위기에서 아이들이 '아~ 내가 잘못했구나!' 하고 반성할 리 만무하다. 체벌 앞에 아이들이 다소곳해지는 듯 보여도 아이들 마음속에는 모멸감과 적개심, 분노가 끓고 있음을 알아야 한다.

학교에서 이루어지고 있는 체벌은 사회적 문제로 다루어져야 한다. 누구나 태어난 이상 인간으로서 존중받아야 한다. '교육'이라는 이름으로 신체에 위해를 가하거나 모멸감을 주는 말을 하는 것은 당연히 인권을 침해하는 것이다. 그러나 학교에서는 여전히 체벌 사건이 상당히 자주 일어나고 있고, 학생들이 체벌 현장을 휴대폰으로 촬영해 경찰서에 교사를 신고하는 일도 빈번하다. 이런 일을 두고 '학교가 무너졌다', '교사의 권위가 땅에 떨어졌다'고 개탄하는데, 사실 교사가 반교육적 체벌을 할 때 이미 학교교육은 무너진 것 아닌가. 과연 체벌을 허용한다고 무너진 교육의 권위가 설 것인가? 교사들은 체벌을 교육적으로 필요한 벌이라고 여길지 모르지만 학생들은 폭력이라고 느끼고 있다. 아이들이 폭력으로 느끼는 이상 교육적인 효과는 기대하기 어렵다.

세상은 많이 변했다. 예전엔 폭력이나 억압적인 방법으로 사람을 통제했지만 이제는 그런 방식이 통하지 않는다. 아이들도 마찬가지다. 체벌이나 강압적인 방법으로 아이들을 통제하려 든다면 아이들은 상대방을 배려하고 이해하는 소통의 방식을 배우기보다 힘으로 상대를 제압하려는 폭력적인 방식으로 세상을 대하는 법을 배우게 될 것이다. 우리 어른들이 지금껏 다른 대상과 소통했던 그런 방식들 말이다.

교육적으로 필요한 체벌?

우리나라 초·중등 교육을 규정하고 있는 법(초·중등교육법)에는 '교육상 불가피한 경우'에는 체벌을 허용하고 있다. 교육상 불가피한 경우라는 애매한 표현을 앞세워 학교에서는 성적이 떨어졌다고, 머리가 길다고, 친구와 싸웠다고, 실내화를 신지 않았다고 아이들을 때리고 있다. 때리는 교사는 "내가 때리고 싶어 때리겠냐?" "다 너 잘되라고 때리는 거야." "네가 잘못했지? 자, 몇 대 맞을래?"라며 사전 방어막을 치고 때린다. 맞는 아이들은 너를 위해서 때린다는 교사의 논리 앞에서도 선생님께 감사하는 마음을 전혀 느끼지 않는다. 그럼에도 불구하고 체벌도 교육이라고 강조하며 법으로 방어막을 펴주는 까닭을 이해할 수 없다. 체벌 앞에서 아이들의 입은 침묵을 강요받고, 아이들의 몸과 마음은 상처투성이가 된다.

'교육적으로 불가피한 경우'에 체벌이 필요하다는 말은 우리나라 교육이 지나치게 경쟁만이 살 길이라고 강조하고 있기 때문이다. 아이들은 학교에서 하루 6~13시간을 머무르며 책상 앞에 앉아 공부만 할 것을 강요받고 수시로 시험에 시달린다. 학교정보를 공개한다는 이유로 시험결과를 공개하니 학교 측은 전국 몇 순위인지에 집착할 수밖에 없다. 오늘도 학교에서는 시험성적이 떨어지면 매를 때려서라도 성적을 올려야 하는 상황이다보니 온갖 모욕적인 언어로 아이들에게 지울 수 없는 상처를 주고 있다.

어느 모로 보나 체벌은 분명 아이들의 인권을 침해한다. 몇 해 전 '꽃으로도 때리지 마세요'라는 체벌 관련 프로그램이 공중파로 방영된 적이 있다. 시민단체들이 만든 '열린 채널'이라는 프로그램이었는데, 교사가 굵은 막대기로 아이의 엉덩이를 사정없이 때리고 아이는 맞다가 매를 이기지 못하고 바닥에 엎어져 일어나지 못하는 장면이 첫 화면이었다. 결국 아이는 다른 나라로 떠났고, 남겨진 아이들에게 체벌이란 것이 과연 필요한 것인지 되짚어보았던 방송이었다. 어른들이 각종 법을 만들어 폭력으로부터 자신을 보호하는 것처럼 아이들도 폭력으로부터 보호해주어야 하는 것은 말할 필요도 없는 일이다. 그 폭력의 범주에는 아이들에게 가해지는 체벌도 포함시켜야 한다.

체벌의 문제를 심각하게 여긴 시민단체가 나서서 2004년 9월 학생체벌 금지를 위한 헌법소원 심판을 헌법재판소에 청구했으나 헌법재판소는 교육부의 입장을 받아들여 기각시켰다. 우리나라는 1991년 '유엔아동권리협약'(1989년 채택)에 가입한 나라이기도 한데 체벌에 관해서는 국내와 국제 사회에서 이중적인 태도를 보이고 있다. 국가인권위원회도 체벌을 허용하고 있는 법을 개정하라고 권고했지만 교육과학기술부는 체벌이 불가피한 교육적 행위라며 버티고 있다.

유엔아동권리위원회는 체벌을 규정하기를 '아무리 경미하다 할지라도 어느 정도의 고통이나 불편을 초래할 의도로 물리력을 사용하는 모든 벌'이라고 하고, 1996년과 2003년 두 차례에 걸쳐 한국 정부에 '모든 형태의 체벌을 명백히 금지하라'고 권고했다. 2008년 코스타리카와 몰도바에서도 체벌을 금지했고, 이탈리아와 네팔에서는 육아과정에서 이루어지는 체벌도 불법이라고 판결을 내리는 등 유엔회원국 중 26개국에서 아이들을 체벌에서 보호하려는 움직임이 일어나고 있다.

2009년은 유엔아동권리협약이 채택된 지 20주년 되는 해이다. 현재 193개국이 가입한 국제적 규범에 우리나라도 가입한 지 20년이 되어간다. 국제적으로는 학생인권을 보호하는 모양새지만, 여전히 교육적으로 필요하다며 체벌을 용인하는 우리 정부의 이중적 태도에 오늘도 아이들의 인권은 '사랑의 매'라는 이름으로 유린당하고 있다.

유엔아동권리협약이 인정하는 아동의 4대 기본권

1. 생존권 Survival Rights

적절한 생활수준을 누릴 권리, 안전한 주거지에서 살 권리, 충분한 영양을 섭취하고 기본적인 보건서비스를 받을 권리 등 기본적인 삶을 누리는 데 필요한 권리

2. 보호권 Protection Rights

모든 형태의 학대와 방임, 차별, 폭력, 고문, 징집, 부당한 형사처벌, 과도한 노동, 약물과 성폭력 등 어린이에게 유해한 것으로부터 보호 받을 권리

3. 발달권 Development Rights

잠재능력을 최대한 발휘하는 데 필요한 권리로, 교육받을 권리, 여가를 즐길 권리, 문화생활을 하고 정보를 얻을 권리, 생각과 양심·종교의 자유를 누릴 권리

4. 참여권 Participation Rights

자기 나라와 지역사회 활동에 적극 참여할 수 있는 권리로, 자기 삶에 영향을 주는 문제에 대한 발언권, 단체에 가입하거나 평화적인 집회에 참여할 권리

아이가 체벌을 당했을 때 이렇게 해보세요

아이가 학교에서 여러 가지 이유로 체벌을 당했을 때, 학부모는 매우 당황스럽고 화가 난다. 그러다보면 감정에 치우쳐 상황을 객관적으로 이해하지 못하게 될 수 있다. 상처받은 아이 마음을 어루만져주는 것과 동시에 체벌의 정도를 파악하고 어떻게 대처해야 할지 판단해야 한다. 체벌의 정도가 폭력 수준이라면 문제해결을 위해 다음과 같은 방법을 고려해봄 직하다.

우선 아이의 이야기에 귀 기울이고 충분히 듣자

맞았다는 사실만으로도 아이는 공포와 두려움을 느끼기 대문에 가장 먼저 부모가 충분히 들어줘야 한다. 체벌이 경미하다 해서 "그러니까 니가 잘해. 선생님이 오죽하셨으면 때렸겠니. 다 너 잘 되라고 그러는 거야." 하고 부모가 일방적으로 해석해 버린다면 아이는 부모를 야속하게 느낀다. 그렇다고 "그 선생님 참 나쁘다. 엄마가 학교 가서 혼내줘야겠네." 말해서 아이를 혼란스럽게 만들어서도 안 된다. 먼저 아이 마음을 읽어주고 공감해준 다음에 상황을 객관적으로 파악해야 한다. 아이들은 자신에게 불리한 이야기는 하지 않는다는 사실도 염두에 두어야 한다. 체벌의 정도가 폭력에 가깝다면 아이 몸에 난 상처를 사진으로 찍어두고 아이 이야기를 자세히 기록해두는 것이 좋다. 흔히 학부모들은 학교에 아이를 맡겼다는 약자 입장에서 문제를 바라보기 때문에 소극적으로 대응해 아이에게 큰 상처만 남기고 학교생활을 더 어렵게 만드는 경우가 있다.

체벌 정도가 폭력에 가깝다면 먼저 담임선생님과 만나보자

체벌 정도가 심하면 아이 이야기를 충분히 들은 후 담임선생님과 상담시간을 정해 만나는 것이 좋다. 상담할 때는 먼저 아이가 맞게 된 경위나 상황을 선생님에게 들어야 한다. 중간에 끼어들지 말고 다 들은 후 단호하게 체벌이 아닌 폭행이란 사실을 명확히 밝히고 부모 입장에서 아이에게 가해진 가혹행위는 받아들일 수 없다는 걸 분명히 전해야 한다.

두려움과 공포에 휩싸인 아이가 학교생활을 잘하고 상처를 치유하기 위해서는 가해 당사자에게 사과를 받는 것이 가장 좋은 방법이다. 선생님이 학부모의 요구를 받아들여 사과를 하고 아이가 학교생활을 정상적으로 한다면 더없이 좋지만, 선생님이 받아들이지 않을 경우 감정적으로 대응하지 말고 학교장을 만나 문제해결을 요구해야 한다. 학교장과의 만남으로도 성과가 없다면 지역 교육청에 민원을 제기하는 것도 방법이다. 이때는 교육관련 단체나 인권단체의 도움을 받으면 좋다. 문제해결에 시간이 걸리는 경우도 있다. 그렇다고 아이를 전학시켜버린다면 폭력 수준의 체벌은 여전히 남아 있는 아이들을 억압하고 제2, 제3의 피해자를 낳는다는 점을 잊지 말고 해결하기 위한 노력을 하자.

감정은 문제해결에 도움이 되지 않는다

흔히 학부모를 가장 분하고 서운하게 하는 것은 학교나 담임선생님의 태도다. 분노를 누르며 선생님을 만났는데 선생님이 오히려 가정교육 잘 시키라며 막무가내로 나올 때 분노는 배가되고 악감정만 남게 된다. 이럴 경우 체벌 문제의 해결보다는 선생님의 안하무인한 태도 때문에 본말이 전도되기도 한다. 부모와 교사의 감정대립으로 아이는 원치 않는 전학을 가야 하거나 학급이 바뀌는 일도 생길 수 있다.

또 이런 기회에 내 아이가 학교에서 어떻게 지내고 있는지 살펴보는 것도 필요하다. 학급 분위기를 너무 망가뜨리거나 남한테 지는 것을 못 견디고, 친구와도 잘 지내지 못하고 항상 부딪치거나, 싫은 걸 싫다고 표현 못하는 등 아이가 문제 행동을 보이는 경우라면 이 문제를 먼저 해결해야 한다. 아이가 전학을 가도 똑같은 일이 일어날 수 있기 때문이다. 내 아이를 객관적으로 바라보아야 학교에서 일어나는 문제도 제대로 해결할 수 있다.

확대재생산 시키지 마라 "○○ 엄마가 그러는데 그 선생님이 촌지를 무지 밝히는 교사래요.""지난번 저보고 학급비품을 사오라고 했는데 제가 그냥 빈손으로 가서 그런 것 같아요."

아이가 맞고 오면 그 상황을 있는 그대로 받아들이기보다는 '우리 아이만 미워한다'거나 '선생님이 뭘 바라고 있는 건가?' 하고 엉뚱한 방향으로 문제를 해결하려 하기도 한다. 체벌이 벌어진 상황에 집중해야 문제해결도 쉬워진다. 옆집 아줌마에게서 얻은 선생님에 대한 정보로 쉽게 판단하여 지레 짐작하지 말아야 한다. 때론 그 생각에 빠지다보면 확대재생산된 이야기가 사실이 되어 문제를 해결할 때 큰 걸림돌이 될 수 있다.

말해야 할 때 말할 수 있는 학부모가 되자 부모가 나서면 아이에게 불이익이 올까봐 속앓이만 하는 경우가 많은데 절대 그러지 말자. 체벌로 몸과 마음이 피폐해진 아이가 다시 건강한 심신을 회복할 수 있도록 당당하게 부당함을 말하는 학부모가 되자. 악다구니를 해가며 감정적으로 선생님과 대립하는 게 아니라 문제의 본질을 놓치지 않고 차분하게 말하는 부모의 모습을 보면서 아이도 많은 것을 배울 것이다. 문제를 눈앞에 두고 학교 가는 일을 두려워하는 약한 부모가 아니라, 교사에게 문제가 있을 때는 따끔한 충고를, 내 아이에게 문제가 있다면 받아들이고 인정하는 부모가 된다면 우리 아이 또한 성숙한 인격체로 한 단계씩 성장해갈 것이다.

○○ 학부모

아이가 3학년인데 학습장애가 있어 치료를 받고 있고
소심한 성격에다 조용해 다른 아이들과 잘 어울리지 못한다.
놀고 싶은 마음은 있지만 아이들이 잘 끼워주지 않는다고 한다.
아이 신발 한 짝을 교실 밖에 던져놓거나 힘센 아이들이 우리 애를
괴롭히고 있다. 특히 한 아이는 우리 아이를 집중적으로 괴롭히는데,
어제는 아들 옷에 먹물을 묻혀 새까맣게 해놨다. 학교에 면담을 하러
갔더니 쪽지시험 결과를 보여주었는데 성적이 아주 좋았다.
우리 애는 집중력이 부족하고 성적이 나쁠 때와 좋을 때 기복이 심해
아이들이 공부도 못하는 바보라고 놀리기도 하는 모양이다.
선생님을 계속 찾아가 말씀 드리기가 미안하다. 이제 선생님에게도
따돌림 받는 것은 아닐까 말도 못하고 답답해 미칠 지경이다.

□□ 학부모

큰아이와 작은아이 모두 내성적이고 유약하며 예민해 상처를
쉽게 받는다. 둘 다 중학생인데 친구가 "야 너 왜 이것 안 해,
바보같이!" 하는 말만 해도 울음을 터트리고 남들에게 싫은 소리도
하지 못한다. 큰아이는 더 심해 아이들 놀림 때문에 힘들어한다.
자기 고집이 강하고 남 말도 잘 안 듣고 사회성도 부족한 편이다.
요즘은 학교 가기 싫다는 말을 자주 한다. 고등학교에 가지 않겠다고
해서 대안학교도 생각해봤고 학교 상담교사가 가족 상담을 권해서
지금 네 식구 모두 상담을 받을 예정이다. 집에서는 어떤 도움을 줄 수
있을까? 아이가 이 어려움을 잘 극복할 수 있게 도와주고 싶다.

우리 아이가
왕따를 당하고 있어요

아무도 모르는 괴롭힘

요즈음 여기저기서 친구들에게 괴롭힘을 당하는 게 너무 힘들어 죽음을 선택하는 아이들 이야기가 심심찮게 들린다. 한 아이를 두고 놀리거나 따돌리고 괴롭히는 집단 따돌림 또는 집단 괴롭힘은 일종의 폭력으로, 흔히 대놓고 따돌리면 '왕따', 은근히 따돌리면 '은따'라는 이름을 붙이기도 한다. 괴롭힘을 당하는 아이는 심리적으로 위축될 뿐 아니라 신체적 피해를 함께 입기도 하고 때로는 극단적으로 자살을 선택하기도 하는 등 심각한 결과를 낳는다.

2003년 청소년보호위원회 조사 결과 초등학생의 10.7%, 중학생의 5.6%, 고등학교의 3.3%가 집단 따돌림을 경험했다는 보고가 있었다. 하지만 정작 아이가 따돌림 당하는 것을 부모는 모르고 지나치기 쉽다. 친구들 사이에서 따돌림 당하는 아이는 부모에게 있는 그대로 털어놓지 못하고 혼자 극도의 소외감과 외로움을 겪는다. 자신이 따돌림 당하는 것이 알려질까봐 두렵기도 하고 부모가 개입되어 문제가 더 커질까봐 아무도 모르게 혼자 끙끙 앓고 있는 것이다. 이런 아이가 겪을 정신적, 심리적 고통은 헤아릴 수 없을 만큼 깊다. 만약 내 아이에게 이런 일이 일어났다는 사실을 알게 되면 부모는 하늘이 무너지는 듯 놀라고 당장 달려가서 상대아이에게 당한 만큼 돌려주고 싶은 마음밖에 들지 않는다.

이유 없는 '왕따'

친구를 따돌리는 아이들에게 그 까닭을 물어보면 터무니없는 대답을 듣기도 한다. 아무렇지도 않게 "그냥 괴롭히고 싶어서요. 재미있잖아요."라고 대답하는 아이들을 만나면 망연자실할 수밖에 없다.* 다른 아이들이 괴롭히니 자기도 왕따 당하기 싫어 함께 놀린다는 아이들도 있다. 아이들의 이런 대답을 들으면서 어른들은 깊이 절망한다. 경쟁력을 키워야 한다는 논리를 앞세워 친구와 경쟁해야만 내가 성공할 수 있다고 가르치는 교육풍토가 낳은 결과이기에 어른으로서 부끄럽고 참담한 심정이다.

세상은 공부 잘하는 아이와 못하는 아이로 아이들을 편 가른다. 간혹 공부 잘하는 아이들이 우월감에 휩싸여 따돌림을 당하는 경우도 있지만, 공부 못하는 아이는 무시하고 따돌려도 된다고 당연하게 생각하는 경향이 강하다. 또 자신이 왕따 당하지 않으려고 끼리끼리 뭉쳐 힘을 과시하기

---

* 2006년 서울시립청소년문화센터가 초중고생 410명을 대상으로 한 설문조사 결과 전체 응답자의 39.5% 즉, 청소년 10명 가운데 4명이 집단 따돌림을 당했다고 답했으며 이들의 80.4%는 학교에서 집단 따돌림이 심각하다고 답했다. 집단 따돌림을 가하는 이유로는 '피해 학생이 마음에 안 들어서'(68.3%), '별 생각 없이 장난 삼아'(30.7%), '괴롭히는 것을 즐기고 스트레스를 풀려고'(28.8%) 순으로 나타났다. _연합뉴스 2006.7

도 한다. 더불어 살아야 할 친구들을 경쟁자로만 여기고, 약한 아이는 무시하며 힘을 과시하는 아이들의 문화는 안타깝기만 하다.

가장 중요한 것은 아이들의 문화를 건강하게 만들고 심성을 따뜻하게 하는 일이겠지만 따돌림이 생겼을 때 문제를 풀어나가는 방법도 매우 중요하다. 부모나 교사가 어떤 역할을 하느냐가 무엇보다 중요하다.

어느 날, 놀림을 받고 집단구타까지 당하고 온 한 아이의 부모가 너무 놀라 담임교사에게 이 문제를 상담했다. 선생님이 좋은 해결방법을 주실 거라 기대했지만 오히려 문제를 더 심각하게 만들었다. 교사는 반 아이들에게 앞으로 놀리는 아이나 괴롭히는 아이는 혼낼 것이며 그 아이 옆으로 가지도 말고 건드리지도 말라고 했다. 이 말을 들은 아이들은 어땠을까? 혼날 것이 두려워 아이를 괴롭히지 않았을까? 상황은 더욱 나빠졌다. 사내 녀석이 그런 일을 부모에게 일러 선생님한테까지 알려졌다며 집단적으로 아이를 괴롭히기 시작했다. 단순하게 몇몇 아이가 놀리던 일에서 이제는 집단적으로 따돌리는 상황이 된 것이다. 선생님의 현명하지 못한 처사가 문제를 더 악화시킨 셈이다.

왕따를 슬기롭게 극복한 사례를 찾아 함께 공유하고 끊임없이 해결방법을 찾는 일이 필요한데, 가장 중요한 것은 내 아이만의 문제에 너무 급급해하지 말고 가해자건 피해자건 모두 우리 아이들이라는 생각을 잊어서는 안 된다는 사실이다.

내 아이는 아무 문제가 없나

장 면 1 성격이 내성적이고 친구들에게 놀림을 받던 아이가 어느 날 맞기까지 하고 집으로 돌아왔다. 상황을 알게 된 부모는 깊은 고민에 빠졌다. 이를 어찌해야 하나, 그냥 두면 아이는 계속 맞을 것이 뻔하고, 그렇다고 당장 아이를 괴롭힌 친구들을 불러 혼내지도 못하고 고민하다가 아이를 전학시켰다. 전학을 가서 얼마 지나지 않아 똑같은 문제가 또 생겼다. 도대체 무엇이 문제인지 어안이 벙벙했다.

이번에는 전에 다닌 학교와 전학 간 학교의 친구들, 담임교사를 만나 아이에 대해 물어보기로 했다. 문제는 전혀 예상하지 못한 곳에 있었다. 아이는 선생님이 계시지 않을 때 힘이 센 아이들과 함께 학급 안에서 자기보다 힘없고 약한 아이들을 줄곧 괴롭혀왔던 것이다. 아이의 행동이 어느 날 친구들의 눈 밖에 났고, 이제는 친구들이 아이를 지속적으로 괴롭히고 때린 것이었다. 너무도 기가 막혀 아이에게 자초지종을 물으니, "때리면 반응도 없고 놀려도 싫은 내색도 하지 않으니까 그냥 못살게 굴었다."라고 어이없는 대답을 했다.

장면 2   하루는 담임선생님이 학부모를 학교로 불렀다. 아이가 평소 친구들에게 욕도 잘하고 수업시간에도 방해가 될 정도로 산만하게 돌아다닌다며 조심스럽게 정신과 치료를 권했다. "정신과라니? 뭐 이런 선생이 다 있어? 멀쩡하게 학교 잘 다니는 애를 정신병자라고?" 하며 화를 냈다. 학부모는 홧김에 아이를 다른 학교로 전학시켰다. 그러나 아이는 전학간 곳에서도 친구들과 잘 지내지 못하고 산만한 행동 때문에 선생님의 지적을 받고 학부모는 다시 학교로 불려갔다.

위의 사례는 괴롭힘이나 따돌림의 원인이 내 아이에게 있는 경우다. 아이가 문제를 갖고 있을 때 부모가 어떻게 대처하는가는 매우 중요하다. 대부분의 학부모들은 내 아이는 별 문제가 없는데 다 친구를 잘못 사귀어서 그렇고, 천성이 착한 아인데 무슨 다른 이유가 있을 거라며 원인을 외부에서 찾으려 한다. 아이들은 집과 학교에서 보이는 행동이나 말이 다를 수 있기 때문에 문제행동이 나타났을 때 부모는 냉정하게 생각하고 판단해야 한다.

상담실에 가보라거나 치료가 필요하다는 말에 화를 내고 부정적으로 받아들이면 적절한 치료시기를 놓칠 수 있다. 심리치료나 행동치료가 필요하면 받아야 하고, 자신감이 부족하다면 이를 키워주기 위해 노력하고 사랑을 듬뿍 주어야 한다.

학창시절 친구만큼 소중한 존재도 없다. 공부를 잘하고 못하는 것보다 친구를 만나고 사귀는 과정이 더 중요한 시기다. 친구끼리 마음 상하고 다시 화해하고 웃고 우는 과정에서 사회적 관계의 중요성을 배운다. 아이들 세계에서는 종종 "너, 쟤랑 놀지마! 오늘은 끝나면 꼭 나랑 가는 거야?" 하는 등 나만의 친구를 만들기 위해 복잡한 심리전을 벌이기도 한다. 반복해서 다투고 화해하는 아이들 관계에 부모가 미리 개입해서 "너 한번만 더 우리 ○○랑 놀지 말라고 하면 아줌마한테 혼날 줄 알아." 해버리면 아이는 친구들 사이에서 외톨이도 지낼 수밖에 없다.

하교하는 아이를 기다리는 한 엄마가 있었다. 며칠 전부터 자기 아이가 친구의 가방을 서너 개씩 혼자서 들고 오는 것을 보고 덩치도 작고 몸이 약한 아이를 보호하겠다는 마음이 앞서 친구들을 불러 혼냈다. 다음 날부터 혼자 집에 오길래 물어봤더니 "그때, 가위바위보 해서 진 사람이 가방 들어주는 건데 엄마가 친구들 불러서 혼내줬잖아. 그래서 걔네들이 나랑 안 놀겠대. 엄마한테 혼난다구." 하더라는 것이다.

이처럼 부모가 나서서 아이의 친구를 만들어주거나 간섭하는 일이 생기면 관계 맺기에 서툰 아이가 된다. 부모가 의도적으로 친구를 만나게 해주기 위해 집으로 초대하거나 놀게 해주는 것은 아이가 아주 어렸을 때 이야기다. 아이들이 단체생활을 하기 시작했는데도 부모가 개입하는 것은 오히려 독이 될 수 있다. 아이들 스스로 갈등을 조정하고 해결할 수 있는 능력이 있음을 믿자.

내 아이가 왕따를 당하고 있다면

집단 따돌림인지 확인해보라 평소 활기 넘치던 아이가 기운 없이 어깨가 축 처지거나 말수가 줄어들고 밥 먹는 것도 신통치 않다면 학교생활에 문제가 없는지 확인해보아야 한다. 선생님을 만나 학교생활을 물어보고, 만약 왕따를 당하는 것 같다면 한 아이에게 당하는 것인지 집단 괴롭힘을 당하는 것인지 확인해보아야 한다. 아이들은 혼자서보다 여러 명이 모이게 되면 더 과도한 행동을 하게 된다. 집단적으로 행동하면 나만 그런 것이 아니라며 죄의식을 갖지 않게 되기 쉽다. 집단 따돌림이라면 부모 혼자 해결하기에는 역부족이다. 그렇다고 쉽게 전학만 생각하지 말고 문제의 원인을 찾아야 한다. 담임선생님이나 아이 친구들의 엄마도 만나보고, 문제가 간단치 않은 상황이라면 학교 상담실이나 전문 상담소, 인권단체를 찾아 도움을 요청하는 것이 좋다.

담임선생님과 적극적으로 해결하라 어떤 아이가 왕따를 당하는 이유를 아이들에게 물어보면 "너무 잘난 척 해요." "선생님이 쟤만 칭찬해요." "우리가 때리거나 괴롭혀도 전혀 반응이 없어요." "지저분하고 더러워요." "쟤는 엄마, 아빠가 이혼하고 할머니랑 산대요." "우리 물건을 가져가서 주지를 않아요." "수업시간에 소리 지르고 돌아다녀요." "얄미운 짓을 해요." 따위의 답을 한다. 이중에서 선생님의 잘못된 칭찬이나 꾸중, 벌이 문제가 된다면 선생님과 적극적으로 해결해야 한다. 예를 들면 "누구누구 때문에 반 평균이 떨어졌어, 쟤만 없으면 우리 반이 모범반이 될 수 있을 텐데…"처럼 선생님이 은연중에 저 아이만 없다면 좋겠다는 암시를 자꾸 준다면 당연히 아이들은 그 아이를 못마땅하게 여기게 된다.

이럴 때는 먼저 선생님을 찾아가 잘못된 칭찬이나 벌에 대해 이야기하고 아이들이 받고 있는 상처를 보듬어주기 위해 노력해 달라고 적극 요청해야 한다. 혹시나 이런 이야기를 해서 아이가 선생님 눈 밖에 날까봐 걱정한다면 아이를 왕따의 수렁에서 건져낼 수 없다. 선생님을 만날 때 아빠와 엄마가 함께 만나는 것도 큰 도움이 된다. 선생님과 만난 후로도 개선되지 않을 때는 교장선생님을 만나보고, 그래도 안 되면 학교 밖 상담기관에 상담을 의뢰하고 도움을 받아야 한다.

친구관계를 주제로 한 다양한 활동을 한다

초등학생이라면 왕따를 사전에 예방하는 차원에서 학교 도서실이나 학급, 가정에서 책을 함께 읽고 여러 가지 활동을 해보자. 친구를 주제로 한 책을 골라 읽고 반에서 일어나는 일을 극본으로 만들어 역할극이나 인형극을 해보는 것도 한 방법이다. 보여주기 위한 행사가 아니라 아이들 스스로 준비하여 작은 공연이나 전시를 한다면 그 과정 자체가 아이들이 마음을 나누고 화합하는 데 많은 도움이 된다. 다소 번거롭게 여겨지겠지만 아이들의 관계 형성과 사회성 개발을 위해 꼭 필요한 활동이다. 준비하는 동안 빠지는 아이 없이 작은 일이라도 모두가 참여하고 경쟁심이 생기지 않도록 세심하게 배려해서 진행해야 한다.

인권교육 프로그램을
일상화 한다 학교나 학급 단위에서 인권교육을 해보자. 학부모가 선생님께 제안해서 적극적으로 도와 함께 진행할 수도 있다. 인권단체에서 하고 있는 인권교육 프로그램이 다양하기 때문에 학급이나 학교에서 요청하면 많은 비용을 들이지 않고 할 수 있다. 딱딱하게 앉아 교육을 듣기만 하기보다 재미있는 활동을 곁들이는 것이 좋다. 일상적으로 좋은 인권교육과 만나다보면 내 인권뿐 아니라 상대방의 인권에 대해서도 고민하게 되고, 무엇보다도 더불어 사는 건강한 가치관을 세우는 데 도움이 된다. 한두 번에 그치지 말고 꾸준하게 장기적으로 진행하는 것이 좋다.

학교 안 상담실을
이용하라 학교 안에 상담실이 있다면 적극 활용하자. 아이들은 부모나 담임보다는 상담교사에게 마음을 터놓고 편하게 이야기하는 경향이 있다. 상담교사는 상담을 통해 아이가 겪는 어려움이나 학급 분위기를 파악하고 집단 상담을 통해 문제해결의 실마리를 찾고 담임선생님이나 학부모와 상호 협조할 수 있다. 학교에 상주하는 상담교사가 없다면 학교 밖 상담기관을 찾거나 온라인 상담 사이트, 국가인권위원회 같은 국가기구에 상담을 요청하는 방법도 있다.

따 돌 림 의 종 류

· 왕따 누구에게나 따돌림 당하는 것
· 은따 은근히 따돌림 당하는 것
· 대따 드러내 놓고 따돌림 당하는 것
· 전따 전교에서 따돌림 당하는 것
· 반따 반 안에서 따돌림 당하는 것
· 뚱따 뚱뚱해서 따돌림 당하는 것
· 찐따 찌질해서 따돌림 당하는 것

인 권 교 육 을 도 와 주 는 단 체

· 인권운동사랑방 www.sarangbarg.or.kr
· 다산인권센터 www.rights.or.kr
· 국가인권위원회 인권교육센터
  edu.humanrights.go.kr
· 인권교육센터 들 www.dlhre.org
· 인권교육교사모임 www.inkwonedu.x-y.net

왕 따 를 소 재 로 한 동 화 책 들

· 6학년 1반 구덕천 허은순 글 l 곽정우 그림
· 아무도 모르는 척 우메다 사코 요시코 글, 그림
· 내짝궁 최영대 채인선 글 l 정운희 그림
· 까마귀 소년 야시다 타로 글, 그림
· 까막눈 삼디기 원유순 글 l 이현미 그림
· 초대받은 아이들 황선미 글 l 김진이 그림
· 양파의 왕따일기 문선이 글 l 박철민 그림

상 담 기 관

· 지방자치단체별 청소년 지원센터
· 생명의 전화 www.lifeline.or.kr
· 청소년사이버나눔터 user.chollian.net/~labbi
· 청소년 폭력예방재단 www.jikim.net
· 참교육학부모회 학부모 상담실 hakbumo.or.kr
· 왕따닷컴 www.wangtta.com

법 적 책 임 과 처 벌 사 례

2005년 경기도 한 초등학생이 교내 집단 따돌림 때문에 자살한 사건을 두고 아이의 부모가 경기도교육청과 가해 학생 부모를 상대로 손해배상 청구소송을 냈다. 이 소송에 대해 고등법원은 배상을 판결하였다. 법원은 만 12세 전후의 가해 학생들은 자신의 행위에 법적책임을 질 능력이 없는 만큼 부모들이 자녀를 감독하여야 할 법적 의무가 있다고 하였으며, 학교 역시 보호 감독할 의무가 있음을 판시하였다. 또한 피해자 부모도 주의를 게을리한 면이 있는 점을 감안, 피고의 책임을 70%로 제한하여 판결하였다.

우리 학교 두발 규정은 '깔끔한 스포츠형'이다. 깔끔의 기준은
선생님들이 판단한다. 선생님들이 머리 검사하면서 폭력과 협박성 발언을 하니
상처를 받고 선생님에 대한 분노가 치민다. 선생님들은 매번 "학생은 학생다워야 한다."
"두발이 짧고 깔끔해야지 공부도 집중이 되고 다른 곳에 신경을 쓰지 않는다."며
두발규정에 맞춘 규제가 정당하다고 말한다. 아니 우리가 무슨 어린애들인가?
고등학생인데 선생님이 학교 다니던 시절의 잣대만 들이대니 웃음밖에 나오지 않는다.
사랑하는 이성친구가 아니라도 감성이 풍부한 사춘기 때는 지나가는 이성에게라도
조금 더 잘 보이고 싶은 마음이 있다. 만약 두발 규제 때문에 머리 모양이
마음에 들지 않으면 거울을 더 자주 보게 되고 신경을 쓰게 될 것이 뻔하고
자신감마저 잃을 수 있는데 머리가 짧으면 공부에 도움이 된다고 쉽게 말할 수 있는가?
우리는 학생이기 이전에 인간이기에 마땅히 신체에 대한 자유를 가질 권리가 있다.
교육청에서는 학교의 자율에 맡긴다는 말로만 일관하고 있고
우리는 기본 권리를 박탈당하고 있다. 진심으로 도움을 요청한다.

얼마 전 아이가 학생부장 선생님한테 강제로 머리가 뭉텅뭉텅
잘려서 두피가 다 드러난 채 집에 왔다. 너무 기가 막히고 화가 났다.
우선 아이를 데리고 미용실에 가서 아주 짧게 자를 수밖에 없었다.
머리를 자르며 아이는 눈물을 보였다. 학생부장 선생님이
머리가 좀 길면 뺨을 때리고 교장선생님 안 보이는 곳에서 기합도 준단다.
교장·교감 선생님은 오히려 두발을 자유롭게 하자는데
학생부장 선생님만 반대하고 있다는 거다.
요즘 세상에 고리타분하게 아이 머리가 길다고 가위로 자르다니.
학교에 한번 찾아가려고 하는데 어떻게 대처해야 할지 모르겠다.
그리고 이런 두발 규제는 누가 만드는 것인지 알고 싶다.

학교생활규정 때문에
아이가 답답해한다면?

커갈수록 '나'를 표현하고 즈장하는 아이

"얘는 검은 머리가 훨씬 이쁘지 않아?"

아이가 방학한 다음 날 퇴근한 남편이 아들을 보자마자 마음에 들지 않는 표정으로 내뱉는다. 남편은 연신 나를 쳐다보며 지원사격을 요청하는 눈빛을 보냈다. 방학 하면 머리를 염색하려는 아들을 말리려는 남편과 방학 때만이라도 자기가 원하는 색깔로 염색해보려는 아이는 서로 전투 중이었다.

"아니, 갈색머리도 예쁘잖아."

아이 편을 들어준 엄마의 응원에 힘입어 아이는 회심의 미소를 짓고 남편은 낭패스런 표정으로 나를 쳐다보았다. 얼굴 피부가 흰 아이는 갈색머리가 훨씬 부드러워 보였다. 방학 내내 아이는 갈색머리를 하고 지냈다. 개

학날이 되자 아이는 아침 일찍 일어나 목욕탕에서 검정색으로 다시 염색을 한다. 개학날 아침에서야 다시 검은색으로 염색하는 걸 보니 하루라도 더 갈색머리로 있고 싶을 만큼 몹시 아쉬웠나보다. 그 마음을 헤아려주려고 애쓰며 자신을 드러내고 싶은 꽃망울이 툭툭 터지는 청소년기를 보내는 아들을 물끄러미 쳐다보았다.

초등학교 5학년 때까지는 부모 말을 참 잘 듣던 아이가 커가면서 점점 감당이 안 되고 부모 뜻대로 움직이지 않게 된다. 부모와 함께 여행을 가지 않겠다고 하거나 자기가 원하지 않는 일정은 거부하고 자신만의 스케줄을 더 중요하게 생각할 때면 '아, 얘가 청소년이 되었구나!' 실감하게 된다. 옷차림에 더 많이 신경 쓰며 부모보다는 친구들과 어울리고 싶어 하고, 맘에 내키지 않는 일은 안 하려 들면서 부모에게 요구하는 것은 많아진다.

"예전에는 안 그랬는데…." 섭섭하면서도 아이 입장에서 생각해보려고 애쓰는 중에 염색까지 했다. 무조건 하지 말라고 하면 더 크게 부딪힐 게 뻔하니 그렇게 하고 싶으면 한번 해보라고 암묵적으로 동의해주었다. 나도 그 나이에 염색까지는 꿈도 못 꾸었지만 앞머리를 살짝 잘라 애교머리를 만들고 휴일에는 나팔바지를 입고 친구들과 몰려다니며 자유를 갈구했었다. 이것도 하지 마라, 저것도 하지 마라는 어른들 잔소리가 듣기 싫었고 머리, 손톱, 가방까지 검사당할 때는 친구들과 억울함을 서로 달랬다. 수십 년이 흐르고 시대가 많이 달라졌지만 아이들은 여전히 자기가 입고 싶은 옷, 하고 싶은 머리모양을 하고 학교에 갈 수 없다. 심지어 양말과 신발까지도 마음대로 신을 수 없다. 그러나 일단 방학이 되거나 학교를 벗어나면 빨강머리, 노랑머리는 물론이고 형형색색의 옷을 입고 또래들을 만난다. 21세기를 살아가는 아이들은 '나'를 더 강하게 드러내고 싶어 한다.

초등학교에서는 다 했는데 중학교에서는 하지 말라니

초등학교에서는 아이들 옷이나 머리모양을 규제하지 않는다. 파마나 염색을 하건 귀걸이를 하고 드레스를 입고 다니건 아무 상관이 없다. 그런데 중학교에 올라가면 상황이 달라진다. 긍장 똑같은 교복을 입어야 하고, 책가방 크기와 색깔, 신발 색깔, 양말, 머리모양, 치마길이까지 규정에 맞춰야 하니 도대체 마음대로 할 수 있는 것이 아무 것도 없다.

중학생 시절은 외모에 관심이 많을 시기다. 머리도 안 감고 다니던 아이가 하루에도 몇 번씩 머리를 감고 손거울을 책보다 먼저 가방에 챙긴다. 학교에 가야 하는 시간은 아랑곳 않고 연신 거울을 들여다보며 외모를 꾸미느라 바쁘다. 아이들은 제한된 틀 안에서 갑갑해하며 교복을 줄여 입거나 머리를 살짝 길러 변화를 주려 몸부림치지만 걸림돌이 너무 많다.

그 걸림돌은 바로 '학교생활구정'이다. 학교는 많은 학생들이 함께 생활하는 곳이므로 일정한 규율이나 약속이 필요하다. 그래서 정해지는 규정이 수도 없이 많다. 용의복장규정, 생활규정, 선도규정, 징계규정들이 그것인데, 이 규정을 내세워 선생님들은 교문 앞에서, 교실에서 수시로 아이를 감시하고 통제한다.

이런 규정을 만드는 과정에 학생들이 참여하지 못하는 것은 물론이고, 학생들 입장을 고려해서 만들어지지도 않는다. 학생들을 통제하려는 어른들이 일방적으로 만든 규율이기 때문에 아이들과 부딪힐 수밖에 없다. 많은 아이들은 시시콜콜 간섭하는 규정 때문에 오히려 학업에 전념하지 못한다. 아이들이 등교하면서 교문 앞에서부터 갈등이 시작되고, 규정을 지켰는지 말았는지 따지느라 정작 수업을 알차게 받는지 어떤지는 염두에 둘 겨를이 없다.

현실에 맞지 않은 학교생활규정, 바꿀 수 있다

큰아이가 다니던 중학교에서는 아침마다 일찍 온 아이들이 교실에서 학교 담장 밖에 서 있는 친구들에게 양말을 던져주는 희한한 광경이 연출되곤 했다. 학생부 선생님들이 교문에서 머리단속은 물론이고 아이들이 신고 다니는 양말까지 단속했기 때문이다. 아이들은 다리가 길어 보이라고 발목 양말을 신고 다녔는데 선생님들이 못 신게 하자 친구들의 긴 양말을 몰래 얻어 갈아 신고 교문을 통과하는 웃지 못할 일이 날마다 벌어졌다. 아침부터 이런 일에 신경을 쓰면서 에너지를 낭비하는 꼴이었다.

어느 날 학교운영위원회 회의가 끝나고 학생부장님과 이야기를 나누게 되었다. "선생님댁 아이는 어떤 양말 신고 다녀요?" "발목까지 오는 양말을 신더라구요." "선생님, 양말가게에 가보셨어요? 한번 가보세요. 아이들 양말은 죄다 발목 양말뿐이에요. 현실이 이런데 매일 단속만 하시니까 아이들도 불만이고 학부모들도 골치가 아파요." 학교에서 먼저 용의복장규정을 좀 바꿔야 하지 않겠냐고 제안했다. 선생님도 아침마다 단속하는 것이 보통 일이 아니라며 한번 고민해보겠다고 했다. 얼마 뒤 학생 대표와 선생님, 학부모 대표가 모인 자리에서 머리, 양말, 신발, 교복에 관한 아이들의 불만을 듣고 삼자가 조정을 거쳐 새로운 규정을 만들어냈다. 놀랍게도 3학년 학생들이 의외의 반응을 보였다. "우리가 1, 2학년일 때는 짧은 머리로 다녔는데 지금 바꾸는 것은 억울하다. 졸업도 얼마 남지 않았는데 후배들만 좋은 것 아니냐. 후배들도 졸업할 때까지 지금 규정을 적용해야 한다." 아이들의 억울한 심정이 고스란히 담긴 말이었다. 오죽했으면 아이들이 이렇게 억울함을 대물림하려 들까 싶어 안타까웠다. 결국 학교의 두발규정은 아이들의 요구와 선생님들의 기준을 적절하게 조율해서 만들어졌고, 말 많았던 발목 양말도 허용하되 화투 그림이 들어가 있는 양말만 규제하는 개정안을 제출해 학교운영위원회에서 심의하도록 했다.

미리 학교생활규정을 알아두자

학교마다 학생생활규정을 만들어 놓는다. 대체로 선도규정, 포상규정, 교육벌규정, 용의규정, 학생회규정, 학급회규정을 '학생생활규정'이라는 이름으로 묶어 두었다. 이들은 학교 홈페이지 교육활동 메뉴에 공지되어 있다. 이 규정들은 아이들의 학교생활과 밀접한 관련이 있으니 학부모들도 미리 알아둘 필요가 있다.

아이들과 마찰을 가장 많이 빚는 규정은 용의복장규정과 선도규정인데, 학교는 이를 근거로 벌점제를 운영하고 있는 상황이다. 만약 벌점을 받았다면 이를 소멸시키기 위해 벌을 받거나 봉사활동을 하기도 하지만, 심한 경우 전학을 권고받는 일까지 벌어진다. 학교 간 경쟁이 치열해지면서 학교 이미지를 좋게 하기 위해 학교에 순응하지 않는 학생 중 벌점이 많은 아이들은 아예 다른 학교로 전학 보내는 일도 생긴다. 이처럼 벌점제가 악용되고 있어 아이들과 학부모들 불만이 이만저만이 아니다.

어느 날 '댁의 아이가 잘못을 저질렀기 때문에 전학 가야 합니다. 학교로 오세요'라는 통지를 받는다면 어떨까? 학교를 찾아갔더니 "아이가 큰

잘못을 했으니 전학 가는 것이 좋겠다. 이나마도 많이 봐준 것이다. 원래
는 퇴학시켜야 하는데 전학 가도록 선처해준 것이다"는 이야기를 느닷없
이 듣는다면 큰 충격을 받지 않을까. 당황한 나머지 부모는 백배사죄 하
고 머리를 조아리며 사정하지만 학교는 차가운 반응을 보일 것이다. 무슨
각서까지 쓰고 나와 참담한 심정으로 아이가 전학 갈 학교를 알아보지만
쉽지 않은 일이다. 대개의 부모들은 내 아이에게는 일어나지 않을 일이라
생각하지만 실제로 심심찮게 일어나고 있다. 전학까지는 아니어도 각종 벌
점에 아이들 스트레스 지수가 높아지는 것만은 분명한 사실이다.

벌점으로 아이들이 징계를 받을 경우 부모들은 학교에 징계규정(또는 선
도규정)이 있고 징계위원회(또는 학생선도위원회)에서 그 규정에 따라 처벌
을 결정해야 하는 것을 모르고 있는 수가 많다. 학교에 아이를 보내면서
학부모는 아이가 징계를 받는다는 사실 자체가 부끄러워 자세하게 징계
결정 과정이 옳았는지 따져보지 못하는 경향이 있다. 미리 규정을 알아둘
필요가 있다.

규정으로 옭아매기 전에
아이들의 세계를 먼저 이해하자

자잘한 학교규정에 숨막혀 하면
서 아이들은 더 스트레스를 받는다. 의미 없는 규정에 벌점을 받고 불만
이 쌓이기도 한다. 어느 정도는 아이들에게 자유를 허용해 숨통을 틔워주
는 것도 필요하건만 학교는 아이들의 행동을 무조건 통제하려고만 든다.
이럴 때 부모마저 아이를 못마땅해 하며 틀에 가두려고 하면 아이들과의
관계는 어긋나버린다.

학부모도 아이들과 마찬가지로 질풍노도의 시기를 똑같이 겪은 이들이다. 조금만 입장을 바꿔 생각해보면 아이들의 고민과 어려움을 충분히 짐작할 수 있다. 청소년기에 접어든 아이들은 자기가 처한 현실이나 어른을 부정적으로 생각하는 경향이 많다. 때문에 자기들끼리의 연대감이 더 커지고 부모보다는 친구의 영향을 더 많이 받는다. 부모에게서 벗어나 '나'만의 세계를 갖고 싶어하다보니 '나'를 중심으로 세상을 보게 된다. 어른들이 한심해 보이고 매일 하는 이야기가 고리타분한 잔소리로만 들린다.

이 시기 이런 모습은 아이가 어른으로 성장하면서 거쳐야 할 자연스러운 과정이다. 부모들도 똑같이 질풍노도의 시기를 건너왔다. 내가 누구인지 궁금하고 가슴 속에서 분출하는 열정을 주체하지 못했던 지난날의 경험을 지금 청소년들이 겪고 있음을 기억하자.

아이들에게 가정은 적어도 쉼터여야 한다. 아이들이 숨쉬지 못하는 학교공간을 고쳐 나가도록 학부모가 좀더 적극적으로 행동할 필요도 있지만 지금 당장 아이들이 숨을 쉴 수 있게 해줘야 한다. 두려워하지만 말고 부모는 아이와 눈높이를 맞춰 소통해야 한다.

학교에서 시간마다 들어오는 선생님들은 일일이 아이들 생각에 관심을 가질 겨를이 없다. 매일 교과 진도 나가기에도 바쁘고 모든 것을 시험점수로 판단한다. 어제 학교에서 돌아오는 길에 동네 형한테 붙들려 돈도 뺏기고 이름표도 뺏겼지만 선생님은 왜 이름표를 안 달고 왔는지 묻지 않는다. 현재 이름표가 없다는 사실만 중요할 뿐.

하루의 반 이상을 보내는 학교생활이 즐겁기보다 고통스럽다면 감정 없는

로봇처럼 살아갈 수밖에 없다. 아침에 깜빡 잊고 매지 못한 넥타이, 일요일 여행 갔다 오느라 자르지 못했던 머리, 볼일이 급해 복도에서 뛰기도 하는 등 생활을 하다보면 어쩔 수 없이 규정을 지키지 못하는 일들이 다반사로 일어나건만 모든 것이 하나하나 점수로 매겨지니 아이들은 숨이 막힐 수밖에 없다. 게다가 성적으로 아이를 판단하는 문화가 뿌리 깊어, 규정을 어기는 아이를 두고 "공부라도 잘하면 말이나 안 하지!" 하는 식으로 몰아세운다. 모두가 일등을 할 수 없다는 사실을 잘 알면서도 공부 잘하기 경쟁을 부추기다 보니 아이와 학부모, 교사 모두 딜레마에 빠져 있다.

학교규정을 검토해보자 　아이가 학교생활을 잘 해나가길 바란다면 미리 아이와 학교규정을 같이 읽어보자. 아이가 가장 싫어하는 대목이 무엇인지, 엄마가 찬성하는 대목은 무엇인지 각자의 생각을 이야기해보자. 당장 규정을 바꾸지는 못하더라도 마주앉아 학교 흉도 같이 보고 답답한 마음을 공감해주는 것만 해도 아이의 숨통은 터질 수 있다. 무조건 안 된다고 하거나 방치해서 벌점을 받는 것보다는 미리 규정을 알고 머리를 맞대다보면 현명하게 학교규정에 대처하는 지혜를 얻을 수 있을 것이다.

현실적으로 지켜내기 어렵거나 아이들의 의견이 반영되지 않는 극단적인 조항이 있다면 학교규정을 다시 검토해 달라고 요청해볼 수 있다. 아이는 학생회에서 논의해볼 것을 요구하고, 학부모는 학교운영위원회의 학부모위원에게 요구해야 한다. 많은 아이들과 학부모들이 참여하여 논의하면 좋겠지만 현재로서는 의견을 내놓을 통로가 학생은 학생회, 학부모는 학교운영위원회밖에 없다. 제안할 때 재검토가 필요한 규정을 상세하게 적어 문서로 제출하면 더 좋을 것이다.

대부분의 중고등학교 학생생활규정에는 다음과 같은 내용이 들어 있다.

용의규정은 다음과 같은 내용을 담고 있다.

1. 교복 규정 동복(11~3월)과 춘추복(4~5월/9~10월), 하복(6~8월)의 착용 시기와 남녀 교복의 종류(자켓, 셔츠, 넥타이, 조끼, 바지, 치마), 허용할 수 없는 사항(폭을 줄인 바지 등)을 담고 있다.
2. 명찰 학교 안에서 목걸이형이거나 교복 상의에 부착한 형태의 명찰을 달아야 한다.
3. 신발 운동화를 원칙으로 하고 실내화는 슬리퍼를 신어야 한다.
4. 두발 남학생의 앞머리는 눈을 가리지 않고 옆머리는 귀에 닿지 않아야 하며 뒷머리는 상의 깃에 닿지 않아야 한다. 구레나룻은 귀의 2/3를 넘을 수 없다. 여학생은 길이에 제한이 없으나 눈썹과 볼을 가리지 않아야 하고 파마, 염색, 덧붙임머리, 무스, 왁스, 스프레이 사용을 금한다.
5. 화장 무색의 기초화장은 허용하지만 유색의 썬크림을 포함한 색조화장을 금하며 손톱의 색조화장이나 네일아트도 금한다.
6. 장신구와 가방, 휴대폰 종교적인 목적의 실반지와 실목걸이만 허용한다. 핸드백, 쇼핑가방은 책가방으로 사용할 수 없으며 핸드폰은 휴대할 수 있으나 수업시간이나 자습시간에는 사용할 수 없다. 적발 시 5일간 압수 후 돌려준다.

징계규정(선도규정)은 다음 내용을 담고 있다.

1. 대상 재학생에게만 적용한다.
2. 선도위원회 조직 교장(위원장), 교감, 학생부장, 교무부장, 학년부장, 생활지도교사, 상담교사, 담임(의결권 없음)
3. 선도소위원회 학교 내 봉사에 해당하는 사항을 심의하며 교감, 학생부장, 생활지도교사, 학년부장, 담임으로 구성한다.
4. 선도위원회 기능 학생 생활지도 전반에 관한 사항을 협의하고 '학교폭력대책자치위원회' 자문을 받는다.
5. 학생선도 종류 교내 봉사(1단계), 사회봉사(2단계), 특별교육 이수(3단계), 퇴학 처분(4단계)
6. 학교 내 봉사 기준 무단지각, 조퇴, 결석, 수업 방해, 시설물 훼손, 흡연, 음주, 유해업소 출입, 도박, 무례한 언행, 남녀 간 풍기문란, 물건을 훔친 자 등
7. 사회봉사 기준 상습 흡연, 음주, 시험 부정행위, 외설물 게시·회람, 허가 없이 단체 조직, 무단결석(연속 8일 이상/총 30일 결석), 교사에게 모욕적인 언행 등
8. 특별교육 이수 기준 시험문제 사전 탐지, 절취, 교내 기물 파괴, 음주 난동, 학교 내 집단행동 주동, 교사에게 정신적, 신체적 위협 가한 자 등
9. 퇴학 처분의 기준 초중등교육법 18조에 의해 불가피한 경우 최후의 수단으로 사용
10. 효력 지도받은 학생은 행동발달상황 평가에 반영하고 각종 포상에서 제외하며 선도기간은 출석으로 인정한다.
11. 절차 학생부에서 해당 학생의 위반 사항을 상담하고 조서를 작성하며 선도위원회 의견을 들어 결정한다. 학교내 봉사는 5일, 사회봉사 7일, 특별교육 이수 10일로 한다.
12. 진술기회 부여 선도처분 학생에 대한 조치 심의 과정에서 당사자와 그 보호자에게 의견 진술의 기회를 부여한다.
13. 구비서류 학생선도 조치를 하고자 할 때는 조사 내역서 1부, 본인 진술서 1부, 담임 의견서(필요할 경우에만 작성) 1부를 첨부하여 결재하며, 학부모 서약서, 선도 기간 중 제출한 선도 소감문은 추가로 보관한다.

다음은 ○○ 중학교 학생들이 자신들이 바라는 생활규정을 만들어본 것이다.

1. 성적으로 무시당하거나 비교당하지 않을 권리가 있다.

2. 스팸문자나 메일, 전화를 받지 않을 권리가 있다.

3. 고객으로서 우대받을 권리가 있다.(우리가 가면 반말을 하고 불친절한데 우리에게도 존댓말을 써야 한다.)

4. 욕을 듣지 않을 권리가 있다.(선생님들이 욕을 많이 한다.)

5. 매를 맞지 않을 권리가 있다.

6. 성적을 공개 받지 않을 권리가 있다.

7. 신체검사를 받지 않을 권리가 있다.(신체검사 결과가 알려지면 부끄럽기 때문에)

8. 자신의 생각을 자유롭게 말할 권리가 있다.(우리의 의견을 얘기하면 대든다고 야단맞거나 학생부로 끌려가는데 우리 의견을 존중해줬으면 좋겠다.)

9. 자리 양보를 강요받지 않을 권리가 있다.(노인이나 장애인에게는 당연히 자리를 양보해야겠지만 단지 나이가 많다는 이유로 자리를 뺏는 아줌마들이 있다.)

10. 성차별을 받지 않을 권리가 있다.(남학생이라고 무조건 참는다거나 집에서 딸이라고 오빠나 동생에게 양보하고 집안일을 도맡아야 한다.)

11. 개성을 살릴 수 있는 권리가 있다.(머리 스타일 가지고 뭐라 하면 안되고 학생들도 머리를 기를 수 있는 자유를 가져야 한다.)

12. 개인정보를 보호받을 권리가 있다.(인터넷으로 개인 정보가 유출된다고 하는데 이로부터 보호받을 권리가 있다.)

13. 상담을 받을 수 있는 권리가 있다.(마음 놓고 얘기할 수 있는 사람과 공간이 있었으면 좋겠다.)

14. 봉사활동을 강요받지 않을 권리가 있다.(봉사활동을 강제로 하거나 집단으로 하게 하는데, 하고 싶은 사람만 했으면 좋겠다.)

15. 깨끗한 화장실을 사용할 수 있는 권리가 있다.(교사용 화장실을 쓰면 혼나는데 학생 화장실도 깨끗하고 휴지가 있었으면 좋겠다.)

16. 편안한 의자에 앉을 권리가 있다.

17. 돈을 벌 수 있는 권리가 있다.(어리다고 돈을 조금 주는 게 아니라 일한 만큼의 댓가를 받아야 한다.)

18. 충분히 쉴 수 있는 권리가 있다.(학원에도 안 가고 공부도 강요받고 싶지 않다.)

19. 적성에 맞는 것을 배울 수 있는 권리가 있다.

○○ 중학교 인권명제집

1. 두발 자유화, 용의복장의 자율화가 실현되었으면 좋겠다.(인간이라면 누려야 할 기초적인 자유에 해당하는데 학교에서 관리하는 것이 옳지 못하므로.)

2. 차별 없는 환경에서 살고 싶다.(학교 안이나 학교 밖

이나 마찬가지로 남녀차별, 성적에 따른 차별 등이 존재하는데 이것은 옳지 않다고 생각하므로.)

3. 쾌적하고 깨끗한 환경에서 공부하고 싶다.(화장실 악취, 분필가루 날리는 교실, 여름철 찜통 교실 개선, 나무와 꽃이 어우러진 학교)

4. 시험이 없는 세상에서 살고 싶다. 또는 시험이 줄었으면 좋겠다.(시험이라는 제도가 학생들에게 많은 스트레스를 주고 친구들과 원만한 인간관계를 형성하는데 장애가 되므로)

5. 심한 체벌은 금지되어야 한다.(심한 체벌은 정신적, 육체적 손상과 피해를 가져오므로)

6. 교과목을 선택해서 공부하고 싶다.(자신의 적성과 능력을 고려하여 공부할 수 있어야 한다.)

7. 깨끗하고 냄새 안 나는 화장실이었으면 좋겠다.(학교 시설물 중 가장 지저분하고 냄새나며, 사용할 때뿐만 아니라 평소에도 풍겨 나오는 악취 때문에 수업에 지장을 받으므로)

8. 중고생 교통요금이 조정되어야 한다.(소득이 없는 중고생이 일반인과 같은 요금을 내게 되어 있어 부담이 크므로)

9. 청소년카드 같은 것을 만들어 사용했으면 좋겠다.(중고생과 학교에 다니지 않는 청소년 신분을 증명할 수 있으며 여러 곳에서 할인혜택을 받을 수 있도록.)

10. 뮤지컬, 오페라, 연극, 전시회 등에서 학생에게는 요금을 할인해야 한다.(돈이 많이 들어 부담이 되기 때문에 문화생활을 하기 어렵다.)

11. 청소년용 책값을 할인해주거나, 학생들이 이용할 수 있는 도서관 시설을 늘려야 한다.

12. 청소년 시설이 많아져야 한다.(청소년들이 마음 놓고 이용할 수 있는 시설이 턱없이 부족하므로)

13. 다양한 교육과정이 신설되면 좋겠다.(자신이 관심 있는 분야를 깊이 있게 공부할 수 있으므로)

14. 깊이 있고 실제적인 보건교육이나 성교육이 이루어져야 한다.(청소년들에게는 순결교육보다 실제적인 성교육이 필요하다.)

15. 중·고등학교도 무상교육이 이루어져야 한다.

16. 주 5일제 수업을 실시해야 한다.

17. 위생적이고 맛있는 학교급식을 먹고 싶다.

18. 등교시간을 늦춰야 한다.(학생들이 너무 피곤해서 수업에 집중하기 힘들기 때문에)

19. 학교 내 학생들을 위한 여가공간을 만들어야 한다.(노래방, PC방 등 학생들이 여가시간을 건전하게 활용할 수 있는 공간이 필요하므로)

20. 자전거 보관대가 더 많이 설치되어야 한다.

21. 학교 내 매점이 개선되고 확장되어야 한다.

22. 스쿨버스를 운영해야 한다.

23. 다양한 특기적성교육 활동이 이루어져야 한다.(사교육비가 많이 들므로)

초등학교 3학년 여자아이를 둔 학부모다.
아이가 학교에서 자주 멍이 들어 집에 오는데 처음에는
아이들끼리 티격태격 다투다 그랬겠지 생각하며 그냥 지나쳤다.
그런데 너무 자주 그런 일이 생겨서 자세히 물어보니 한 아이가
지속적으로 괴롭히며 때린다고 했다. 그 아이가 세상에서 제일 무섭고,
심지어는 죽고 싶다고 했다. 담임선생님에게 말했더니
담임은 가해 학생에게 반성문을 쓰게 하고 그 아이와
우리 아이 둘을 불러다가 다시는 둘이 말도 하지 말라고 했다.
며칠이 지난 뒤, 가해 아이의 엄마가 집에 찾아와
"맞을 일을 했으니 맞았겠지. 아이들끼리 있을 수 있는 일을
담임한테까지 이야기했다"며 오히려 큰소리를 쳤다.
알아보니 그 아이는 때리면 기분이 좋아진다고 말을 했단다.
그런 아이가 우리 아이와 함께 있는 것이 정말 걱정이다.

우리 아이는 작년에 학교 안에서 문제행동을 하는 아이들과 몰려다니다가
마음을 고쳐먹고 무리에서 발을 뺐다. 아이들이 모임에 계속 나오라는 걸
거부하자 학교화장실에서 우리 아이에게 폭력을 가했다.
급식 시간에 아이가 안 보이자 담임선생님이 여기저기 찾다가
화장실에 쓰러져 있는 것을 발견했다. 이 아이들한테 안 맞은 아이가 없고
다들 벌벌 떤다고 한다. 돈, 핸드폰 같은 금품갈취, 폭력 등으로
이미 교내 봉사활동을 한 전력이 있는 아이들이지만
별다른 징계를 받은 일은 없다고 한다.
이 아이들을 어떻게 하면 좋을지 고민이다.

학교폭력,
이렇게 대처하자

중·고생 8명 중 1명은 폭력 피해

이웃집 학부모는 초등학생 아이에게 매일 아침 천 원씩을 줘서 학교에 보낸다. 학교에서 형들에게 붙들려 돈을 빼앗기고 온 뒤부터 너무 불안해 아예 매일 돈을 주고 있다는 것이다. 돈 없다고 하면 형들이 때려 아이가 다치기라도 하면 어쩌나 싶어 그런다고 했다. 학교폭력은 학부모들에게 큰 골칫거리이다.

통계청이 발표한 '2009년 청소년 통계'를 보면 지난 일 년 간 학급친구에게 폭력을 당한 중·고등학생은 12.9%에 이른다. 중·고생 8명 중 1명이 폭력을 당했다는 이야기다. 폭력을 당한 후 누구에게 가장 먼저 알리는가 물었더니 친구(3.5%), 가족(2.9%), 선생님(2.1%) 순으로 알리고, 3.2%는 주변에 알리지 않는 것으로 나타났다. 어떤 폭력을 당했는가에는 욕설이나 협박이 12.8%, 금품 갈취가 9.7%, 폭행이 7.1%, 집단 따돌림이 3.4% 순이었다. 학교 안에서 일어나는 학교폭력의 정도가 점점 심각해지고 양상도 다양해지고 있다.

경기도 교육청에서도 학교폭력 자체조사 결과, 금품 갈취 적발 건수가 2007년 52건에서 2008년 211건으로 세 배 늘어났고, 집단 괴롭힘이 17건에서 86건으로 네 배, 욕설과 감금 등 기타 폭력은 8건에서 136건으로 열여섯 배나 늘어났다고 발표했다. 공공기관의 통계 자료가 실제 일어나는 학교폭력 사건에 비해 적게 잡히는 것을 감안하면 학교폭력의 정도는 심각한 수준에 와 있다고 봐야 한다.

학교폭력, 왜 늘어갈까?

한 고등학교 남학생이 학교짱과 그 무리들에게 매일 심하게 집단폭력을 당해 더 이상 학교를 다닐 수 없게 되었다. 부모는 여러 차례 학교를 방문했지만 오히려 학교에서도 학교짱이라는 아이를 두려워해 해결책을 내놓지 못했고, 가해학생 부모 역시 이미 버린 자식으로 생각한다며 유치장에 넣든지 죽이든지 마음대로 하라고 했다. 피해학생 부모는 지역교육청, 경찰서, 청소년폭력상담소까지 다니면서 해결하려 했지만 아이가 더욱 심하게 폭력에 노출되고 말았다. 마침내 부모는 결심했다. 아이를 살리는 길은 '이에는 이, 눈에는 눈'이라고, 지역의 조직폭력배를 동원한 것이다. 슬프지만 실제 상황이다. 자칫 잘못 개입했다가는 어른들도 속수무책, 아무 해결책도 내놓지 못하고 피해당하는 아이만 더욱 힘들게 만드는 경우가 빈번하다.

학교폭력은 이제 더 이상 학교 안에서 해결할 수 없을 정도가 되었다. 그 원인은 아이들의 삶을 조금만 들여다보면 쉽게 찾을 수 있다. 청소년기 아이들은 심리적 불안함에 자신도 통제할 수 없는 마음 상태에 있는 데다가 현실은 너무 가혹하다. 아침 일찍 잠도 덜 깬 상태로 학교어 가서 공부를 해야 하고, 하루 종일 교실에 앉아 공부한 다음 야간자율학습을 하다가 또 학원으로 가서 공부하고 밤늦은 시간 집에 와서 또 공부를 해야 하는, 삶 같지 않은 삶을 살아야 한다. 이렇게 하루도 빠짐없이 잔업에 철야 학습노동을 해도 뜻대로 되지 않아 일찌감치 인생을 포기하는 아이들이 늘고 있다. 스스로의 처지를 비관하여 자살하거나 사회나 어른에 대한 반항심으로 비행을 저지르는 경우도 늘어나고 있다.

학교폭력에 무력한 학교

폭력사건이 벌어지면 보통 부모는 학교에서 잘 해결해줄 거라 믿고, 학교 안에서 벌어진 일이기에 부도가 너무 간섭하면 오히려 역효과가 날 것 같아 초조한 마음으로 기다린다. 하지만 오히려 학교가 상황을 더 악화시키거나, 위의 가해학생 부모처럼 그저 조용히 지나가기만을 바라는 부모들도 많다. '집안에서도 어찌할 수 없는 아이, 학교라고 별 수 있겠냐.' 하는 태도다.

이러면 피해학생 부모는 참 섭섭하다. 처리과정을 보고 있노라면 여기가 경찰서인지 학교인지 분간하기 어렵다. 질문하고 진술서를 쓰게 하는 분위기가 가히 경찰서 취조실 못지 않다. 때로는 교사가 불러주는 대로 진술서 내용을 쓰게 하는 수도 있다. 어떤 부모는 '학교폭력자치위원회'라는 회의에 피해자 진술을 하러 갔는데, 피해 사실을 간단히 진술하기만 하면 될 줄 알고 아이를 동석시켰다. 그런데 마치 추궁하듯 아이에게 맞을 당시 상황을 정확하게 얘기하라고 하자 아이는 당혹감과 수치감으로 더듬거렸고, 교사는 왜 똑바로 얘기하지 않느냐며 더 다그쳤다고 한다. 그때 아이를 데리고 바로 나오지 못한 자신이 지금 생각해도 부모로서 너무 부끄럽다고 했다.

학교폭력에 대처하는 방식은 가해자에게 벌을 주기보다는 선도하는 데그 목표를 두어야 한다. 그럼에도 요즈음 문제가 생겼다 하면 전학, 퇴학조치를 일삼는 학교의 태도는 문제를 오히려 더 심각하게 만든다. 해결방법이 그렇게 일방적인 방법밖에는 없을까? 물론 학교로서도 쉽지 않은 일이다. 학교에서는 폭력이 발생하면 '학교폭력자치위원회'를 열어 진상을 조사하여 피해학생을 보호하고, 가해학생에게 필요한 조치를 하도록 하고있다(학교폭력의 예방 및 대책에 관한 법률 2008). 그러나 흔히 학교에서 이루어지는 대처 과정 자체가 폭력적이어서 처벌 위주로 해결책을 찾는다. 전학을 가도 그곳에서 또 사고를 일으키기 때문에 폭탄 떠넘기기에 그치기십상이다. 무조건 전학을 강요하기 때문에 가해자 아이들이 갈 곳이 없어지는 경우도 있다. 갈 곳 없는 아이들은 오히려 사회악이 될 가능성이 높기 때문에 치유 프로그램으로 다가가지 않는 한 학교폭력은 근절되기 어렵다. 물론 근본적으로 아이들이 다니는 학교와 이 땅의 교육이 바로 서야 하는 것은 두말할 나위도 없다. 아이들이 맞닥뜨리고 있는 입시 경쟁, 억압적 분위기의 교육환경이 하루빨리 개선되어야 한다.

학교폭력 이렇게 대처해보자

아이의 몸에 생긴 예기치 않은 상처를 그냥 보아 넘기지 말자

짓궂은 아이의 부모일수록 놀다가 상처가 날수도 있겠거니 지나치기 싶다. 아이에게 물어보아도 정말 맞은 거라면 솔직하게 이야기하는 경우가 별로 없다. 아이들은 부모보다 가해아이가 더 무섭고 부모에게 이르면 더 맞는다는 협박을 받기 때문에 부모에게 도움을 요청하는 것이 의미 없다고 생각한다. 처음에 상처를 발견하면 정말 놀다가 다친 것인지 주의 깊게 관찰할 필요가 있다. 아이의 눈빛을 잘 살펴보라. 불안하고 공포를 느껴 제대로 눈을 마주치지 못한 채 대답을 한다면 맞은 것이다.

아이가 친구에게 맞고 왔다면 자주 맞고 오는 아이는 한 아이에게 지속적으로 맞는 경우가 많다. 피해아이가 가해아이보다 약하거나 대응 능력이 없으면 지속적인 폭력을 당하게 된다. 또는 대응 능력이 있는데도 맞고 오는 경우는 가해아이의 주변을 잘 살펴보아야 한다. 주변에 학교 밖 패거리가 있을 수 있기 때문이다. 가해아이들 중에는 은근히 자기를 봐주는 패거리가 있다는 걸 과시하는 경우도 있다. 이럴 경우 피해아이의 두려움은 가중되기 때문에 꼭 확인해야 한다.

내 아이가 다른 아이에게 맞고 오면 부모는 일단 화부터 나고 흥분하게 된다. 당장 쫓아가서 상대아이를 어떻게 하고 싶지만 섣불리 문제해결을 하려 했다가는 문제가 더 불거지기 쉽다. 일단 가해아이가 학교 안에서 비행 정도도 심하지 않고 별문제 없는 아이라던 좋은 마음으로 아이를 만나 설득해보는 것도 좋다. 어떤 경우에는 자신은 장난처럼 했는데 그럴 줄 몰랐다고 반응하는 아이도 있다. 이런 경우에는 내 아이가 싫어도 싫은 표현을 하지 않아 생긴 문제일 때가 많다. 싫을 경우 정확하게 싫다고 표현할 수 있는 아이로 성장할 수 있도록 부모가 도와줘야 한다. 상대방 아이의 부모를 만나게 될 경우에도 감정을 앞세우기보다는 함께 자식 키우는 마음에 호소해야 문제해결에 도움이 될 것이다. 만약 학교에서도 계속 그런 말썽을 일으켰던 아이라면 일단 학교에 알리고 선도 차원에서의 해결책을 요구해야 한다. 비행 정도가 심한 아이라면 부모를 만날 때 담임교사와 함께하는 것이 좋다.

가해자가 여러 명이고 금품 갈취까지 당했다면 가해자가 여러 명인 경우는 심한 폭력, 금품 갈취까지 행하는 경우가 많다. '나 혼자가 아닌데 뭘'이라는 생각 때문에 강도가 심해지는 경우다. 함께 저지르면서 죄의식도 별로 안 느끼고 힘이 강하다는 걸 은근히 과시하기도 한다. 이 경우에는 피해학생이 당하는 걸 잘 알면서도 다른 친구들은 자신에게 미칠 보복 때문에 전혀 개입하려 들지 않는다. 모두가 함께 병들어가는 것이니 반드시 해결해야 한다.

폭력서클과 관련 있는 아이들이라면 다각적 접근이 필요하다. 여러 아이들이 관련되어 있어 오히려 문제를 희석시키기도 하기 때문이다. 또 체격이 좋거나 담력 있는 아이들의 경우 폭력서클에 가입시키기 위해 일부러 접근해서 서클가입을 종용하기 때문에 심한 폭력과 위협에 시달릴 수 있다.

여러 명의 아이들에게 폭력을 당한 아이는 심한 정신적 공황상태를 겪고 학교를 강하게 부정하기도 한다. 우선 아이의 심리상태를 정확하게 파악하기 위해 심리치료를 병행해야 한다. 부모가 아이의 심리적 문제보다 사건의 전말에만 매달리다 보면 가해아이가 내 아이에게 접근하는 것을 막고 아이가 안전하게 학교 다니는 것에만 신경 쓰게 된다. 문제해결도 중요하지만 아이의 심리적 안정이 최우선되어야 한다. 물론 피해를 당한 아이의 상태에 따라 가해아이와 완전히 분리시키는 것도 필요할 경우가 있다. 폭력의 정도가 심하지 않다면 학교나 가족들이 해결할 수도 있지만 학교 밖 폭력서클에 가담되어 있는 아이라면 지역경찰과 연계해서 사태를 해결해야 한다.

아이나 부모가 견디기 힘든 최악의 상황에 놓이면 전학을 가거나 멀리 이사 가는 수도 있다. 요즈음은 문제가 발생하면 피해자 부모들이 가해아이들과 격리시키기 위해 전학을 요구하기도 한다. 학교 측에서도 될 수 있으면 문제를 축소시키고 얼른 끝내기 위해 강제전학을 종용하기도 한다. 하지만 학교 밖 폭력 서클이 미치는 영향력이 전학 간 학교까지 미치고 있고, 이미 우리 아이가 다니고 있는 학교를 벗어나 있는 학생의 문제이기 때문에 보호받기도 해결되기도 더 힘든 경우가 있다. 어떤 경우는 강제전학을 요구해서 다른 학교를 알아보니 인근 학교로는 옮길 수가 없어 오도 가도 못하는 일이 생기기도 한다. 아이도 전학을 원하지 않아 안타까운 경우도 있다. 결국 전학만으로 문제가 해결되지 않는다는 사실이다. 학교에서는 피해학생을 철저하게 보호해주어야 하고, 폭력사건에 관련된 학생을 처벌하는 것보다 선도하는 것을 중심에 놓고 문제를 풀어가야 한다.

피해자 부모든 가해자 부모든 모두 우리의 아이들이란 점을 명심하자

어떤 부모는 문제를 해결하기 위해 상대방 부모도 만나고 담임, 학교장, 교육청 담당자, 심지어 경찰서 등 여러 기관을 다니면서 호소했지만 어느 곳 하나도 해결책을 제시하지 못했다고 한다. 마지막 수단으로 언론에 호소하기도 했지만 그것도 아이의 상처 치유에는 별 도움이 되지 않았다. 지금도 가해아이는 버젓이 학교를 다니고 있고 피해아이는 학교도 가지 못하고 정신과 치료를 받고 있다며 눈물을 흘렸다. 처음에는 아이들 싸움이려니 하고 쉽게 넘어갔던 자신을 원망하지만 이제는 소용없는 일이라며….

폭력사건을 해결하는 과정에서 흔히 가장 큰 문제가 되는 것은 가해자 부모의 태도다. 내 자식은 절대 그런 아이 아니라면서 오히려 피해아이를 강하게 키우지 못해 그렇다며 비난하고 달려드는 데는 속수무책이다. 어찌 됐든 맞은 아이가 그렇게 불행하게 되었는데도 사과 한마디 하지 않는 부모를 보자니 가해 아이가 오히려 불행해 보였다는 학부모도 있었다.

학교 안에서 일어난 아이들의 폭력은 교육적 문제로 접근해 풀어가야 한다. 문제해결 역시 우리 아이라는 관점을 놓치지 않아야 하며, 언제든 내 아이가 피해자가 될 수도 있고 가해자가 될 수도 있다는 점을 명심해야 한다. 아이들은 성장하는 과정에 있다. 많은 사랑을 받고 자라는 아이들은 어떤 상처나 문제에 부딪혀도 긍정적으로 해결해나갈 수 있다. 한 번의 잘못이 평생 걸림돌이 된다면 그 아이만 불행해지는 것이 아니라 함께 살아나가야 할 미래의 사회도 어두워지는 것이다. 가해아이, 피해아이 모두 우리 아이들이라는 생각을 갖고 학부모가 함께 해결해나가는 적극적 자세가 학교폭력을 해결하는 실마리가 될 수 있을 것이다.

학교폭력 문제는 교육적 방법으로 풀어가야 한다

학교폭력 사건이 생기면 가해자는 가해자대로, 피해자는 피해자대로 힘들다. 전학을 가려 해도 갈 수 있는 학교가 없어 학교를 못 다니는 일이 생기기도 한다. 피해를 당한 아이는 세상 밖으로 나가기 두려워 아예 집안에서 은둔생활을 하거나 심한 스트레스 때문에 정신과 치료를 받기도 한다.

학교폭력을 예방하기 위해 교육적 방법을 모색해야 한다. 학교마다 설치되어 있는 학교폭력자치위원회에서 학교폭력을 예방한다면서 학생들에게 '내 주위에서 친구나 나를 괴롭히는 아이, 괴롭히는 상황 등'을 적게 해 가장 이름이 많이 나온 아이를 불러 벌을 주는 어처구니없는 일이 일어나고 있다. 또 학교폭력을 예방한다면서 교문 앞에 커다란 현수막을 걸고, 많은 예산을 들여 감시 카메라를 설치하기도 한다. 스쿨폴리스나 학부모들이 매일 학교에 나와 쉬는 시간과 점심시간에 순찰을 도는 학부모상주단 등을 운영하기도 한다.

아이들을 잠재적 범죄자로 간주하고서 감시하여 적발해내겠다는 방법으로 학교폭력을 줄일 수 있을까? 인권단체를 중심으로 마음 열기 같은 심성교육, 인권교육, 또래상담 등 좋은 프로그램을 여는 곳이 많이 생겼다. 학교에서도 인권단체에 도움을 청해 아이들과 교사들이 함께 교육을 받거나 아이들이 참여할 프로그램을 연결하는 등 교육적인 방법을 제시해주어야 한다. 다양한 놀이 프로그램, 영화보기, 관련 책읽기, 캠프를 병행하면서 선도하는 것이 필요하다. 다양한 봉사활동도 방법 중 하나다.

심각한 학교폭력으로 아이가 학교가기를 거부할 때

얼마 전 한 학부모가 한숨을 푹 쉬며 전화를 했다. 중학교 2학년인 아이가 학교에서 심하게 맞고 나서 학교에 가기 싫다고 한다는 것이다. 학교를 안 가면 어떻게 하냐고 다독이고 다그치고 설득해도 소용이 없고, 학교에 가지 않은 지도 한 달이 되어간다며 학교에 안 가면 어떻게 되는지 물어왔다. 이처럼 학교생활이 아이와 맞지 않아 더 이상 학교 다니기가 어려울 때 학부모는 난감하기 이를 데 없다. 학교를 그만둔다면 불이익이 생기지나 않을까 노심초사하게 되고, 나중에 커서도 학교 졸업장 때문에 마음고생 하게 될까 걱정스러워 아이를 다시 학교에 보내보려 갖은 애를 쓰기도 한다.

정 아이가 학교 가기를 거부할 때는 학교를 졸업하는 것보다 심리적, 신체적으로 고통스러워하는 것에 초점을 맞추어 고민해야 한다. 더구나 학교폭력 사건이 발생하여 심각한 피해를 입은 아이가 학교를 두려워하면 가장 먼저 치료에 중점을 두는 것이 순서다. 다음으로 학교와 상의해볼 것을 권한다. 이때 학교에 적응하지 못하거나 다닐 수 없는 상황에 놓여 있는 아이들을 위해 예외규정이 있다는 사실을 알아두면 도움이 된다. 초중등교육법 14조는 '질병 등 부득이한 사유로 인하여 취학이 불가능한 의무교육 대상자는 대통령령이 정하는 바에 의하여 취학의무를 면제하거나 유예할 수 있다'고 명시하고 있다. 학교 가기를 거부하는 아이의 학부모가 학교장에게 면제나 유예신청서를 내면 학교장이 결정한다.

학교에 입학하고 난 후에 유예신청을 하거나 정당한 사유 없이 3개월 이상 장기 결석을 하게 되는 경우 '정원외 관리대상'이 되어 검정고시를 볼 수 있는 자격이 주어지므로(초·중등교육법시행령 제29조) 원할 경우에는 학교를 벗어날 수 있는 길은 열려 있다. 정원외 관리제도는 예전의 가제적에 해당하는 제도로 이해되고 있다. 참고로 부산시 교육청의 취학의무 면제 기준에 따르면 초등학생의 경우 정원외 관리를 결정한 날부터 21개월이 지나면 취학의무가 면제된다. 중학생의 경우는 9개월이다.

상급학교 진학이나 어떤 필요로 학력인정을 받아야 할 경우 현재 초중등교육법 상으로 검정고시를 통해 학력인정을 받을 수 있다. 초졸 학력인정 검정고시는 연 1회, 중졸 및 고졸 학력인정 검정고시는 연 2회 시험이 있고, 시험은 각 시도 교육청에서 관할한다. 거주 지역 교육청 홈페이지에서 시험 일정을 확인하면 된다.

학교폭력예방및대책에관한법률과 동 법률 시행령에서는 학교폭력 피해학생의 보호, 가해학생의 선도·교육 및 피해학생과 가해학생 사이의 분쟁조정에 관한 제반 사항을 규정하고 있다.

제 12조(학교폭력대책자치위원회의 설치 기능)

① 학교폭력의 예방 및 대책에 관련된 사항을 심의하기 위하여 학교에 학교폭력대책자치위원회(이하 "자치위원회"라 한다)를 둔다.

② 자치위원회는 학교폭력의 예방 및 대책 등을 위하여 다음 각 호의 사항을 심의한다.

1. 학교폭력의 예방 및 대책을 위한 학교의 체제 구축
2. 피해학생의 보호
3. 가해학생에 대한 선도 및 징계
4. 피해학생과 가해학생 간의 분쟁조정
5. 그 밖에 대통령령으로 정하는 사항

③ 자치위원회의 설치 운영 등에 필요한 사항은 지역 및 학교의 규모 등을 고려하여 대통령령으로 정한다.

제 16조(피해학생의 보호)

① 자치위원회는 피해학생의 보호를 위해 필요하다고 인정하는 때에는 피해 학생에 대해 다음의 조치를 학교의 장에게 요청할 수 있다. 다만, 학교의 장은 피해 학생의 보호를 위해 긴급하다고 인정할 경우 자치위원회의 요청 전에 심리상담 및 조언, 일시보호 및 그 밖에 피해 학생의 보호를 위해 필요한 조치를 할 수 있고, 이 경우 자치위원회에 즉시 보고해야 한다

1. 심리상담 및 조언 2. 일시보호 3. 치료를 위한 요양 4. 전학 권고 5. 그 밖에 피해 학생의 보호를 위해 필요한 조치

제 17조(가해학생에 대한 조치)

① 자치위원회는 피해학생의 보호와 가해학생의 선도·교육을 위해 필요하다고 인정하는 때에는 가해학생에 대해 다음의 어느 하나에 해당하는 조치(몇 개의 조치를 병과하는 경우를 포함) 할 것을 학교의 장에게 요청할 수 있다. 다만, 퇴학처분은 의무교육 과정에 있는 가해학생에 대해서는 적용하지 않는다

1. 피해 학생에 대한 서면 사과
2. 피해 학생에 대한 접촉 및 협박의 금지
3. 학급 교체 4. 전학
5. 학교에서의 봉사 6. 사회봉사
7. 학교 안팎의 전문가에 의한 특별교육 이수 또는 심리치료
8. 10일 이내의 출석 정지
9. 퇴학처분

제 18조(분쟁 조정)

① 자치위원회는 학교폭력과 관련하여 분쟁이 있는 경우에는 그 분쟁을 조정할 수 있다.

② 제1항에 따른 조정기간은 1개월을 넘지 못한다.

③ 학교폭력과 관련한 분쟁조정에는 다음 각 호의 사항을 포함한다.

1. 피해학생과 가해학생 간 또는 그 보호자 간의 손해배상에 관련된 합의조정
2. 그 밖에 자치위원회가 필요하다고 인정하는 사항

④ 자치위원회는 분쟁조정을 위하여 필요하다고 인정하는 때에는 관계 기관의 협조를 얻어 학교폭력과 관련한 사항을 조사할 수 있다.

⑤ 자치위원회가 분쟁조정을 하고자 할 때는 이를 피해학생, 가해학생 및 그 보호자에게 통보하여야 한다.

⑥ 시도 교육청 관할 구역 안의 소속 학교가 다른 학생 간에 분쟁이 있는 경우에는 교육감이 해당 학교의 자치위원회위원장과 협의를 거쳐 직접 쿵쟁을 조정한다. 이 경우 제2항부터 제5항까지 규정을 준용한다.

⑦ 관할 구역을 달리하는 시도 교육청 소속 학교의 학생 간에 분쟁이 있는 경우에는 피해학생을 감독하는 교육감이 가해학생을 감독하는 교육감 및 관련 해당 학교의 자치위원회위원장과의 협의를 거쳐 직접 분쟁을 조정한다. 이 경우 제2항부터 제5항까지의 규정을 준용한다.

중학생 학부모다. 친구가 우리 아이에게 주먹다짐을 해 코뼈가 부러지는 사고가 있었다.
수업시간에 감정이 상한 아이들끼리 말싸움을 하고 쉬는 시간에 옆에 있던 친구가
갑자기 우리 아이를 때려 코뼈가 부러져 수술을 받았다. 아이가 다친 것만으로도 속상한데
학교에서는 아이들끼리 싸운 것이니 문제 삼지 말자고 한다. 학교에서 폭력사건이
발생했는데도 선생님들은 적극적으로 대처하지 않고 상대 학부모도 치료비를 배상해주지
않겠다고 버티고 있다. 학교 측 처사가 부당하다고 생각하는데 어떻게 하면 좋을까?

아이가 작년 초등 6학년 때 친구들과 심하게 싸워 많이 다친 적이 있다. 그때는 아이
치료에만 신경을 쓰느라 몰랐는데 졸업을 바로 앞두고 학교안전공제회가 있다는 것을 알게
되었다. 2월에 안전공제회에 장애진단서까지 첨부해 서류를 제출했다. 3개월이 넘었는데
아무 소식이 없다. 더구나 아이가 다녔던 초등학교 교장, 교감선생님이 모두 다른 학교로
가버렸고 가해학생도 졸업해서 다른 중학교에 가 있는 상태다. 일 년 전에 있었던 사고에
대해 가해자 부모와 안전공제회에 피해보상을 받을 수 있는지 궁금하다.

아이가 학교에서 얼굴을 심하게 다쳐 왔다. 같은 반 친구와 비밀 얘기를 한다며
장소를 찾다가 학교 담벼락 아래 후미진 곳을 발견하고 그곳에서 이야기를 나누고 나오다가
학교 담벼락 아래 삐죽이 나와 있는 철근에 얼굴을 긁혔다. 철근에 얼굴이 심하게 패인
상태여서 병원에 입원도 해야 하고 몇 번 성형수술까지 해야 한다는 진단이 나왔다.
아이가 부주의한 면도 있었지만 학교가 안전사고에 대비하지 않은 잘못도 있는 것 같다.
우리집 형편에 병원비나 성형수술비가 너무나도 부담스러운데 이런 경우 학교에서
병원비를 지원해주는지 알고 싶다.

우리 아이가
학교에서 다쳤어요

학교는 아이들을 보호할 의무가 있다

한가한 토요일 오전에 갑자기 전화벨이 울렸다. 아이 학교 담임선생님이셨다. "○○이가 지금 손가락을 좀 다쳤어요. 칼에 베었는데 보건실에서 응급조치를 하긴 했지만 병원에 가야할 것 같아서요. 지금 집에 보냈으니까 병원에 다녀오세요." 너무 놀라 학교로 달려가는 길에 아이를 만났다. 오른쪽 네 번째 손가락에 붕대가 감겨 있었고 나를 보자 엉엉 울었다. 허둥지둥 우선 동네 정형외과로 갔더니 상처가 깊어 간단하게나마 수술을 해야 한다고 했다. 수술을 마치고 병원비를 정산하고 나오니 한시름 놓으면서 그제서야 어쩌다 다친 건가 알아봐야겠다는 생각이 들었다. 선생님에게도 전화를 해보고 아이에게도 물어보니 뒷자리에 있는 친구가 다른 친구에게 칼을 빌려주면서 칼싸움을 하자고 하더란다. 가운데 있던 우리 아이가 그러지 말라고 손을 뻗어 말리다가 그만 칼에 베인 것이었다. 다행히 큰 사고는 아니었고 아이도 친구에게 사과를 받는 정도로 마무리했다.

학교에 잘 다녀오겠다고 집을 나선 아이가 다쳤다고 갑자기 학교에서 전화가 오면 대부분의 학부모는 크게 놀라 허둥지둥 학교로 달려간다. 우선 아이가 얼마나 다쳤나 파악하고 병원에 가서 조치하는 일이 급선무다. 응급치료를 하고 한숨을 돌리고 나면 어떻게 된 거냐고 아이를 다그치게 된다. 아이가 학교에서 사고에 휘말린 게 속상하고 일이 이렇게 일어나도록 학교는 무엇을 한 건지 화가 치밀어 오른다.

우리나라는 중학교 과정까지 의무교육 기간으로 정하고 있다. 따라서 학교는 학생들을 안전하게 교육시켜야 할 책임이 있다. 학교 학생 수가 많다면 더더욱 안전에 대비해야 한다. "아이들이 많아 어쩔 수 없다"거나 "요즘 아이들이 보통 별나냐. 도대체 통제가 안 된다"는 말로 책임을 면할 수는 없다. 학부모로서는 학교를 믿을 수밖에 없고, 학교의 안전의무는 아무리 강조해도 지나치지 않다.

활동성이 강한 아동기와 청소년기 학생들의 학교생활은 아무래도 사고의 위험을 동반할 수밖에 없다. 그렇기 때문에 학교에서는 안전을 위한 예방교육도 해야겠지만 불가피하게 벌어진 사고에 대해서는 적극 책임지고 보상해야 한다. 그러나 사고의 정도에 따라서 학생과 학부모, 교사가 갈등과 대립으로 번지는 사례도 많다. 학교가 아이들의 사건이나 사고에 대응할 때 제대로 문제를 해결하기보다는 아이를 면박주고 모두 아이 잘못으로 몰아가면서 학교는 아무 잘못이 없다며 발뺌하는 경우도 많다. 아이가 다친 것도 속상한 일인데 이러면 더 속이 상한다. 학부모가 미리 알아두면 억울한 일을 당하지 않을 수 있다.

학교에는 안전공제회가 있다

아이들은 언제 어디서든 놀다가도 다치고 장난치거나 싸우다가 다치기도 한다. 학교라고 예외일 수는 없다. 학교 시설물 때문에 사고를 당하기도 하고 실험이나 체육활동을 하면서 다칠 수도 있다. 이럴 때 병원치료에 들어가는 비용을 학부모가 온전히 부담하면 왠지 억울한 기분이 든다. 믿고 보낸 학교인데 학교는 나 몰라라 하고, 어디다 따지기도 뭣하기만 하다. 그렇다고 그냥 다 떠안자니 부담도 되고 억울한 느낌도 든다.

이를 위해 마련된 대책이 있다. 바로 학교에서 일어나는 아이들의 안전사고를 대비해 마련된 '학교안전공제회'다. 안전공제회는 1987년 서울을 시작으로 16개 시·도에서 시행되다가 2007년 9월부터 교육활동 중에 일어나는 모든 사고로 보상범위를 넓혀 '학교 안전사고 예방 및 대책에 관한 법률'이 제정되면서 전국으로 확대되었다. 안전공제회는 "학교 안전사고를 예방하고, 학생·교직원 및 교육활동 참여자가 학교 안전사고로 인하여 입은 피해를 신속·적정하게 보상하기 위한 학교 안전사고 보상공제 사업의 실시에 관하여 필요한 사항을 규정"하고 있다. 그러나 학부모들은 학교안전공제회가 있다는 것을 모르고, 학교에서 아이가 다쳐도 치료비를 학부모 개인이 부담하는 경우가 많다.

학교는 학생들의 교육활동 중에 일어나는 사고에 대비해 일종의 보험인 학교안전공제회에 의무적으로 가입하도록 되어 있다. '학교 안전사고 예방 및 보상에 관한 법률(일부 개정 2007.4.11 법률 제8366호)' 11조에서는 "교육감은 학교 안전사고로 인하여 생명·신체에 피해를 입은 학생·교직원 및 교육활동 참여자에 대한 보상을 하기 위하여 학교 안전사고 보상공제(학교

안전공제) 사업을 실시한다."고 명시되어 있고, 학교는 학교예산으로 안전공제 회비를 해마다 내고 있다.

학교안전공제회는 2007년 9월 새로 제정된 법률에 따라 학교 안전사고에 대한 예방과 보상을 사회보험 수준으로 전환했다. 보상 범위도 학교 안팎의 교육활동 중에 일어나는 모든 사고로 확대되고, 보상 기준도 전국의 모든 학교가 동일하게 적용된다. 요양급여, 장해급여, 유족급여, 간병급여, 장의비가 지원되며, 교직원 등이 학교 안전사고와 관련하여 비용을 지출한 경우 이를 보전해준다. 공제급여를 받을 수 있는 사고는 등·하교 중 발생한 사고, 급식 관련 사고, 학교폭력 사고(국민건강보험법의 범위), 천재지변에 의한 사고, 학교 안전사고가 원인인 자해·자살 사고 등이다.

사고가 나고 바로 증상이 나타나지 않아 보상신청을 하지 않았다 하더라도 이로 인한 피해라는 사실을 3년 이내에 알았으면 공제회에 보상신청을 할 수 있다. 졸업, 전학 같은 이유로 소속이 바뀌었다 하더라도 수급권이 보장된다.

학교폭력으로 다칠 수도 있다

아이가 학교에서 다치는 경우는 흔히 일어난다. 수업 중이거나 쉬는 시간일 때도 안전사고가 날 수 있지만 친구끼리 싸우다가 다치기도 한다. 언젠가 아이 학교 교무실에서 선생님을 잠깐 만나고 있는 중에 복도에서 우당탕탕 하며 웅성거리는 소리가 나기에 나가보니 "야! 너, 피 나!" "엄마!" 하며 아이들끼리 난리가 났고 복도는 순식간에 아수라장이 되었다. 선생님이 상황을 정리하고 주먹다짐을 한 아이 둘은 교무실로 데리고 가고 나머지 아이들은 교실로 돌려보냈다.

교무실에 들어온 아이들은 얼굴과 손에 피가 엉겨 붙어 있었고 아직도 가쁜 숨을 몰아쉬며 화가 가라앉지 않아 보였다. 잠시 기다린 후에 싸운 까닭을 물어보니 "얘가 재수 없게 굴잖아요. 그래서…." 했다. 그저 자기 기분을 상하게 했다고 친구 얼굴에 주먹을 날리는 아이들을 그저 놀란 눈으로 쳐다보고 있을 수밖에 없었다.

감정을 조절하기 힘든 요즘 아이들은 '재수 없어서' 싸우고, '기분 나빠' 싸우고, '괜히 쳐다봤다고' 싸운다. 설마 우리 아이한테 무슨 일이 있겠냐 싶지만 내 아이도 학교에서 폭력 사건에 노출될 수 있다. 만약 아이가 폭력 사건에 휘말렸다면 학교나 학부모는 때린 아이나 피해를 당한 아이 모두 보호하는 것이 우선이다. 자칫 아이들 싸움이 어른 싸움으로 번져 애초에 생긴 문제보다 커지는 경우도 허다하기 때문이다.

아이가 학교폭력으로 다쳤을 때, 치료가 급한 상황이면 먼저 병원치료를 받고, 그 다음에 사건이 일어난 상황을 객관적으로 파악해야 한다. 사건의 정도에 따라 서로 사과하고 넘어갈 수 있으면 다행이지만 신체적으로 상해를 입었다면 학교안전공제회 보상신청과 함께 '학교폭력자치위원회'에서 다루도록 해야 한다. '학교폭력자치위원회'는 법률에 의해 피해학생을 심리상담, 요양, 일시 보호, 전학, 학급 교체 같은 방법으로 보호하고, 가해학생에게 필요한 조치(피해학생에 대한 서면 사과, 피해학생에 대한 접촉 및 협박의 금지, 학급 교체, 전학, 교내봉사, 사회봉사, 학내외 전문가에 의한 특별교육 이수 또는 심리치료, 10일 이내의 출석정지, 퇴학 처분)를 하도록 하고 있다.('학교폭력의 예방 및 대책에 관한 법률', 2008)

학교폭력이 점점 심해지고 있지만 정작 이 문제를 풀기 위한 노력은 학교 안에 감시카메라를 설치하거나 '학교경찰(School Police)'을 두는 것 외에는 없는 실정이다. 법을 만들어 징계하고 감시하는 것만으로는 학교폭력을 없앨 수 없다. 전문상담원과 이야기를 나눌 수 있고 아이들이 쉴 수 있는 학교환경에 대한 관심이 높아져야 한다. '경쟁만이 살 길'이라고 외치며 아이들을 시험지옥 안에 가둬두고, 아동기와 청소년기에 누려야 할 삶을 입시경쟁에 저당 잡히는 상황을 개선하지 않는다면 삭막해지고 거칠어진 아이들의 정서를 치유할 수가 없다. 또 아이들을 제대로 돌보지 못할 만큼 파탄 지경에 이른 가정이 점점 늘어나고, 아이들이 안고 있는 문제를 그냥 방치해 두는 한, 벼랑 끝으로 내몰린 아이들이 폭력의 가해자 또는 피해자가 될 가능성도 높다. 아이들을 둘러싼 교육환경과 사회적 문제를 개선하지 못한다면 내 아이와 우리 아이 모두에게 상처로 남는 학교폭력을 예방하기 어렵다.

이럴 때 학교안전공제회 보상을 받을 수 있다

아이들끼리 학교 안에서 다투다 다친 경우 학교안전공제회는 가해자가 명백한 경우에는 보상하지 않는다. 이때 상대 학생의 행위가 고의과실임을 입증할 수 있다면 가해학생 부모를 대상으로 피해보상 및 위자료 청구소송을 할 수 있다.

학교시설물 때문에 다쳤을 경우 교육활동 중이 아니어도 학교시설물 때문에 다쳤을 경우 안전공제회에서 보상을 받을 수 있다. 시행령 9조에 '학교시설에 대한 안전점검 등 법 제6조 1항에 따라 학교장 등은 다음 각 호의 학교시설과 장소에 대한 안전 여부, 정리정돈 및 청결 상태를 점검하여야 한다.

1. 소방시설 및 화재대피시설 2. 비상탈출구 3. 운동장 4. 놀이시설 5. 실험실습시설 6. 체육시설 7. 교실(출입문 포함) 복도, 난간, 계단, 현관, 교군 8. 그밖에 안전점검을 위하여 필요하다고 인정하는 시설'이라고 명시하고 있다.

학부모도 안전공제를 받을 수 있다

얼마 전. 학교에서 소방훈련을 하던 학부모가 사다리차 위에서 추락해 사망한 사건이 있었다. 이렇게 학교에서 교육활동을 하던 중에 생긴 사고라면 학부모도 당연히 안전공제를 받을 수 있다. 단, 학교장의 승인 또는 학교장의 요청에 따라 교직원의 교육활동을 보조하거나 학생 또는 교직원과 함께 교육활동을 할 때에 한한다고 규정하고 있다.

아이가 학교에서 다쳤다는 연락을 받으면

아이가 학교에서 다쳤다는 연락을 받으면 부모는 당황하고 놀란다. 놀란 나머지 무슨 일이 일어났는지 상황을 정확하게 알아봐야 한다는 사실을 잊어버리거나 사건을 정확하게 판단해야 할 시점을 놓쳐버리기 쉽다. 사건이나 사고가 일어난 상황은 시간이 지나면 사실 여부를 가리기가 어려워진다. 급하게 처리해야 할 상황이 수습되면 아이가 다친 시간, 사고가 일어난 정황 등을 여러 사람들에게 자세하게 들어보고 꼼꼼하게 기록해 놓아야 한다. 간혹 사건이 왜곡되었을 경우 억울함이 없도록 사진을 촬영해두거나 여러 사람의 증언을 녹취해두는 것이 좋다.

병원치료를 받아야 한다면 병원치료 후 후유증에 관한 것도 꼼꼼히 물어보고 자료를 준비해두어야 한다. 당장 증상이 나타나지 않더라도 3년 이내에 보상신청을 할 수 있기 때문이다. 아이가 다른 학교로 전학 가거나 졸업했다 하더라도 보상은 가능하다.

학교안전공제회에 보상신청을 했을 경우 특별한 사유가 없다면 14일 이내에 보상금 지급 여부가 결정되어 신청인에게 통보하게 되어 있다. 이때 공제회가 보상하는 치료비는 보험이 적용되었을 경우 본인 부담금만 보상되므로 실제 치료비와 차이가 날 수 있다. 각 사안별로 적용 범위가 다르니 보상액도 각각 다르다. 또 치료비로 지급되는 액수가 터무니없이 낮을 때는 재심사 청구를 할 수 있는데, 급여액 결정서를 받은 날로부터 90일 이내에 재심사를 청구해야 한다.

학교 안전사고로 인한 보상문제에 대해 교사들도 대부분 잘 모르는 경우가 많다. 2007년 9월에야 법이 제정되고 학교안전공제회를 통한 보상이 가능해졌기 때문이다. 법이 제정되기 전까지는 학교에서 사고가 생기면 학부모들에게 책임을 떠넘기고 합의를 종용해온 관행 탓에 여전히 주먹구구식으로 학부모들 간의 문제로 넘기고 있다. 학부모가 학교안전공제회법에 대해 미리 공부하고 보상신청을 요구해야 한다. 이때 보상신청 시 필요한 의사소견서, 진단서 등도 준비해두는 것이 좋다. 담임교사가 보상을 신청해야 하므로 담임교사에게 신청했는지 확인하고, 직접 학교안전공제회에 상담을 하는 것도 필요하다. 사고 상황과 진단결과를 볼 때 어느 정도 보상이 가능한지 정보를 얻을 수 있다. 보상신청을 하면 공제회에서는 심사 후 14일 이내에 본인에게 통보하도록 되어 있다.

학교 안전사고 예방 및 대책에 관한 법률

구분	법률 시행 이전	법률 시행 이후
학교안전 공제회 가입	유치원, 초·중·고, 평생교육시설 외국인학교(가입 대상 제외)	유치원 및 초·중·고, 평생교육시설(의무 가입)
급여지급범위 확대 및 급여 기준	시·도 학교안전공제회 별로 상이	학교 안팎의 교육활동 중에 일어나는 모든 사고로 보상 범위 확대 보상 기준 전국 통일화
가입대상자	학생	학생, 교직원 및 교육활동 참여자
급여종류 확대	요양급여, 장해급여, 유족급여	요양급여, 장해급여, 유족급여, 간병급여, 장의비 교직원 등이 학교 안전사고와 관련하여 비용 지출한 경우 이를 보전
보상대상 확대	공제급여 지급 대상 제외 · 등·하교시간 중 사고 · 위탁급식에 의한 사고 · 가해자가 있는 사고 · 천재지변에 의한 사고 · 자해·자살	공제급여 지급 대상 · 등·하교 중 발생한 사고 · 급식 관련 사고 · 학교 폭력사고(국민건강보험법의 범위) · 천재지변에 의한 사고 · 학교 안전사고가 원인인 자해·자살사고 등 포함
법인의 종류	민법에 의한 사단법인	제정 법률에 의한 특수법인
사고발생 통지의 기한	시·도 학교안전공제회별로 상이	사고발생 시 지체 없이 통지(의무사항)

출처 : 참교육학부모회 학교안전공제회 자료

학교에서 돌아온 아이가 학교급식에서 철수세미가 나왔다며 뱃속이 이상하다고 했다.
아이에게 이것저것 물어보니 머리카락도 나오고 숟가락이 닦이지 않은 것도
있었다고 한다. 그렇지 않아도 뉴스 보도에서 식재료를 속이거나 식중독 사고 소식을
접할 때마다 불안한 마음이 들었다. 아이 학교급식실에서 어떤 식재료를
쓰는지 가서 확인해볼 생각도 하지 못했다. 집에서는 건강을 생각해서
유기농 제품이나 친환경 물품을 주로 쓰고 있는데 학교급식에서는
수입산 재료도 많이 쓴다는 이야기를 듣고 너무 불안하다.
광우병 쇠고기가 급식에 사용될 수도 있을 테니 말이다.
나뿐만이 아니라 주변 엄마들도 급식에 대해 불안해하기는 마찬가지다.
학교급식에 대해 건의할 수 있는 방법을 알려달라.

아이가 올해 중학교에 입학했다. 그런데 학교급식에 대한 불만이 이만저만이 아니다.
아이는 맛이 너무 없는 것에 불만이 크다. 그래서 식단표를 보았더니
거의 매일 튀기고 볶은 반찬으로만 짜여 있다. 학교급식은 영양소를 골고루 배치하여
아이들이 건강하게 자랄 수 있도록 해야 할 텐데 이래서야 되겠는가.
초등학교 때는 나물도 나오고 야채도 섞여 나와 아이들이 먹기 싫다고 했지만
건강을 생각해서 먹도록 다독였다. 그런데 중학교에서는 소시지, 고기 반찬이
너무 많이 나온다. 학교에 전화를 걸어 물어보니 학교에서 직접
급식실을 운영하는 것이 아니라 업체에 운영을 맡겨 잘 모르겠다고만 한다.
안 그래도 여드름이 나기 시작한 아이 얼굴에 여드름도 심해지고 있고
이러다 건강에 문제가 생기는 것은 아닌가 걱정된다.
고기 반찬이 많이 나온다면 분명 값싼 고기를 사용할 수밖에 없을 텐데
수입고기를 주로 사용하는 것이 아닐까 의심스럽다.
이럴 때 학부모인 내가 할 수 있는 일은 없는지 궁금하다.

안전한 학교급식,
아이들 건강의 보루

불안한 학교급식

학교에서 돌아온 작은 아이가 컴퓨터 게임에 열중하더니 갑자기 욱~하고 화장실로 달려갔다. 무슨 일인가 싶어 따라가 보니 구토를 하고 있었다. 등을 두드려주며 "점심에 뭘 먹었기에 그래. 꼭꼭 씹어 먹지 않구." 하며 달래보았다. 저녁상을 차릴 즈음이 되자 아이는 분수를 뿜듯 구토를 했고 밤새 고통스러워했다. 다음 날 날이 밝자마자 병원으로 달려갔다. 이미 병원은 만원이었다. 순간 어제 점심 학교급식에 무슨 문제가 있었던 게 아닐까 싶었다. 아이를 병원에 두고 학교로 달려갔다. 학교 1층 복도에는 화장실에 가려는 아이들과 보건실에서 차례를 기다리는 아이들로 북적였고, 1학년 교실에서는 책상 위에서 토하는 아이들도 보였다. 교장실로 달려가 어제 급식이 문제가 있는 것 같은데 토하는 아이들을 보고도 의심하지 않았느냐고 따져 물었다. 교장선생님은 "난 아무렇지 않은데…"라며 얼버무리기에, 동네병원에 아이들로 꽉 차 있는 걸 보면 결석한 학생도 꽤 될 거라며 빨리 신고하시라고 재촉했다. 병원으로 다시 돌아와 진료실에 들어가니 의사선생님이 보건소에 연락을 해야 하는 사안이라고 했다. 말로만 듣던 '식중독' 사고였다.

아이 학교의 식중독 사고는 원인불명으로 나왔다. 학교에서는 날마다 급식으로 나온 음식을 작은 보존용기에 넣어 72시간 보관하도록 하고 있는데, 사고가 나면 보존식을 검사해서 원인을 밝힌다고 한다.* 아이가 그날 먹었다는 부대찌개에 들어간 햄과 소시지가 의심스러웠지만 원인을 밝히지 못하고 식중독 사고는 잊혀졌다.

초·중·고에 다니는 760만 명의 학생들이 12년 동안 하루 한 끼씩 먹고 있는 학교급식에 들어가는 경비는 연간 4조 원이 넘는다. 이중 학부모가 71.1%를 부담하고 있다. 전체 경비 중 식품비 61%, 인건비 24.4%, 시설개선비 6.9%를 차지한다. 학부모가 부담하는 하루 한 끼 급식비는 초등학생은 1,700원, 중·고생은 2,500원 가량으로 나타났다. 학교급식은 두말할 것도 없이 아이들 영양과 건강, 식습관의 균형을 위해 국가에서 정책적으로 시행하는 교육의 중요한 한 부분이다. 그런데도 학교에서는 빈번하게 식중독 사고가 일어나고 있고 학교급식의 안전을 위협하고 있다. 대책을 마련한다고 하면서도 되풀이해 사고가 일어나는 근본 원인은 무엇일까.

직영급식 VS 위탁급식

아침 7시 40분, 서둘러 준비를 마치고 아이

---

* 식품위생법 시행규칙에 의해 −18℃에서 72시간(3일) 보관하게 되어 있었지만 2009년 7월부터 식품위생법이 개정되어 144시간(6일) 보관하도록 하고 있다. 냉동고 시설이 부족한 학교는 지방자치단체의 식품진흥기금 지원을 요청하거나 교육청 지원을 요청할 수 있다.

학교로 향한다. 건물 1층 끝에 영양사가 있는 방문을 열고 들어가면 책상 위에 앞치마와 머리수건, 장갑이 가지런히 놓여 있다. 준비를 마치고는 조리실 안으로 들어서기 전 소독발판에 신발을 소독하고 조리 준비하는 곳(전처리실)으로 간다. 영양사와 함께 야채, 육류, 생선, 가공식품을 주문한 주문표를 들고 식재료 업체들이 내려놓는 물건을 꼼꼼히 확인한다. 중량, 유통기한, 원산지, 온도, 신선도를 확인하면 8시 20분쯤 된다. 김치는 도착 시간이 늦기 때문에 점심시간에 검식하러 가는 길에 확인한다. 점심시간에는 조리실에서 조리된 음식을 먹어보고 모니터 용지에 기록한다. 조리방법, 맛, 온도, 색에 대한 개선점이나 문의사항을 적어 학교급식 소위원회에서 검토하게 한다.

아이 학교에서는 이렇게 매일 아침 학부모 두 명이 급식에 공급되는 식재료를 검수하고 있다. '급식재료검수단'이라는 이름이 붙여진 활동에는 90여 명의 학부모가 참여하는데, 일 년에 서너 차례 당번이 돌아온다. 식재료를 직접 확인하고 4교시에 교실 앞에 배식차를 옮겨다 놓고 식당에서 조리된 음식을 먹어보는 활동인데, 학부모들은 학교급식을 직접 먹어보면서 위생과 안전상태를 확인할 수 있다. 작은아이가 다니는 학교는 학교에서 직접 급식실을 운영하고 있다.

반면 큰아이가 다니는 학교는 급식실이 없어 외부업체에 맡기고 있다. 지방자치단체에서 예산을 2년에 걸쳐 지원해주는 바람에 급식실을 짓지 못하고 준비만 하고 있다는 학교 측 설명에 학부모들의 원성이 자자한 상태다. 아이들은 외부에서 조리된 것을 도시락 상태로 받아먹는다. 4교시가 시작될 때 외부업체가 학교 중앙현관에다 상자에 담긴 도시락을 내려놓고 가면 종이 치자마자 아이들이 도시락을 들고 와 교실에서 먹는다. 중

학교 때는 직영급식으로 따뜻한 밥을 먹었던 아이는 차게 식은 밥과 반찬을 먹는 것이 싫다고 했다. 때로는 선생님 눈치를 피해 학교 밖 분식집에서 라면과 김밥으로 점심을 먹기도 한다. 이처럼 대부분의 학교는 위에서 얘기한 직영이나 위탁으로 학교급식을 하고 있다.

탈 많은 위탁급식 이대로 좋은가

2008년 기준으로 초·중·고 위탁급식 비율은 서울 46.7%, 부산 23%, 다른 광역 지방자치단체는 10% 안팎이고, 전국적으로는 11.5%인 1,279개 학교가 위탁급식으로 운영되고 있다. 위탁급식은 학교에 급식실이 없어 외부에서 도시락을 받아 점심으로 먹는 형태, 식단과 식재료 구매는 학교가 하고 조리만 외부업체에 맡기는 형태, 학교급식실 운영을 외부업체에 맡기는 형태를 말한다. 이에 비해 직영급식은 학교에서 직접 운영하는 형태로 전국의 88.5%, 9,827개 학교가 직영급식으로 운영되고 있다.

2006년 6월에 일어난 대규모 학교급식 식중독 사고는 우리에게 심각한 충격을 주었다. 수도권지역 위탁급식 46개 학교에서 3,613명의 학생들이 식중독에 노출되었고 해당업체에서 급식을 공급받던 91개 학교 9만 명의 급식이 중단되어 아이들은 도시락을 싸서 학교에 가야 했다.

위탁으로 학교급식을 해오던 학교에서 식중독 사고가 자주 일어나고 있다. 지난 8년 동안 위탁급식에서 일어난 식중독 사고는 직영급식보다 5.3배나 높은 것으로 나타났다. 이윤을 남기지 않는 직영급식에 비해 위탁급식업체는 영리를 추구하는 구조이기 때문에 나타나는 결과이다. 이익을 남겨야 하니 재료비 비율이 89%나 되는 직영급식에 비해 식재료비 비율도

64%에 불과하다. 수입농산물을 많이 쓰는 것은 말할 것도 없고 수입쇠고기도 직영급식의 20배를 사용하고 있다.

2006년의 대규모 식중독 사고는 학교급식의 안전이 얼마나 중요한지 일깨워주었고 그해 7월, 학교급식법 개정의 계기가 되었다. 2010년 1월까지 모든 학교 급식은 직영으로 운영하는 것을 원칙으로 정했다. 학교급식에서 위생과 안전을 최우선으로 고려해야 한다는 의미가 담긴 법개정이었다. 그러나 위탁급식업체의 반발과 위탁급식에 의존하던 학교장들의 무책임함이 직영급식 전환을 더디게 만들었다. 급기야 2007년, 국회의원 18명이 학교급식에서 학부모들의 선택권을 존중한다는 명분으로 '직영'과 '위탁' 중 하나를 선택하도록 한다는 학교급식법 개정안을 발의하였고 이에 편승해 직영급식 전환을 미루는 학교들이 속출하고 있다. 중·고등학교만 보면 위탁급식 비율이 85%나 되는 서울지역은 서울시교육청과 중등교장회에서 위탁급식의 직영 전환을 거부하고 있는 상태다.

2008년에는 학교에 위탁급식을 제공하는 한국급식협회에서 직영 전환을 원칙으로 한 개정 학교급식법이 직업의 자유와 평등권을 침해한다며 헌법소원을 청구하였으나 헌법재판소가 기각하는 일도 있었다. 이는 학교급식 정책이 국가의 주요한 교육정책임을 반영한 것이다. 한 국회의원의 조사통계를 보면 학부모들의 80.9%가 직영으로 전환해야 한다고 응답했다. 우리 사회의 미래를 책임질 아이들의 건강을 배려한 국가정책인 학교급식을 생각할 때, 국가와 지방자치단체는 우수한 농수산물을 사용할 수 있도록 지원하고, 학교는 직영급식을 실시해 식중독 사고의 위험에서 벗어나도록 하는 데 최선을 다하는 것이 마땅하다.

무상급식과 친환경 급식의 희망

얼마 전 경기도 교육위원회와 경기도 의회에서 무상급식 예산을 삭감한 것이 문제가 되고 있다. 내가 살고 있는 지역에서도 전교생이 300명 미만인 11개 학교의 무상급식 예산이 100% 삭감되었다. 경기도의 도서벽지, 농산어촌, 300명 이하 소규모 학교 학생들이 9월이면 마음 놓고 밥을 먹을 수 있다는 희망이 물거품이 되었다. 이미 2004년부터 경기도 과천시에서는 초등학생 전원, 성남시와 포천시에서는 51,160명에게 무상급식을 실시하고 있다. 경남교육청은 107개 학교에 95억, 충남교육청은 면 단위 이하 305개 학교에 129억 9500만 원의 예산을 지원하여 무상급식을 실시하고 있는 것과 비교해볼 때 경기도의 결정은 납득하기 어렵다. 경기도 의회는 무상급식 예산은 전액 삭감했지만 차상위 계층에 대한 지원은 10% 늘렸다고 생색을 낸다. 차상위 계층에 대한 지원은 차상위 계층을 판별하는 과정에서 아이들을 상처받게 하고, 아이들에게 눈칫밥을 먹게 만들고 있어 학교급식으로 인해 차별과 빈곤감, 불평등을 경험하게 한다는 지적을 받고 있다. 아이들 밥값 지원을 가난하니까 나라가 밥 먹여준다는 시혜적 의미로 접근하려는 의도가 보인다.(차상위 계층은 보건복지부장관이 고시한 최저생계비의 상위 120% 이내 가구로 2009년도 4인 가구의 경우 최저생계비 133만 원을 기준으로 할 때 월평균 가구소득 인정액이 159만 원 이하인 가구를 말한다.)

'의무교육은 무상으로 한다'는 헌법 조항은 우리나라 교육현실에서는 법조문에서만 빛을 발한다. 헌법 31조 3항에는 '의무교육제의 실효를 거두기 위하여 의무교육은 무상으로 한다'고 되어 있다. 이때 무상의 범위는 '국가는 재정이 허락하는 한 교과서와 기타 교재 그리고 급식까지도 무상으로 한다'는 의미로 해석할 수 있다.(취학필수무상설) 그러나 이는 먼 나라 이야기이다. 의무교육의 본래 의미는 무조건 학교교육을 받아야 한다는 뜻이 아니라 부모의 사회·경제적인 지위나 지역, 성별 등에 의해 차별받지 않고 교육받을 수 있는 기회를 보장한다는 의미다. 국가는 교육을 책임지고 국민 모두 자신의 능력과 적성을 최대한 발전시키고 공동체에 기여하도록 해야 한다.

그동안 아이들이 학교에서 먹는 밥 한 끼는 무상교육의 범주 안에 들어가지 못했다. 부모의 소득과 경제적 상황을 고려하여 저소득층 자녀 일부에 한해 급식비를 지원해주는 정도다. 부모가 급식 지원을 요청하려면 심사자료로 의료보험, 전기세 영수증을 내고 담임선생님을 만나 자신의 경제적 처지를 절박하게 털어놓아야 한다. 물론 그렇게 해도 급식비 지원을 받지 못하는 수도 많다. 아이들이 학급에서 누가 급식비를 지원받는지 다 알고 있어 지원받는 아이들은 친구들의 시선을 의식하지 않을 수 없다. 더욱이 식당이 별도로 있는 학교에서는 식당 입구에 기계를 설치해 학생증 바코드로 급식비를 낸 사람인지 아닌지 확인하기도 한다. 급식비를 내지 않은 학생은 입구에서 걸러져 밥도 먹지 못하게 되어 있다.

옛말에 밥은 하늘이라고 했다. 밥 한 끼만이라도 차별당하지 않고 부모의 경제적 지위에 따라 차별받지 않도록 해야 한다. 급식도 교육의 일부이고 배울 권리만큼 먹을 권리도 중요하다. 먹는 것으로 차별하지 않아야 한다. 저소득층 자녀들부터 시작해서 의무교육 대상자 전원이 학교에서 무상으로 밥을 먹도록 보장해주는 것이 진정한 교육복지의 출발점이다.

또한 학교급식의 질을 높이기 위한 노력이 병행되어야 한다. 빠른 시간

안에 많은 양을 조리해야 한다는 이유로 가공식품과 냉동식품을 많이 사용하거나 식중독 사고를 방지한다는 명목으로 조리고 튀기는 조리법을 선호한다. 급식의 질을 높이기 위해서는 가공식품과 화학첨가물로부터 안전하고 우수한 식재료를 사용하여야 한다. 우리 지역에서 생산된 먹을거리를 급식에 사용하여 농업의 중요성과 생명의 가치를 더불어 배우도록 하는 것이 학교급식이 추구해야 할 방향이다.

학교급식을 지원하기 위한 지방자치단체의 노력도 활발하게 이루어져야 한다. 현재 광역시·도에서 조례가 시행 중이며, 234개의 기초 시·군·구 중 170여 지역에서 조례가 제정 또는 개정되었다. 그중 27개 지방자치단체에서 국내산 우리 농산물 사용을 명시하였고, 102개 시·군·구에서 주민들이 참여하여 조례를 발의하였다. 학교급식을 지원하기 위해 지역마다 민·관이 함께 급식연대를 구성하여 친환경 식재료의 사용을 고민하거나 일부 지역에서 추진 중에 있고 교육청마다 시민단체가 참여하는 급식위생점검단을 구성하여 활동하고 있다. 지방자치단체는 저소득층 자녀와 농산어촌 학생, 특수교육 대상자들에 대한 급식비 지원 활동을 넘어서서 학교급식지원센터를 설치하여 지역에서 생산되는 친환경 식재료를 포함한 급식 전반에 관한 제도를 마련하고 학교급식의 안정성을 위한 지원을 아끼지 말아야 한다.

학부모가 참여하는 학교급식

집에서 밥상을 차리는 엄마는 맛과 영양도 중요하게 여기지만 무엇보다 안전한 먹을거리를 최우선으로 챙긴다. 하지만 아무리 가족밥상을 챙겨도 학교급식 사고가 생기면 불안한 마음을 가늠 길 없다. '학교에서 알아서 하겠지. 아이들 먹는 건데 설마 제대로 안 할까?' 설마설마 하지만 불안을 떨칠 수 없다. 식중독 사고를 비롯해 지금까지 노출된 문제점을 보완하는 가장 좋은 방법은 학부모들이 학교급식에 직접 참여하는 것이다.

학교급식 소위원회 활동에 참여해보자

사 례 차가운 바람을 맞으며 어두운 새벽길을 나섰다. 새벽 4시 30분. 컨테이너 건물이 있는 지역에 들어서자 멀리 불빛이 보이기 시작했다. 오늘은 급식 소위원 학부모위원 두 명이 아이 학교급식에 청과, 채소를 공급하는 업체를 불시에 방문하기로 한 날이다.

컨테이너 출입문을 열고 들어서자 업체 직원들이 가락동 농수산물 시장에서 실어온 재료들을 학교에 공급하는 차량 두 대에 나누어 싣고 있었다. 서너 명 가량의 직원들은 학부모들의 불시방문에 몹시 당황하며 어디론가 전화를 걸고, 위생복과 위생모를 입느라 정신이 없었다. 학교에서 급식재료를 검수할 때마다 포장된 재료들 앞면에 손글씨로 품목, 원산지, 중량이 적힌 스티커가 붙어 있는 것이 찜찜했었는데 이날 새벽, 원인을 확인할 수 있었다. 가락동 농수산물시장에서 사온 물건을 창고에서 종류별로 비닐에 옮겨 담고 이때 스티커에 중량, 원산지 등을 손으로 써서 비닐 포장 위에 붙이는 것이었다. 그러니 학교에서는 생산지에서 보낸 포장 상태를 확인할 방법이 없었다. 학교마다 주문하는 양이 많아 소량씩 분류하여 비닐에 생산지 표기를 할 수밖에 없다면 원산지는 어떻게 확인할지 걱정스러웠다. 채소도 원래 창고 바닥에 직접 놓아서는 안 되고, '파레트'라는 받침대 위에 놓아야 한다. 어떤 것은 맨바닥에 그냥 나뒹굴고 있었다. 아침마다 급식재료를 검수하며 식재료 상태를 살펴본다고 애썼지만 공급업체를 방문해보니 설명회에서 번드르하게 소개한 것과는 다른 실상을 엿볼 수 있었다.

다음 날, 김치업체를 방문했는데 꽤 이름이 난 업체였지만 위생 상태는 엉망이었다. 김치속이 바닥에 말라 붙어 있고 숙성시키는 곳에는 온풍기를 틀어놓기도 했다. 위생복과 위생모도 찾아볼 수 없었다. 이렇게 며칠 동안 감자와 양파를 까는 공장, 떡 공장, 가공식품 업체 등을 방문하고 살펴보았다. 학교운영위원회에서 급식업체를 심의할 때 그 결과를 참고하도록 요청하고 김치업체는 교체해야 한다는 의견을 올렸다.

우리 아이가 다니던 학교에서 했던 급식 소위원회 활동 사례의 일부다. 급식업체는 학교운영위원회에서 심의하는데, 대부분의 학교에서는 정해진 날 업체들이 학교에 와서 업체를 설명하고 운영위원들이 평점을 매겨 결정하면 학교장이 계약을 체결한다. 급식업체가 어떤 곳인가에 따라 급식의 질이 좌우되기도 해 학교급식 소위원회에서 급식업체를 직접 방문하고 살펴보는 것이 중요하다.

급식 소위원회 활동은 학부모들이 학교급식에 참여하는 적극적인 활동 중 하나다. 학교급식법에 의해 학교마다 학교운영위원회 산하에 '학교급식 소위원회'를 반드시 설치하도록 되어 있다. '학교급식 소위원회'는 급식 실시 여부에 대한 의견 수렴, 급식 형태에 관한 논의, 급식업체 선정기준과 방법, 급식비 결정, 급식 활동에 관한 학부모 지원방안, 급식비의 면제대상자 결정과 급식비 충당 방안, 기타 사항을 심의한다. 소위원회에는 학부모, 학생, 영양사, 교사가 골고루 참여하는 것이 좋고 구성인원과 참가자는 학교별로 논의하여 구성하면 된다. 이처럼 소위원회의 구성과 활동시한, 범위, 심의사항 등을 규정해놓기는 했어도 형식적으로 운영하는 경우도 있다.

막연하게 불안해하거나 의심하지만 말고 학교급식
이 어떤 재료로 어떻게 조리되는지 직접 눈으로 살

펴보려는 적극적인 자세가 필요하다. 아이 학습에 신경 쓰느라 동분서주하지
만 말고 내 아이가 먹는 급식을 좀더 정성껏 들여다보는 학부모가 되는 건 어
떨까. 소위원회 활동이 아니어도 시간을 내어 학교급식재료 검수단 봉사활동이
나 배식당번 봉사활동을 통해 참여할 수 있다.

"오늘 급식 대따 맛없었어!" 학교에서 돌아온 아이가 가방을 내팽개치며 투
덜거린 말 한마디에 학부모는 학교급식이 형편없다고 생각해버리기도 한다. 학
교급식실이 어디에 있고 누가 음식을 조리하는지 본 적도 없고 급식을 먹어볼
기회도 없었으니 십중팔구 급식에 문제가 있다고 의심하기 쉽다. 조리된 급식에
서 머리카락이 나오거나 이물질이 나오는 경우도 있지만, 아이들의 불만은 대
부분 식단 때문이다. 아이들은 좋아하는 고기반찬이 없으면 맛이 없다고 생각
하는 경향이 있다. 영양교사는 나름 영양기준에 맞추어 5대 식품군이 골고루
들어가도록 식단을 짜기 때문에 날마다 고기반찬만 나올 수는 없는데 아이들
말만 들은 학부모들은 아이들이 좋아하는 반찬만 해주면 안 돼냐고 볼멘소리
를 한다.

이런 학부모들이 학교급식을 한 번이라도 체험해보면 많이 달라진다. 학교마
다 차이가 있지만 아침마다 식재료를 검수하는 봉사단이 있는 학교라면 한 번
이라도 참여해볼 것을 권한다. 그것이 어렵다면 배식당번 봉사를 해봐도 좋다.
배식당번 봉사를 하면서 그날의 식단도 검토하고 아이들의 식습관이나 급식
분위기도 살펴보고, 내 아이만 눈겨겨보지 말고 눈을 넓혀 우리 반 아이, 남의
아이도 살펴보는 소중한 기회로 삼자.

이것도 어렵다면 이런 방법은 어떨까? 학부모가 급식을 체험해볼 수 있는 행사에 참여하는 것이다. 이를 '학부모 급식의 날'이라고 부르는데 학교운영위원회가 중심이 되어 아이들이 현장체험학습을 간 날, 학부모가 학교를 방문해 급식을 먹어보고 모니터하는 행사다. 단순하게 급식만 체험하는 게 아니라 급식이나 자녀교육에 관한 학부모 대상 강연을 준비해 참여하는 사람들과 생각을 나눌 기회를 마련할 수도 있다.

또 이런 방법도 있다. 아이가 다니는 중학교에서 해보았던 방법이다. 중학교에서는 중간, 기말시험을 볼 때면 학교급식을 하지 않는다. 아이들은 인스턴트 음식을 사먹을 수 있다며 좋아하지만 맞벌이를 하는 학부모들은 점심 걱정이 컸다. 또 조리종사원들도 한 달에 나흘씩이나 일을 못하니까 빠짐없이 급식을 하는 초등학교로 이직하는 비율이 높아 협력작업을 유지하는 데 애를 먹는다는 이야기도 들렸다. 시험기간 동안 급식을 실시하는 것에 대해 설문조사를 하기로 했는데 아이들이 모두 반대해서 아예 조사지를 집에 가져가지도 않았다. 같은 일이 두 차례나 반복됐다. 결국 학교운영위원들과 급식 소위원들이 나서서 학부모들에게 직접 전화를 했고, 과반수 조금 넘게 찬성해 시험기간 중에도 급식을 시행하기로 결정했다. 이참에 시험기간 동안 시험감독하는 학부모들이 학교급식을 체험하고 모니터하는 기회로 활용하기로 했다. 학부모들이 직접 급식체험을 하니 해를 거듭할수록 급식에 대한 불신이 잦아들고 있다. 일 년에 한두 번 급식을 체험하는 학부모들이 늘어나면서 더 이상 학교급식의 위생과 안전에 대해 불신하지 않게 된 것 같다.

1. 검수는 오전 7시 30분~8시 30분 사이에 진행한다. 단 학교의 사정과 급식품의 종류로 조정가능
2. 준비: 위생화, 위생복, 위생모, 마스크/손 세척(비누, 알콜) 후 위생장갑을 착용/식품의 품질을 평가할 안목을 갖추며, 검수절차 및 방법, 식품 감별법을 숙지
3. 검수 시 유의사항
① 식재료를 검수대 위에 올려놓고 검수하며, 맨바닥에 놓지 않도록 한다. (검수대 조도는 540lux 이상 유지)
② 식재료 운송차량 청결상태 및 온도유지 확인·기록
③ 식재료명, 품질, 온도, 이물질 혼입, 포장상태, 유통기한, 수량 및 원산지 표시 등을 확인, 기록한다.

온 도 기 준 냉장식품: 10˚C 이하 | 냉동식품: 언 상태 유지, 녹은 흔적이 없을 것 | 전처리된 채소: 10˚C 이하 (일반 채소는 상온)

① 검수가 끝난 식재료는 곧바로 전처리 과정을 거치도록 하되, 온도관리를 요하는 것은 전처리하기 전까지 냉장, 냉동 보관한다.
② 외부포장 등 오염 우려가 있는 것은 제거 후 반입
③ 기준에 부적합한 식재료는 자체규정에 따라 반품 등 조치를 취하고, 그 내용을 검수일지에 기록. 관리한다.
④ 곡류, 식용유, 통조림 등 상온 보관 가능한 것을 제외한 육류, 어패류, 채소류 등 신선식품 및 냉장·냉동식품은 당일 구입 당일 사용을 원칙으로 한다.

학부모 학교급식 관리 점검 기록 학교급식 네트워크 자료

구분	점검 항목	점검 결과
급식시설 설비관리	가. 조리실의 출입구마다 발판소독기 설치 여부	설치, 미설치
	나. 외부인 출입 전용 신발 및 위생복 비치 여부	비치, 미비치
	다. 손소독기 설치 및 작동 여부	설치, 미설치
	라. 잔반처리대, 배수로, 그리스트랩(맨홀) 등의 청소 여부	양호, 미흡, 불량
	마. 싱크대와 배수관의 연결 여부	연결, 미연결
	바. 물 호스의 호스걸이 사용 여부	사용, 미사용
	사. 급식기구 위생처리 및 보관 상태	양호, 미흡, 불량
	아. 급식기구 미 사용기구 및 파손 여부	있음, 없음
	자. 조리실 외부인 출입통제 표지판 부착 및 실제 통제 여부	통제, 미통제
	차. 급식실 창문, 출입문 등에 방충시설 설치 여부 및 관리 상태	양호, 미흡, 불량
급식품 보관관리	가. 식품창고의 식품보관 상태 및 청결 상태	양호, 미흡, 불량
	나. 냉장고의 정리정돈 및 청결 상태	양호, 미흡, 불량
	다. 냉동냉장고의 작동 온도	냉동(장)실 ℃
조리원 관리	가. 위생복(상·하), 위생모, 위생장화, 앞치마 등의 착용 및 청결 상태	착용, 미착용
	나. 개인위생 청결 및 장신구 착용 여부	실시일:
	다. 이달의 조리종사원 위생교육 실시 여부	착용, 미착용
	라. 화장실 출입 시 위생복 착용 여부	양호 미흡 불량
폐기물의 관리	가. 음식물 쓰레기통 덮개는 있는가?	있음, 없음
	나. 쓰레기 보관 장소 및 쓰레기통의 청결 상태	양호, 미흡, 불량

구분	학교 수			학생 수(천 명)			운영 형태(교)	
	전체	급식	%	전체	급식	%	직영(%)	위탁(%)
초등학교	5,791	5,791	100	3,826	3,738	97.7	5,775(99.7)	16(0.3)
중학교	3,035	3,021	99.5	2,068	2,049	99.1	2,491(82.5)	530(17.5)
고등학교	2,166	2,155	99.5	1,858	1,794	96.6	1,424(66.1)	731(33.9)
특수학교	144	139	96.5	23	22	95.7	137(98.6)	2(1.40)
계	11,136	11,106	99.7	7,775	7,603	97.8	9,827(88.5)	1,279(11.5)

2008년 4월 기준, 출처 : 교과부

재원 부담 주체별	시도교육청	자치단체	학부모 부담	발전기금 등	계
	1조164억 원 (24.2%)	1,445억 원 (3.5%)	3조101억 원 (71.7%)	263억 원 (0.6%)	4조1,973억 원 (100%)
지출 항목별	급식시설비	인건비	식품비	연료비 등	계
	2,896억 원 (6.9%)	1조239억 원 (24.4%)	2조 5,606억 원 (61.0%)	3,232억 원 (7.7%)	4조1,973억 원 (100%)

2007년 연간, 출처 : 교과부

1인 1식 평균 급식비: 초등학생 1,700원, 중·고생 2,500원(학교운영위원회 결정)

각급학교에 영양사·조리사·조리원 등 총 75,268명이 배치되어 있음.
_신분별로는 정규직이 18.0%(13,530명), 비정규직이 82.0%(61,738명)
※ 영양교사: 직영급식에 4,434명 배치(국립 27명, 공립 4,360명, 사립 47명)

제 1조(목적)

이 규정은 개정된 초·중등학교교육법(이하 법이라 한다) 제 31조 및 동법 시행령(이하 영이라 한다) 제 58조의 규정에 따라 ○○학교 운영위원회의 구성, 운영 등에 관한 사항 중 운영위원회 산하 소위원회를 정함을 목적으로 하며 급식 소위원회라 칭한다.

제 2조(조직과 기능)

학교운영위원회 산하 급식 소위원회는 서울특별시립학교운영위원회 설치·운영에 관한 조례(이하 조례) 제 9조(심의사항) 및 제17조(소위원회 설치)에 근거하여 학교급식법 제6조 각항의 규정에 따라 다음 각호의 기능을 수행할 수 있다.

1. 급식납품의 검수활동 식품 검수활동은 철저한 위생적 환경(위생복, 장갑, 위생화 착용)에서 작업을 해야 하며 검수 기준표는 학교운영위원회와 영양사를 비롯한 학교구성원이 함께 협의하여 작성, 이를 기준으로 검수활동을 한다.

2. 업체실사 급식 납품업체를 현장 실사하여 양질의 식품을 납품할 수 있도록 계도하여야 하며 1항과 같은 실사표를 작성, 이에 근거한 활동을 한다.

3. 업체선정 급식 소위원회의 검수 및 실사결과를 토대로 학교운영위원회는 급식 납품업체를 선정하여야하며 이때, 급식 소위원회의 의견을 충분히 수렴한 가운데 선정이 이뤄지도록 해야 한다.

4. 시장조사 급식 소위원회는 학교급식이 보다 저렴하고 양질의 급식을 할 수 있도록 정기적인 시장조사와 물품조견서 등을 작성, 학교운영위원회에 제출하여야 한다.

5. 위생점검 급식 소위원회는 학교급식법 제 4조와 동법 시행령 제 3조 2에 따라 급식실과 급식납품업체의 위생 상태를 상시 점검하여 위생적인 급식을 할 수 있도록 하며 활동사항을 학교운영위원회에 보고한다.

6. 급식학교운영 급식 소위원회는 학교급식법 제6조 2항의 내용을 준수한다. 급식학교 운영은 위해요소 중점관리계획(HACCP)와 학교급식 모니터링 계획 시안에 따르는 팀별 운영체제를 하도록 하며, 활동내용과 계획 등은 교육청지침에 따른다.

7. 기타 급식 소위원회의 기능과 역량을 통해 학교급식의 날 실시(예산 및 운영방안 협의) 및 학교급식에 대한 평가와 설문작업을 할 수 있다.

제 3조(구성)

① 급식 소위원회의 구성은 협의의 의미로 학교운영위원회의 산하기구이므로 교사, 학부도 운영위원은 필수적 구성원이며 ② 광의의 의미로 학교운영에 참여하는 학교구성원 전원이 소위원회를 구성할 수 있도록 하여 학교 여건에 맞도록 학교 구성원 간 협의를 통해 소위원회 위원을 구성한다.

제 4조(사무 및 간사)

급식 소위원회의 사무는 학교운영위원호의 결정에 따르며 소위원회의 업무와 운용을 원활히 하기 위해서 소위원장이 간사를 대신할 수 있다.

제 5조(임기)

급식 소위원회위원의 임기는 학교운영위원회의 임기와 함께한다.

제정: ○○년 ○○월 ○○일
부칙 1. 본 규정에 기재하지 아니한 사항은 상위법의 관례에 따른다.
부칙 2. 본 규정은 학교운영위원회의 협의를 거쳐 제정, 공표한다.

3부

학교에 내야 할 돈,
내지 말아야 할 돈

아이가 초등학교 입학을 앞두고 있다. 유치원 졸업식 때 학부모들이
초등학교는 유치원과 많이 다르다며 아이가 잘 적응하려면 선생님 눈에 들어야 하고
그러려면 싫어도 촌지를 줘야 한다고 한다. 이미 초등학교에 아이를 보내는
동네 학부모들도 선생님이 아이에게 싫은 소리나 벌을 자주 주면 촌지를 갖고
학교에 가야 한다고 조언한다. 정말 촌지를 주지 않으면 아이가 학교에 적응하는데
어려움을 겪는가? 촌지는 주면 안 된다고 생각하고 있었는데 주변에서
이런 이야기를 들으니 불안하기 짝이 없다. 학교 선생님들은 촌지를 바라는 것인가?
촌지를 받으면 처벌받는 것으로 알고 있었는데 선생님들에 대한 불안이 밀려온다.

초등학교 입학한 지 얼마 안 된 초보엄마다. 개구쟁이
남자아이라 여자아이를 못살게 구는 모양이다. 얼마 전에는
옆짝 신발을 감춰 그 짝이 맨발로 집에 돌아가는 바람에
얼마나 곤욕을 치렀는지 모른다. 알림장도 잘 써오지 않아
옆집친구 알림장을 보고 준비물을 챙겨준다.
어제 청소당번이라 청소를 하고 시간이 있어 선생님과
잠깐 이야기를 나눴다. 우리 아이가 다른 아이들의 공부를
방해할 정도로 산만하다고 한다. 선생님은
시간이 지나면 괜찮아진다고 말씀하셨지만 걱정이다.
걱정이 되어 다른 엄마들한테 얘기했더니 촌지를 갖고
찾아가서 잘 봐달라 부탁하라고 그런다. 좋은 일이라고
생각하지 않지만 아이가 워낙 힘들게 해서
정말 촌지를 갖고 찾아가야 하는지 걱정이다.

촌지,
아이들이 보고 있다

옆집 아줌마 통신

　　"애가 너무 나대더구만. 봉투 갖고 한번 찾아가 봐야 되지 않겠어? 괜히 애 힘들게 하지 말고…."

　큰아이가 초등학교 입학한 지 한 달쯤 지났을 무렵, 옆집 아줌마가 내게 해준 이야기다. 초등학교 입학식 날, 결혼 첫날밤만큼이나 설레고 가슴이 두근거렸고, 무엇을 입고 가야 할까, 담임선생님은 어떤 분일까 꼬리를 무는 궁금증에 잠을 설쳤다. 온 가족이 아이 손을 잡고 학교 운동장에 들어섰다. 넓은 운동장 입구에서 선생님들이 아이에게 이름표를 달아주며 축하의 악수를 청했다. 쑥스럽고 부끄러운지 내 등 뒤로 숨어버린 아이 눈은 왕방울만해졌지만 입가에는 살짝 미소가 비쳤다.

　다행히 아이는 달라진 환경에 잘 적응하는 것 같았다. 가끔 학교를 오가는 시간에 학교 주변에 있는 논에 들어가 개구리를 잡느라 진흙투성이로 돌아오기도 했다. 하루는 얼굴에 코피 자국을 고스란히 남긴 채 돌아왔다. 무슨 일이냐 물었더니 그네를 타다 뒤로 한 바퀴 굴렀다면서 가방에서 쪽지편지를 꺼내주었다. "오늘 아이가 그네를 타다가 넘어져 코피가 났습니다. 옷에 피가 묻어 있어 놀라실 것 같아서요. 걱정하지 않으셔도 됩니다." 엄마가 걱정할까 싶어 편지를 써 보내신 선생님께 고마운 마음이 들었다. 옆집 아줌마에게 쪽지 이야기를 꺼냈더니 돌아온 대답이 봉투 이야기였다. 나는 오히려 봉투를 갖고 찾아가는 것이 선생님께 실례가 될 것 같다며 그러고 싶지 않다고 했더니 그 선배엄마는 나를 측은한 눈빛으로 쳐다보았다.

"1학년 엄마여서 잘 모르는 모양인데, 선생님이 그렇게 편지를 보낸 건 다른 의도가 있는 거야. 몰라도 너무 모르네."

정말 내가 뭘 모르는 것인지 한참을 생각해봤지만 봉투를 갖고 오라는 의미의 쪽지로는 생각되지 않았다. 오히려 옆집 아줌마가 지레 쪽지의 의도를 불순하게 받아들이는 것 같았다.

촌지의 위력, 믿거나 말거나

학교에 아이를 보내고 나서 학부모들은 하루 종일 머리 한구석에서 아이의 학교생활에 대해 궁금증이 가시지 않는다. 특히 첫아이를 둔 부모라면 걱정이 많다. 선생님을 만나 아이가 어떤지 듣고 싶고 묻고 싶어 학교에 갈 기회를 탐색한다. 교실 청소나 급식 배식봉사를 할 기회가 생기면 모든 일을 제치고 학교로 가 선생님을 만나야지 하는 기대를 품는다. 청소를 도와주고 나서 선생님과 마주앉아 음료수 한 잔 마시다가 무심코 2% 부족한 듯한 아이의 학교생활에 대해 들으면 머릿속은 먹구름으로 가득해진다. 근심에 차서 옆집 아줌마와 이야기를 나눌라치면 곧바로 돌아오는 충고가 바로 촌지 이야기다.

촌지를 건네야 한다는 충고는 대부분 한 번쯤은 받아보았을 것이다. 산만하고 친구와 관계가 원만하지 않는 아이를 둔 부모들은 가뜩이나 긴장하고 있던 터에 이런 충고를 들으면 '아! 그래야 하는 거구나!' 귀가 확 쏠린다. 언제 가는 게 좋을까, 어떻게 전달해야 하는 걸까, 얼마를 해야 하는가 따위를 고민하기 시작한다.

옆집 아줌마에게서 듣는 촌지의 위력은 놀랍기 그지없다.

"허구헌날 아이를 교실 맨뒤 구석자리에 앉혀 놓는 거야. 아차 싶어 비타민 음료 박스를 들고 학교에 찾아갔지. 물론 봉투도 넣어 아이를 잘 부탁한다고 했더니 효과가 바로 나타나더라니깐. 다음날부터 가운데 앞자리에 아이를 앉혀 주는 거야."

"선생님이 얼마 전 우리 아이를 굉장히 잘 봤다고 전화가 왔어. 학교에 오라는 소리로 듣고 한번 찾아뵙겠다고 했지. 빈손으로 그냥 갈 수 없으니까 빵집에서 케이크를 하나 사서 갔더니, 아이가 똑똑하다며 이런 아이는 엄마가 뒷바라지를 많이 해주는 것이 좋다고 하는 거야. 기분이 너무 좋아 학급에 필요한 일을 도와드리겠다 하고 자주 찾아갔지. 그런데 어느 순간 선생님이 싸늘하게 대하는 거야. 이유가 뭘까 고민하고 아이한테도 학교에서 잘못한 것이 있는지 물어봤더니 그렇지도 않고 해서 고민을 하다가 다음에 갈 땐 봉투를 전했더니 다시 환해지더라니까. 이런데 어떻게 안 해? 해야지."

옆집 아줌마들이 쏟아놓은 이야기를 듣고 끙끙대다가 내 아이를 위해 무슨 일을 못하랴 싶은 마음이 생기고 촌지의 위력을 맛보고 싶은 충동이 든다. 요즘 우리 아이가 발표한다고 손 들어도 안 시켜주고, 마음에 들지 않는 아이가 짝꿍이 된 것도 이유가 다 있었구나! 하며 무릎을 친다. 이렇게 시작한 촌지는 초등학교 내내, 또 중·고등학교까지 이어져 아이를 위해 꼭 해야 할 중요한 일로 자리 잡는다. 그렇게 해서 결국 촌지의 위력에 대해 후배 학부모들에게 똑같은 이야기를 하는 옆집 아줌마가 되고 만다.

촌지가 도리어 아이들을 망친다

아이를 위한다는 생각에 건넨 촌지, 그 달콤한 유혹이 낳는 문제는 심각하다. 엄마가 선생님께 촌지를 건넸다는 사실을 아이에게 비밀로 감춰도 신기하게 아이들은 다 안다. 모를 것 같지만 아이들은 오늘은 누구 엄마가 학교에 왔는지, 뭘 놓고 갔는지 다 알고 있다. 그래서인지 어떤 아이들은 부모들에게 먼저 요구하기도 한단다. "엄마, 엄마도 학교 좀 와! □□는 이번에 엄마가 학교에 왔었는데 걔는 미술특선상 받았단 말이야!"

슬픈 일이다. 아이들은 이미 학교에서 주는 여러 가지 상이 공정하다고 생각하지 않는다. 엄마가 학교에 찾아가고 봉투의 위력으로 상을 받을 수 있다고 아이가 믿는다면 큰일이 아닐 수 없다.

내 아이, 남의 아이 할 것 없이 촌지가 우리 아이들의 가치관을 혼란스럽게 만들고 있다. 아이들은 그 부모가 학교를 자주 오가며 선생님과 친하기 때문에 그 아이가 상을 받거나 귀여움을 독차지한다고 여긴다.

더 심각한 것은 촌지의 위력을 믿어 의심치 않으며 그걸 자랑삼아 떠들고 다니는 학부모들이 꽤 있다는 거다. 정말 하나만 알고 둘은 모르는 부모다. 이런 부모들은 내 아이가 무엇을 보고 배울지 돌아보지 못하는 어리석은 사람들이다. 아이들은 부모의 행동을 지켜보면서 배운다. 촌지에 대한 선입견 때문에 실제로 정말 능력 있는 아이가 상을 받고 칭찬을 받았는데도 주변 친구들의 오해를 사기도 한다. 극성맞은 부모 때문에 상을 받았다고 친구들에게 비난 받아 울분을 터트리는 경우도 있다.

나도 그런 기억이 있다. 어릴 적에 항상 예쁜 신식 한복을 입고 양산을 받쳐 들고 높은 하이힐을 신고 학교를 방문하는 친구 엄마가 있었다. 수업시간에도 잠깐 복도에 나가 다소곳하게 머리 숙이며 그 엄마를 만나고 들어오는 선생님의 손에는 항상 느런 봉투가 들려 있었다. 그 뒤로 이유 없이 그 친구를 미워하는 아이들이 생기기 시작했고 결국 그 친구는 전학을 갔다. 이런 경우 촌지가 아이의 친구관계와 학교생활을 망친 셈이다.

개별 촌지는 부담스럽지만 집단 촌지는 괜찮다?

오랫동안 촌지 관행이 낳은 잘못된 학교문화를 질타하는 목소리가 높아지자 곳곳에서 촌지 관행을 바꾸려고 노력하고 있다. 교사와 학부모들이 나서서 촌지가 학교를 부패한 곳으로 생각하게 만들고 있다며 '촌지 안 주고 안 받기 운동'을 벌이고, 교육부에서도 공무원 행동강령을 만들어 3만 원 이상의 금품을 받지 못하도록 하고 있다. 촌지는 근절되어야 한다는 분위기가 널리 퍼지다 보니 이제는 학부모들드 개별적으로 촌지를 건네는 것은 적잖이 부담스러워 한다. 내 아이 잘 봐달라는 의미의 촌지보다는 학년을 마칠 때쯤 감사하다는 마음을 담아 선물을 건네는 학부모들도 있다.

그럼에도 불구하고 새 학기와 5월이면 어김없이 촌지가 특별한 이슈로 등장한다. 촌지는 안 된다는 당위론보다는 어쩔 수 없지 않느냐는 현실론에, 학부모들은 불편하지만 감수하기로 마음먹는다. 또 각자 '내 아이를 위해' 촌지를 건네는 것이 문제라면 학부모 여럿이 함께 촌지를 주는 것은 좀 낫겠거니 생각하기도 한다. 나 혼자 돈봉투를 건넬 때는 얼마를 할지, 어떻게 전달할지 고민스러운데 학부모 중 한 사람이 나서서 돈을 걷으면 여러 가지 고민할 필요가 없어 환영하기도 한다. 그런데 이렇게 모인 돈은 어떻게 사용되는지 전혀 알 수 없다. 개별 촌지가 집단 촌지로 바뀌면서 촌지와 불법 찬조금의 경계가 모호해지고 있다. 이런 경향은 고등학교로 갈수록 심해지고, 일부 고등학교에서 학부모들이 모의고사 감독비, 야간 자율학습비 명목으로 낸 돈이 촌지의 의미로 건네지고 있다.

개별 촌지는 나쁘고 집단 촌지는 괜찮은 건가? 개별 촌지건 집단 촌지 건 학교에서 오가는 음성적인 돈은 학교문화를 왜곡시키는 것은 물론이고 아이들과 학부모들에게 부정적인 인식을 심어준다. 아이들은 어른들의 말과 행동을 보고 자란다. 아이들이 학부모와 교사가 주고받는 돈 봉투를

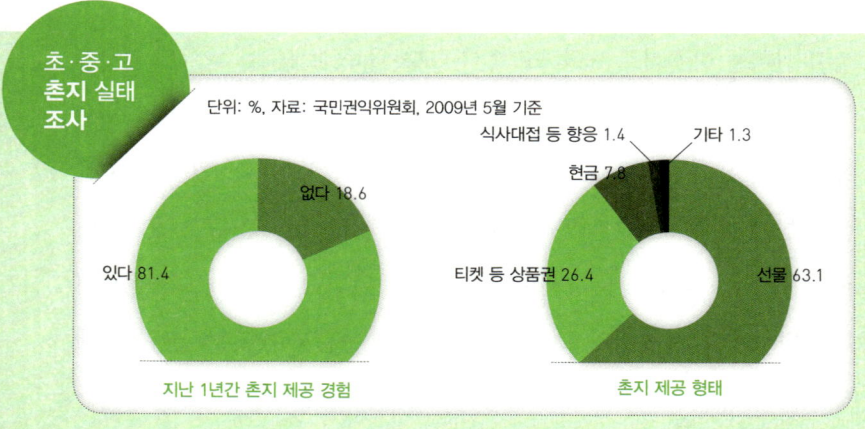

초·중·고 촌지 실태 조사

단위: %, 자료: 국민권익위원회, 2009년 5월 기준

없다 18.6
있다 81.4
지난 1년간 촌지 제공 경험

식사대접 등 향응 1.4   기타 1.3
현금 7.8
티켓 등 상품권 26.4
선물 63.1
촌지 제공 형태

보면서 돈이면 무엇이든 된다고 믿어버린다면 어떻게 마음이 건강한 사람으로 커나갈 수 있겠는가.

달콤한 유혹에서 벗어나기

학교는 아이들이 건강한 시민으로서의 기본 소양을 기르는 곳이다. 사람과 사람이 만나 어떻게 관계를 맺을지 배우는 곳이다. 여럿이 있는 곳에 갈등이 없을 리 없고, 갈등을 서로 조정하고 타협하는 것을 배우는 과정이 교육이다. 부당한 대접을 받았을 때 스스로 어떻게 행동해야 하며, 좋은 친구를 만나기 위해서는 내가 어떤 노력을 해야 하는지도 학교에서 배워야 한다. 무엇보다 아이들이 교사와 세상에 대해 신뢰를 가지고 자라야 한다. 엄마가 준 돈봉투를 선생님이 받았다는 사실을 아이가 아는 순간 교사에 대한 신뢰는 추락하고 만다. 교사가 아무리 올바르고 건강한 생각을 갖고 살아야 한다고 가르쳐도 더 이상 교사의 말과 행동을 믿지 않는다. 아이를 망치지 않기 위해서라도 촌지의 유혹에서 벗어나기 위한 노력은 필요하다.

선생님의 말과 행동을 보고 추측하지 말자

옆집 아줌마 이야기를 듣고 나면 시시때때로 '이거 촌지 달라는 거 아니야?' 하는 생각이 든다. 모든 아이가 학교생활을 잘 해낼 수는 없는 노릇이다. 다른 색깔의 아이들과 선생님을 만나 갈등을 겪으며 그 안에서 성장하는 게 학교생활이다. 내 아이가 늘 칭찬받아야 한다는 강박에서 벗어나야 한다. 아이니까 실수할 수도 있고 잘못을 저지르기도 한다는 사실을 인정해야 선생님이 보낸 알림장 메모나 편지, 전화를 두고 오해하지 않게 된다. 모든 학부모는 아이를 건강하고 생각 바른 아이로 키우고 싶어 한다. 학부모는 선생님과 함께 아이를 잘 키우기 위해 아이가 커온 과정이나 특이한 경험에 대한 정보를 나누어야 하고, 학교생활에서 보이는 아이의 특성을 서로 의논해야 한다. 선생님과 만나야 서로 소통할 수 있으니 만나는 것을 두려워하지 말자. 아이는 엄마인 나를 늘 보고 있다고 생각하며 선생님의 신호를 촌지와 연결시키는 섣부른 추측은 하지 말자.

부적절하다고 판단되면 단호하게 거절하라

노골적으로 촌지를 요구하는 경우도 있다. 학교행사 때나 아이에게 문제가 있어 선생님을 만날 때, 또는 다른 사람을 통해 요구받기도 한다. "학교행사 끝나고 너무 피곤해서 몸을 좀 풀어줘야 한다.", "이번 주 집안행사가 있는데 누구 엄마 김치 잘 담근다더라." 또는 "불고기 맛있게 한다더라." 같은 말로 은근히 요구하기도 한다.

학부모들은 말도 안 되는 요구를 받고서 왜 거절하지 못하고 전전긍긍하는 것일까? 학부모들의 마음에는 기본적으로 두려움이 있다. 혹 이걸 거절하면 아이가 피해를 입지 않을까 불안한 마음에 울며 겨자 먹기로 하고 나서는 말도 못하고 너무 속상해서 이러지도 저러지도 못한 채 눈물을 삼키곤 한다. 옳지 않은 요구를 거절하는 용기가 필요하다. 어떤 이는 어림도 없는 소리라고 일축하지만, 대부분의 학부모들이 한번 해보지도 않고서 두렵다고만 한다. 용기를 내서 한 번이라도 해보면 생각보다 어려운 일이 아님을 알게 된다.

선생님도 사람이고 학부모도 사람인지라 진솔한 마음을 갖고 다가가서 이야기를 하면 좋겠다. 선생님의 의도를 촌지 요구로 착각한 경우도 많지만 만약 노골적으로 요구하면 학부모도 강하고 단호하게 거절해야 한다. 서로 부딪치는 것이 힘들어 차마 그렇게 할 수 없다면 차라리 한 번 정도는 김치, 불고기 따위의 정성이 담긴 선물 등을 건네면서 괴로운 마음을 털어놓는 것도 방법이다.

"제가 한 번이니 가능하지, 정말 두 번은 못할 것 같아요. 너무 괴로웠답니다. 이렇게 하는 게 아이에게도 떳떳하지 않고 다른 아이에게 참 미안한 일이기도 하구요."

이것도 어렵다면 학부모의 괴로움을 학교장에게 이야기해 교사가 다른 학부모들에게는 그런 요구를 하지 못하도록 부탁하는 것도 생각해볼 수 있다. 무엇보다 학부모는 촌지의 유혹을 느낄 때 아이들의 시선을 생각해야 한다. 옳지 않은 일에 대해 당당하게 행동하겠다는 원칙으로 그 갈등에서 헤어나야만 우리 아이들도 바르게 키울 수 있다는 신념을 가졌으면 한다.

감사한 마음을 다양한 방법으로 표현해보자

학창시절 선생님을 찾는 텔레비전 프로그램에서 앞이 잘 보이지 않는 장애아이가 초등학교 선생님을 애타게 찾는 것을 보았다. 아이들이 일부러 지우개를 떨어뜨리기도 하고 같이 놀아주지 않고 글씨도 알아보지 못해 따돌림을 당했는데, 그 선생님이 글씨를 크게 써주며 한글을 알게 해주고 등을 다독여주며 보살핀 끝에 학교를 졸업하게 되었다는 내용이었다. 방송을 보면서 눈시울이 뜨거워졌다.

학생과 교사의 관계도 중요하지만 학부모와 교사의 관계도 달라져야 한다. 촌지로 얼룩진 학교문화를 바꾸어낼 수 있는 것도 학부모와 교사다. 교사는 아이를 사랑하는 마음을 잃어서는 안 된다. 부모 또한 특별히 내 아이만을 바라봐 달라고 요구하면 대신 피해를 보는 아이들이 반드시 생긴다는 점을 깨달아야 한다. 사람과 사람 사이의 좋은 관계는 돈으로 이어지는 것이 아니라는 것도 잊어서는 안 된다. 선생님에 대한 감사의 마음은 돈이 아닌 다른 방식으로 해보자. 학기말이 끝나고 서로에게 부담되지 않는 가벼운 선물을 주고받으며 손으로 쓴 감사의 편지를 받는다면 더없이 큰 감동을 느낄 것이다.

신설학교 학부모다. 어수선하기만 한 학교에 아이를 보내는 것도
마음이 편치 않은데 학부모들을 학교로 자주 부르는 것도 신경 쓰인다.
학교에 가면 교장선생님은 학교가 빚이 많다고, 맨날 돈이 없어서 힘들다는 이야기만 한다.
시골에 있는 작은 학교이고 학부모들 사는 것도 고만고만하게 농사지어서 사는 곳인데
부담스럽기 짝이 없다. 이번에는 교장 사택을 수리한다는 거다. 교육청에 예산을 신청했는데
공사비가 많이 들어가서 학교예산에서 추경 편성하겠다고 한다. 그러면 아이들한테
가야 하는 예산이 줄어드는 것 아닌가? 그런 건 나라에서 따로 돈을 주지 않나?
학부모들이 화가 나서 학교운영위원회 회의하는 날 참관해 봤는데 궁금해하는 부분은
심의도 제대로 하지 않았다. 그리고 학교예산 자료를 아무리 들여다보아도 어렵기만 하다.

아이 학교에서 운영위원을 하고 있다. 내일 운영위원회의에서 학교축제에 대한 안건을
심의하기로 되어 있는데 오늘 작년 운영위원장을 한 학부모가 미리 보자고 해서 만났다.
그 자리에서 학부모들이 해마다 축제비용의 일부를 내왔다고 운영위원들이 마련해야 한다고
말하는 것이었다. 어이가 없어 학교에 가서 예산서를 보니 축제행사 비용은 3백만 원으로
잡혀 있었다. 교감선생님께 올라가 3백만 원이면 축제를 치를 수 있느냐고 물었더니
절대 할 수 없다는 것이다. 그럼 어떻게 하실 거냐고 했더니 늘 학부모들이
도와주었기 때문에 예산을 그렇게 잡았노라고 아무렇지도 않게 이야기했다.
이해가 안 돼 이 비용에 맞춰 축제를 해야 하는 것 아니냐고 했더니 버럭 화를 내면서
"그럼 무대를 따로 설치하지 못해서 구령대에서 해야 하는데 애들 춤추다 떨어져도 모른다."
고 말하는 것이 아닌가. 해마다 아이들 공연무대를 학부모들이 비용을 대서 만들었다는
것이었다. 학교에서 이루어지는 행사는 교육활동이기 때문에 학교 측에서는 소요되는 비용을
감안하여 예산을 세워야 하는 것이 맞지 않나? 너무 답답해서 물어본다.

학교 살림살이,
내 살림처럼 살피자

학교 살림살이

　　　　　내 아이가 다닌 초등학교 운동장 한 켠에 강당 공사
가 한창이다. 넓은 운동장이 강당으로 가로 막혀 답답하긴 하지만 추운
겨울날 손발 꽁꽁 얼어가며 운동장에서 졸업식을 치러야 했던 일을 생각
하면 이런 강당은 필요하겠다 싶다. 작년 여름부터 가림막을 쳐놓고 땅을
팠다. 요란한 소리에 주민들이 불편해하기도 했지만 이제 완공을 앞두고
있는지 밤늦게까지 불을 켜놓고 내부 마무리 중이다. 늘 살림이 어렵다고
했는데, 이런 강당을 지을 돈은 어디서 나올까 궁금했다.

　　학교를 운영하기 위해서는 돈이 필요한데 학교운영비는 국가에서 지원
한다. 국가에서는 국민들에게 세금을 걷어 그 일부(내국세의 20.4%)를 교육
에 지원하고 있다. 이외에도 교육세라고 목적을 명시한 세금(금융보험업의
수익금, 교통세[경유, 휘발유], 주세, 등록세, 재산세, 종합토지세, 경주·마권세,

주민세, 담배소비세, 자동차세의 일부)을 걷어 교육에만 쓰도록 하고 있다.

국가는 의무적으로 교육 기반을 만들고 이에 필요한 교육재정을 마련하여 학교가 원활히 돌아가게 할 책임이 있다. 교육재정은 바로 국민들이 내는 세금으로 충당되므로 제대로 사용하고 있는지 잘 살펴보아야 한다. 게다가 학부모들은 학교 살림살이의 절반이 넘는 돈을 부담하고 있다. 국가의 예산은 국회가 감시하고 견제하듯이 학교의 예산은 학부모를 포함한 학교 구성원들이 꼼꼼하게 살피고 감시해야 한다. 견제기능이 상실되면 돈이 허투루 쓰이기도 하는데, 그 피해는 아이들에게 고스란히 돌아온다.

학교운영에 필요한 경비는 국가, 지방자치단체, 학부모가 서로 나눠 책임지고 있다. 국가는 공교육기관을 설립하고 이를 운영해야 할 책무를 지고 학교운영비를 지원하며, 지방자치단체는 지역의 교육을 위해 세금의 일부를 학교교육에 쓴다. 학부모들은 아이들의 교육활동에 필요한 예산을 부담하고 있다. 우리나라는 초등학교, 중학교까지 의무교육이기는 하나 무상교육 단계에는 진입하지 못해 학부모들이 부담하는 경비가 학교예산에서 차지하는 비율이 높은 상태다. 학부모가 부담하는 경비가 학교예산의 50% 이상이 된다는 얘기를 들으면 놀라는 사람이 많다. 예산의 규모는 학급 수, 학생 수에 따라 다르고 학교마다 다르다.(교직원 인건비는 따로 책정된다.)

학교 살림살이의 기본 – 예산 짜기

우선 학교 살림살이를 짤 때 국가에서 학교운영에 필요하다고 지원하는 예산과 학부모가 부담하는 경비, 지방자치단체가 지원하는 예산 등을 고려한다. 국가에서 지원하는 기본운영비는 한국교육개발원 표준교육비를 기준으로 학교당, 학급당, 학생당 경비를 산정하여 총액을 각 학교에 보내는데, 2008년 학생 1인당 53,000~63,000원 가량 된다. 여기에 학교 건물 유지, 냉난방비 보전, 차량 유지(특수학교), 학교운영지원비 보전금액을 학교에 따라 차등 지원하여 총 지원금액을 결정한다.

학교예산을 세울 때는 '세입예산'과 '세출예산'을 세워 돈이 들어오고 나갈 것을 계획해야 한다. 우리가 집에서 가계부를 쓸 때처럼 일 년 동안 들어올 수입과 매달 지출해야 하는 것을 미리 계획하는 것과 똑같다. 단지 그 규모보다 크다는 차이 밖에 없다. 학교운영에 필요한 수입과 지출의 쓰임새는 다음과 같다.

학교예산의 쓰임

세입예산(수입)		세출예산(지출)	
국가의 일반회계 또는 지방자치단체의 교육비 특별회계 전입금	학교교육비, 특별목적사업비 등	교직원 인건비	교원연구비, 학생지도비, 수업연구비, 제수당, 강사수당
학교운영지원비	학교운영위원회 심의를 거쳐 학부모가 부담	학교회계 직원 (구학부모회 직원) 및 비정규직 보수, 퇴직 적립금	학교운영지원비 범위내에서 고용하는 직원인건비, 연금, 보험, 퇴직금, 비정규직보수
수익자부담경비	현장학습비, 학생수련 활동비, 학교급식비, 방과후학교 교육 활동비, 졸업앨범비, 청소년단체활동비	학생복리비	검사비, 학생·전공제회비, 중식지원비, 졸·학금, 학비지원, 인터넷통신비지원
사용료 및 수수료	체육관, 교실, 강당, 운동장 등 학교시설 사용료, 물품대여료, 제증명 발급, 입찰참가신청 수수료	교수학습 활동비	학습자료, 교자교구, 도서관운영, 행사비, 연수비, 인쇄비, 정보화용품비, 운동부 지원비

잡수입	예금이자, 매점운영수익, 폐휴지 매각대금 등	공통운영비	일반운영비, 공공요금, 연료비, 특근매식비, 차량비, 여비
과년도 수입	전년도 미수납금액	업무추진비	학교장 업무추진비
학교발전기금 전입금	학교발전기금회계에서 학교회계로 전출한 금액	시설비	학교시설 유지보수
국가 또는 지방자치단체 등의 보조금 및 지원금	지자체의 교육경비보조금, 국가지원단체의 지원금	수익자부담경비	현장학습비, 학생수련 활동비, 학교급식비, 졸업앨범비, 방과후학교 교육활동비, 청소년단체 활동비
이월금	전년도 불용액	예비비	

학교예산을 살필 때 아이들의 교육활동과 관련하여
관심 있게 봐야 할 항목은 교수학습 활동비와 학생복
리비다. 교수학습 활동비는 그야말로 학교행사나 수업시간에 필요한 기자재,
자료를 구입하는 데 쓰는 돈이다. 앞서 상담 내용처럼 학교축제에 필요한 비용
은 교수학습 활동비로 책정해야 맞다. 중요한 학교행사인데 학부모 주머니를
털어 충당할 것을 예상하고 계획을 세우는 일은 있을 수 없는 일이다. 또한 학
습준비물을 학교예산에서 집행하는 학교도 있지만 학부모들이 준비하게 만드
는 경우가 더 많다. 크레파스와 도화지는 물론이고 심지어 과학실험에 필요한
올챙이와 씨앗화분도 준비하게 하는 학교도 있다. 덩치가 큰 학습기자재뿐만
아니라 학습에 필요한 자잘한 준비물 관련 비용도 예산에 책정되어 있는지 꼼
꼼히 살펴보자.

한 학부모가 들려준 이야기다. 학교에서 돌아온 아이가 집에 들어서자마자
화장실로 뛰어 들어가서 용변을 보고 나오더란다. "학교에서 화장실 갔다 오지
그랬어?" 하니까 아이는 "학교 화장실에는 휴지도 없고 비누도 없어. 다른 애

들도 잘 안 가." 하더란다. 학교 화장실에 어떻게 휴지도 비누도 없을 수 있는 지 이해가 안 간다고 했다. 화장실 휴지와 비누는 학생복리비에서 지출해야 마 땅한데, 교육부에서 학교회계 지침을 마련하면서 권고한 사항이지만 아이들이 아껴 쓰지 않는다는 이유로 비치하지 않는 학교가 많다. 작은아이가 다닌 초등 학교도 마찬가지였다. 그런데 어느 해인가 '화장실 시범학교'로 선정되어 예산 을 지원받고는 휴지와 비누는 물론 음악이 흐르고 청소 아주머니까지 있는 화 장실로 바뀌었다. 마치 고속도로 휴게소 화장실 같다며 계속 이런 화장실이면 좋겠다고 했지만 시범학교가 끝나고는 이전 화장실 수준으로 되돌아갔다. 이 비용을 학부모들에게 떠넘기는 파렴치한 학교도 있다. 대부분 학교의 학생복리 비에는 건강검사비, 학교안전공제회비만 달랑 들어가 있으니 잘 살펴보고 건강 하고 위생적인 학교생활이 될 수 있도록 해야 한다.

공통운영비 업무추진비 증가

공통운영비는 해마다 늘고 있다. 교실마다 냉난방기를 설 치하는 학교가 많아지면서 전기사용료가 많이 늘어났고 경비용역업체에 들어가는 비용, 청소용역비가 늘어났다. 업무추진비는 예산의 일정 비율을 꼭 지켜 지출해야 한다. 업무추진비를 어디에 사용했는지 꼭 심의

총 86개교 2004년 결산, 2005년 결산, 2006년 예산, 참교육학부모회 자료

학교운영비 항목 구성비율

년도	총액	학생복리비		교수학습활동비		공통운영비		업무추진비		시설비	
		금액	%	금액	%	금액	%	금액	%	금액	%
2004	47,416,999	4,597,332	9.7	18,892,015	39.8	15,830,074	33.4	1,061,867	2.2	7,035,110	14.8
2005	44,861,686	5,045,071	11.2	17,303,412	38.6	16,898,974	37.7	1,077,976	2.4	4,536,253	10.1
2006	31,256,208	3,041,045	9.7	11,640, 51	37.2	14,046,853	44.9	1,156,396	3.7	1,371,763	4.4
총액	123,534,893	12,683,448	10.3	47,836,178	38.7	46,775,902	37.9	3,296,239	2.7	12,943,126	10.5

해야 한다. 어떤 학교는 교장 부인의 개인적 물품구입비, 학교장의 운동화 구입 같이 개인적인 용도로 사용한 경우도 있다. 이렇게 사용하면 안 된다. 상당수의 교장과 교감이 개인 자격으로 가입한 단체 회비를 업무추진비로 납부하다 적발되어 감사를 받는 일도 비일비재하게 일어난다.

학교운영지원비가 뭘까

아이가 중학생이 되면 3개월마다 학교운영지원비를 내라는 통지문을 받는다. 말 그대로 학부모가 학교운영을 지원하는 경비로, 과거의 육성회비를 학교운영위원회가 생기면서 명칭이 바뀐 것이다.

학교운영지원비를 징수하는 주체는 학부모회로, 학교운영위원회 심의를 거쳐 학부모회에서 의결하도록 되어 있다. 그러나 학부모회는 법적으로 존재하지 않을 뿐더러 이 과정을 지키는 학교는 단 한 곳도 없다. 심지어 지역 교장협의회에서는 물가인상률까지 따져가면서 해마다 5%가량 인상한 금액으로 분기별 액수를 결정하고 학부모에게 내도록 종용한다. 학교운영지원비는 부족한 학교재정을 뒷받침하기 위해 학부모가 자발적으로 내는 경비지만 그 본뜻은 사라지고 학부모에게 단 한마디 설명도 없이 스쿨뱅킹 통장에서 학교회계 통장으로 자동이체되고 있다.

초등학교는 학교운영지원비를 내지 않는다. 그러나 중학교는 2002년부터 의무교육기관이 되었지만 학교운영지원비는 꼬박꼬박 내고 있다. 중학교에서 학부모들에게 학교운영에 필요한 재정지원을 요구하는 것은 '의무교육은 무상으로 한다'는 헌법 정신에도 맞지 않는다. 중학교 학교운영지원비는 분기마다 45,000~55,000원 정도로, 일 년이면 학생 1인당 20만 원쯤 된다. 전국에서 일 년간 징수한 총 비용은 3,876억 원이나 된다. 의무교육은 국가가 책임져야 하건만 아직도 학부모 주머니를 털어서 의무교육 하고 있노라 생색내다니 부끄러운 일이다.

최근 학교운영지원비 폐지를 위한 운동이 일어나고 국회에서도 법안이 상정되어 있다고 한다. 이미 낸 학교운영지원비를 돌려달라는 반환청구소송과 함께 학교운영지원비 폐지 전국민 서명이 진행되면서 전북지역은 학교운영지원비를 폐지했다는 소식도 들려온다.

학부모부담 경비는 또 무엇일까

아이가 중학생 때 졸업여행을 앞두고 여행경비를 산출하기 위해 학부모와 교사가 함께 사전답사를 떠났다. 교사들이 세운 계획안을 참고로 충청권에 있는 숙박업소 몇 군데를 돌아보았다. 한 학년 학생 수가 워낙 많다 보니 선택할 수 있는 곳이 몇 군데 없었다. 사전답사에서 돌아와 경비를 산출해 학교운영위원회 심의를 받고 아이는 졸업여행을 다녀왔다. 여행에서 다녀오고 며칠 지나 여행비 중 예비비가 남아서 학생 1인당 160원을 돌려준다는 가정통신문을 받았다. 얼마 되지 않는 금액이었지간 기분이 좋았다. 내가 낸 여행경비를 알뜰하게 잘 썼구나 하는 생각이 들었기 때문이다.

이처럼 학교 교육과정을 진행하면서 필요한 경비 중 학부모가 부담하는 경비를 '수익자부담 경비'라고 한다. 학교예산 중 학부모부담 경비가 차지하는 비율은 절반을 훌쩍 넘어선다. 학교에서 먹는 점심, 저녁값, 소풍가는 비용, 스카우트 활동비, 졸업앨범, 수학여행 비용이 이에 해당한다. 해마다 학부모가 부담하는 경비는 늘어나고 있다. 늘어나는 학부모부담 경비 중 급식비가 차지하는 비율이 가장 높다. 고등학교에서 야간자율학습을 실시하면서 저녁급식을 먹거나 아침까지도 학교에서 먹는 학교들이 생겼기 때문이다.

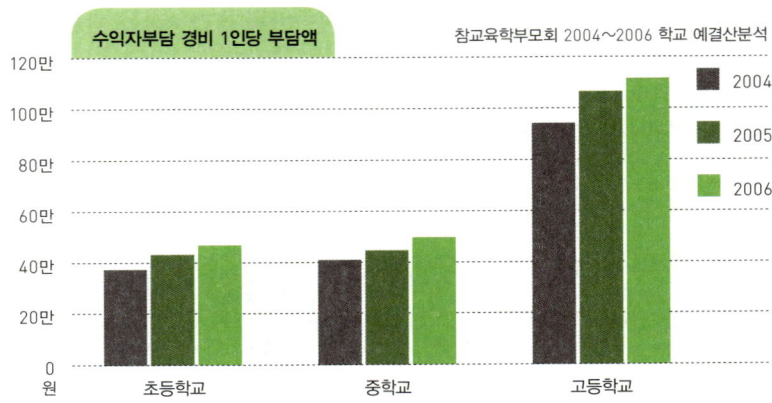

의무교육을 무상으로 하고 있는 다른 나라에 비추어 우리나라 학부모들이 부담하고 있는 교육비는 높은 편이다. 학부모가 부담하는 경비는 교육복지 차원에서 점차 국가가 부담해가야 한다. 최근 무상급식 예산을 삭감한 경기도 교육위원회가 여론의 도마에 올랐다. 기초생활수급자나 차상위계층의 자녀들에게 급식비를 지원하는 것과 함께 300명 이하 소규모 학교학생들에게 무상급식을 확대하겠다는 취지였는데 교육위원회가 예산을 삭감해버렸다. 아직 시기상조라는 것이 그들의 궁색한 답변이었다.

학교 살림살이에 관심을 가져야 한다

아이의 초등학교 강당공사가 거의 마무리되어 갈 무렵, 초등학교는 어떻게 강당을 지을 수 있었을까 알아보았다. 지역 국회의원이 교육부에서 특별교부금 일부를 지원하고 나머지는 교육청에서 지원해서 가능했다. 한꺼번에 많은 돈이 들어가는 공사다 보니 여기저기 지원을 받을 수밖에 없다고 한다.

학교마다 한 해 살림을 살기가 넉넉하지 않다. 그러나 돈이 많이 들어간다고 반드시 아이들이나 선생님들이 다니고 싶은 학교가 되는 것도 아니다. 학교운영에 쓰라고 학교에 주는 돈은 우리 눈에 잘 보이지 않는다. 아이들을 잘 교육하라고 권한을 위임받은 대리인들이 눈에 보이는 결과만을 중시한 사업에 예산을 쓰지 않도록 꾸준히 지켜봐야 한다.

가정통신문을 잘 살펴보자　학교에서 집으로 보내오는 가정통신문이 매우 많다. 가정통신문을 좀더 자세히 보자. 다 아는 사항이라고 그냥 쓰레기통에 버리거나, 아이가 제대로 전달해주지 않는 경우도 많다. 학교 홈페이지에 들어가면 가정통신문이 모두 실려 있다. 학기 초라면 학교 살림살이와 학교발전기금에 대한 통신문도 있으니 꼼꼼히 살펴보자.

학급에 물품을 기증할 때는 학교발전기금으로 접수하고 비품대장에 꼭 기입하자　아이가 다니는 학교교실에 들렀더니 교탁보도 엉망이고 청소기도 없어서 옆반에서 자꾸 빌려다 쓰고 있는 게 아닌가. 번거로운 것 같아 청소기를 하나 사 놓았다. 그런데 학년이 끝나갈 무렵 감쪽같이 청소기가 없어졌다. 학년이 끝나면서 선생님이 가지고 가버린 것이다. '어쩜, 이럴 수가!' 해봐야 늦다. 이런 일은 학부모가 물건을 기증하면서 거쳐야 할 과정을 거치지 않았기 때문에 생긴다. 학급에 필요한 비품이나 물건들은 모두 학교예산으로 마련하게 되어 있다. 만약 학교예산이 부족해 비품구입이 어려워 학부모가 개인적으로 물품을 사주고 싶다면 학교행정실에 가서 학교발전기금 대장에 물품으로 기증한다고 쓰고 사용할 학급을 지정해야 한다. 또 비품대장에 물품명을 써서 학교 안 비품으로 꼭 등록하고 학급에서 사용하도록 해야 한다. 번거롭지만 반드시 거쳐야 하는 일이다.

학교예산을 제대로 알고 도와주자

담임선생님이 "환경미화 좀 도와주세요." 해서 시작했는데, 웬걸 딱풀 하나도 없다. 칼, 가위도 모두 사야 하니 참 난감하다. 그런 걸 산다고 돈 달라고 하기도 뭐하고 '에라 그냥 나 혼자 쓰고 말지 뭐.' 하고 시작한 환경미화. 알고 보니 학교예산에 환경미화비가 책정되어 있었다. 환경미화를 도와주는 것은 좋지만 환경미화비가 얼마나 나오는지 꼭 물어봐야 한다. 학교예산에서 주어진 범위에서 환경미화를 해야지 학부모가 급한 마음에 돈 쓰고 시간 들이고 돌아서면 화나는 일을 반복하면 안 된다.

환경미화는 아이들이 선생님과 함께 교실을 꾸미는 것이 더욱 좋은 방법이다. 아이들이 먹는 물을 학부모에게 대놓고 부담시키거나 화장실 청소용역비까지 요구하는 일이 있는데 이럴 때 꼭 물어봐야 하는 말! "학교예산에는 얼마나 잡혀 있나요?" 학교에서 꼭 사용할 예산이 다른 곳에 허투루 쓰이지 않게 하는 방법이다.

학교운영위원회에서 예산·결산 소위원회를 만들어 활동해보자

학교운영위원회가 다루는 안건 중 중요한 것이 학교예산과 결산 심의다. 예산과 결산자료는 운영위원회의가 열리기 일주일 전에 보내주지만, 숫자로 된 자료를 한 번 보고 파악하기란 여간 어렵지 않다. 학교운영위원회가 구성되면 '예산·결산 소위원회'

를 구성해 일 년 동안 활동하게 하는 것도 좋은 방법이다. 소위원회에는 교육청에서 해마다 배부하는「학교예산 관련 지침」을 옆에 두고 비교 검토하고, 학부모 중 회계를 잘 아는 사람을 모셔서 함께 활동하면 도움받을 수 있다. 소위원회에서 각 교과별로 예산요구서 받은 것과 학교운영에 꼭 필요한 사업들을 잘 따져서 예산안을 짜고 지출된 내역을 토대로 결산을 미리 검토하면 학교운영위원회의 시간이 절약되는 이점도 있다.

예산 계획을 검토할 때에는 다음 사항들을 꼼꼼하게 살펴보아야 한다.

· 예산이 특정 부서나 활동에 편중되어 있지 않은지
· 교육적 효과가 명확하지 않은 시설투자나 전시사업에 예산을 낭비하고 있지 않은지
· 학생과 교사의 복지나 교육여건을 개선하기 위해 예산을 배정했는지
· 학생, 학부모, 교사의 요구사항을 반영했는지

교육재정이 늘어나는 것도 필요하지만 한정된 예산을 꼼꼼하게 잘 사용하는 것도 그 못지 않게 중요하다. 학부모가 내 살림을 규모 있게 가꾸듯 학교 살림도 규모 있게 살고 있는지 가끔 눈을 돌려보아야 한다.

과목			과목 내용
관	항	목	
1. 교육비특별회계전입금			
	1. 교육비특별회계전입금		
		1. 학교교육비	교육청에서 학교운영을 위하여 총액으로 교부되는 전입금과 특정 사업수요가 있는 학교에 지원되는 경비
		2. 목적사업비	단위학교의 목적사업 수행을 위하여 지원되는 전입금
		3. 학교환경개선사업비	학교에서 직접 집행할 수 있도록 교부되는 전입금
2. 학부모부담 수입			
	1. 학교운영지원비		학교의 학교운영위원회의 심의를 거쳐 징수하는 학교운영지원비
	2. 수익자부담 경비		
		1. 현장학습비	현장학습(수학여행, 소풍, 견학, 도·농간 교류학습 등)을 위한 경비
		2. 학생수련활동비	극기훈련, 야영, 학년별 수련, 임원 수련 등을 위한 경비
		3. 학교급식비	학생과 교직원 급식비(인건비, 식품비, 관리비 포함)와 우유대금
		4. 방과후학교교육활동비	방과후, 방학 중 특기적성 교육비와 수준별 보충 학습비
		5. 졸업앨범비	졸업앨범을 구매하기 위한 경비
		6. 청소년단체활동비	각종 청소년단체 활동을 위한 경비
		7. 기타 수익자부담 경비	생활관사용료, 교지제작비, 교과서대금, 건강검진료, 스쿨버스 이용료 등 기타 수익자가 납부하는 경비
3. 자체수입			
	1. 사용료 및 수수료		
		1. 사용료	학교 체육시설, 교실, 강당, 운동장 사용료 및 매점 사용료와 학교 물품의 대여로 발생하는 대여료 등
		2. 수수료	제증명 발급 등 수수료
	2. 잡수입		예금이자, 매점운영 수익금, 불용물품 매각대금, 공공요금 부과시설 사용료 등
4. 과년도 수입			
	1. 과년도 수입		전년도에 징수결정 하였으나 미수납된 금액을 당해연도에 수납하는 수입 (추계하여 세입예산으로 계산)
5. 학교발전기금전입금			
	1. 학교발전기금전입금		학교운영위원회에서 심의하여 학교발전기금 회계에서 학교 회계로 전입되는 학교발전기금

과목	과목 내용
6. 보조금 및 지원금	
1. 보조금 및 지원금	
1. 보조금	국가 또는 지방자치단체로부터 교부되는 보조금
2. 지원금	보조금 교부기관 이외의 다른 기관으로부터 지원되는 지원금
7. 이월금	
1. 이월금	전년도 학교회계에서 발생하는 불용액(추계)으로 당해연도에 이월되는 순세계잉여금

세출예산

과목			과목 내용
관	항	목	
1. 인 건 비			
	1. 교직원인건비		
		1. 교원연구비	학교운영지원비에서 교원에게 지급하는 연구비(기본연구비, 직책연구비, 학생지도비, 특수목적고 교원연구비, 수업연구비, 겸직연구비 등)
		2. 제수당	학교운영지원비에서 직급에 따라 지급하는 관리수당, 겸직 수당, 강사수당 등
2. 기타직 인건비			
	1. 학교회계직원 보수		학교운영지원비를 담당 직원 보수와 국민연금, 건강보험, 고용보험, 산재보험
	2. 비정규직 보수		전임코치, 특수교육보조원, 영양사, 조리원 등의 보수와 국민연금, 건강보험, 고용보험, 산재보험
	3. 퇴직적립금		학교회계직원(구 학부모회직원) 및 비정규직의 퇴직 급여
2. 학교운영비			
	1. 학교운영비		
		1. 학생복리비	학생자치활동에 소요되는 제 경비(보건·체육비, 각종 검사비, 학생안전공제회비, 학생 중식지원비, 장학금, 저소득층 자녀 학비지원 등)
		2. 교수학습활동비	교육과정 운영 및 교수·학습활동에 필요한 제 경비(학습자료 구입비, 교구·기자재 구입, 도서관 운영비, 각종 행사비, 학급운영비 등)
		3. 공통운영비	일반운영비, 공공요금 및 제세공과금, 연료비, 특근매식비, 운영수당, 차량비, 여비, 용역비, 자산취득비
		4. 업무추진비	학교장 직책급 업무추진비, 사업추진업무협의회비, 학교운영 및 유관기관과의 업무유대를 위해 드는 기관운영 업무추진비
		5. 시설비	학교의 시 설·장비 유지·보수에 필요한 제 경비. 시설보수충당금

큰아이가 내년에 초등학생이 된다.
이제 본격적으로 학교교육을 받게 되는데 교육비가 얼마나 드는지
알고 싶다. 유치원 다닐 때도 교육비는 비쌌다.
영어, 논술 같은 것도 별도로 유치원에 돈을 내기도 했다.
대학등록금도 일 년에 천만 원이 넘는다고 하고
사교육비도 20조가 넘는다는 뉴스를 볼 때마다
아이를 어떻게 키워야 하나 걱정이 태산이다.
학원도 안 보내면 안 될 것 같고…. 아이를 학교에 보내는 동안
학부모가 내는 돈은 모두 얼마일까?

5년 동안 캐나다에서 살다가 8월에 한국에 들어왔다.
큰아이는 중학교 3학년이 되고 작은아이는 6학년이 된다.
큰애가 영어를 잘하는 것을 살려보고 싶어 외국어고등학교에
진학하려고 한다. 그런데 일반고등학교와 다르게
등록금이 비싸다고 들었다. 얼마나 차이가 나는지 알고 싶다.
등록금 말고 학부모가 부담해야 하는 교육비가 어느 정도인가?
캐나다에서는 학교에 보내면서 사실 학부모가 돈내는 일이
별로 없었기 때문에 부담스럽다.

유치원에서 대학까지 얼마나 들까?

공교육비 구조

방학이다. 아이들은 가방을 메고 학원으로 향하고 옆집 아이는 필리핀으로 영어캠프를 떠났다. 먹고 살기에도 빠듯하다보니 어학연수는 꿈도 못 꾸는데 큰일 났다 싶다. 필리핀 다녀온 옆집 아이와 우리 아이가 영어시간에 비교될 텐데 말이다. 불안한 마음이 앞서니 아이만 다그친다. 학원 가지 않는 시간에 혼자라도 공부를 좀 열심히 하면 좋으련만 놀고 싶어 안달이 난 아이를 볼썽사납게 꼬아보게 된다. 어서 개학하면 좋겠다. 개학하면 좀 나으려나? 당장 방과후 교육도 몇 개 신청해야 하고, 급식비도 두 달 치를 미리 내야 하고, 가을소풍 간다고 현장체험학습비도 내야 한다. 이래저래 돈 들 일투성이다.

아이가 커가는 과정에서 교육을 따로 떼어내 생각할 수는 없다. 교육을 시키려면 반드시 교육비가 든다. 다들 잘 알겠지만 교육비는 크게 공교육비와 사교육비로 나누는데, 공교육비는 국가가 부담하는 정부부담 공교육비와 학부모가 부담하는 민간부담 공교육비로 구분할 수 있다. 어느 나라든 정부나 지방자치단체, 학부모가 부담하는 교육비가 있지만 우리나라는 학부모부담 공교육비가 높은 편이다.

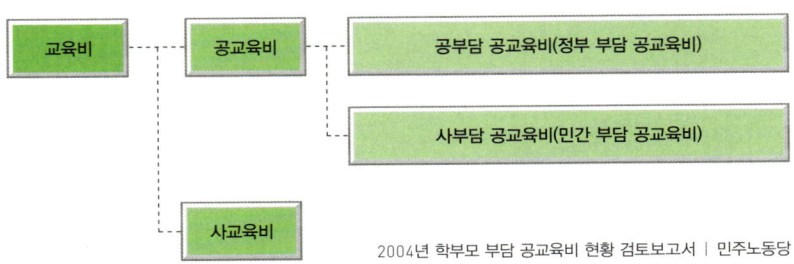

2004년 학부모 부담 공교육비 현황 검토보고서 | 민주노동당

민간부담 공교육비에는 유치원 교육비와 초·중·고·대학의 입학금과 수업료, 재단전입금, 기성회비, 급식비, 기숙사비 등이 포함된다. 학원비 같은 사교육비는 포함되지 않으므로 실제 학부모가 교육비에 사용하는 규모는 이보다 훨씬 높다고 볼 수 있다. 초등학교와 중학교는 의무교육기관으로, 대한민국에서 태어난 아이는 중학교 연령까지 국가가 교육을 지원해야 한다. 그러나 국가가 전적으로 책임지지 못하고 교육비의 절반 가까이를 학부모가 부담하고 있다.

정부가 부담하는 교육비의 경우 2005년 OECD 평균이 5.0% 정도다. 우리나라는 4.3%에 그치고 있고, 민간 부담 비율은 2.9%로 OECD 평균 0.8%의 세 배가 넘는다. OECD에 가입하지 않은 국가들과 비교해도 정부부담 교육비는 파라과이나 태국보다 낮고, 학부모부담 공교육비도 페루나 필리핀을 비롯한 대부분 나라보다 높다.

GDP 대비 교육단계별 공교육비 비율 추이(1998~2005)

단위: %

구분		전체 교육 단계			초·중등교육 단계			고등교육 단계		
		정부부담	민간부담	계	정부부담	민간부담	계	정부부담	민간부담	계
1998	한국	4.1	3.0	7.0	3.2	0.8	4	0.4	2.1	2.5
	OECD평균	5.0	0.7	5.7	3.5	0.4	3.7	1.1	0.3	1.3
1999	한국	4.1	2.7	5.8	3.2	0.8	4	0.5	1.9	2.4
	OECD평균	4.9	0.6	5.5	3.4	0.3	3.6	1.0	0.3	1.3
2000	한국	4.3	2.8	7.1	3.3	0.7	4	0.6	1.9	2.6
	OECD평균	4.8	0.6	5.5	3.4	0.3	3.6	1.0	0.3	1.3
2001	한국	4.8	3.4	3.2	3.5	1.0	4.6	0.4	2.3	2.7
	OECD평균	5.0	0.7	5.6	3.5	0.3	3.8	1.0	0.3	1.4
2002	한국	4.2	2.9	7.1	3.3	0.9	4.1	0.3	1.9	2.2
	OECD평균	5.1	0.7	5.8	3.6	0.3	3.8	1.1	0.3	1.4
2003	한국	4.6	2.9	7.5	3.5	0.9	4.4	0.6	2.0	2.6
	OECD평균	5.2	0.7	5.9	3.6	0.3	3.9	1.1	0.4	1.4
2004	한국	4.4	2.8	7.2	3.5	0.9	4.4	0.5	1.8	2.3
	OECD평균	5.0	0.7	5.7	3.6	0.3	3.8	1.0	0.4	1.4
2005	한국	4.3	2.9	7.2	3.4	0.9	4.3	0.6	1.8	2.4
	OECD평균	5.0	0.8	5.8	3.5	0.3	3.8	1.1	0.4	1.5

한국교육개발원(2008), 2008 국제지표로 본 한국교육

비OECD 국가와 한국의 GDP 대비 재원별 공교육비(2002)

단위: %

	한국	아르헨티나	칠레	인도	인도네시아	이스라엘	자메이카	파라과이	페루	필리핀	태국	우루과이
정부부담	4.2	3.9	4.0	3.4	1.2	7.5	6.1	4.5	2.7	3.1	4.6	2.6
민간부담	2.9	0.8	3.2	1.4	0.6	1.7	5.9	2.1	1.9	2.0	2.2	0.2
계	7.1	4.7	7.3	4.8	1.9	9.2	12.1	6.6	4.6	5.2	6.8	2.8

2005년 OECD 교육지표

대학까지 보내는 데 2억 넘게 들어

아이 교육에 너무 많은 비용이 들어 아이 낳기를 포기하는 가정이 늘고 출산율도 낮아졌다 한다. 아이를 낳아 대학까지 보내는데 도대체 얼마나 많은 비용이 드는 걸까? 이와 관련하여 2007년 10월 한국보건사회연구원이 '생애 단계별 양육비' 내역을 발표했다. 아이가 태어나서부터 대학을 마칠 때까지 자녀 1인당 평균 양육비가 2억 3,199만 원이 들고 고등학교 졸업 때까지는 1억 7,334만 원이 든다고 한다.

양육비에는 유치원부터 대학까지 납입금과 등록금, 교재비 같은 공교육비와 학원과 과외교습에 드는 사교육비, 의료비, 피복비, 교양·오락비, 개인 식료품비, 교통통신비 등을 모두 포함시켰다. 한 달 소득에서 자녀양육비는 46%가 넘고 지출 중에서 자녀양육과 관련된 비용도 56%나 차지하며 사교육비는 1인당 203,000원으로 공교육비 131,000원보다 높은 것으로 나타났다.

대개 한 집에 자녀가 두 명이므로 자녀 둘을 대학까지 교육시키고 키우

생애 단계별 양육비 규모		단위: 만 원
나이	양육비	누계
영아 (0-2세)	2,264	2,264
유아 (3-5세)	2,692	4,957
초등학생(6-11세)	5,652	1억 609
중학생(12-14세)	3,132	1억 3,741
고등학생(15-17세)	3,592	1억 7,334
대학생(18세 이상)	5,865	2억 3,199

2006년도 자녀 양육비 실태조사, 한국보건사회연구원

는 데 4억 원이 넘는 돈이 든다는 얘기다. 이것도 평균적인 금액이라서 개인적인 차이가 있겠지만 듣기만 해도 부담스럽다. 그렇다면 순수하게 학교에 보내면서 드는 비용은 얼마나 될까?

공교육비, 학부모가 얼마나 내고 있나?

아이를 학교에 보내는 동안 학부모가 공교육에 지출하는 비용은 일률적으로 계산하기 어렵다. 지역마다 학교마다 차이가 있기 때문이다. 그렇다 하더라도 학부모가 부담하는 규모를 추정해볼 수 있다. 2005년 민주노동당에서 교육인적자원부의 '2004~2005년 시·도별 중·고 학교운영지원비 징수액'과 '2003~2004년 전국 초·중·고 수익자부담경비 납부 현황'을 분석해 발표했다. '2004년

2004년 학부모부담 공교육비 현황 검토보고서, 민주노동당

2004년 학부모부담 공교육비 현황

	입학금 및 수업료	학교운영지원비 (대학 이상은 기성회비)	수익자부담 경비	계	누계
초등학교	–	–	1조 5,171	1조 5,171	
중학교	–	3,319	7,132	1조 451	2조 5,622
고등학교	1조 8,000	4,114	9,775	3조 1,889	5조 7,511 (약 5조 8천억)
대학(학부)	9조 2,000		–	9조 2,000	14조 9,511 (약 15조)
대학원	1조 6,000		–	1조 6,000	16조 5,511 (약 16조 6천억)
총액				16조 5,511	

단위: 억원

* 고등학교 입학금 및 수업료, 대학 이상의 입학금·수업료·기성회비는 추정치임.
* 사립 초등학교 입학금 및 수업료는 추정하지 않음.
* 수익자부담경비에서 졸업앨범비, 청소년단체활동비, 기타를 제외함.

학부모부담 공교육비' 자료를 보면, 초등학교와 중학교는 의무교육기관이라 입학금과 수업료가 없지만 중학교에서 학교운영지원비 명목으로 3,319억 원을 학부모에게 걷어 학교운영에 사용했다. 고등학교의 입학금과 수업료로 1조 8천억 원, 학교운영지원비로 4,114억 원을 학부모가 부담했다. 급식비를 비롯한 현장학습, 수학여행 등의 경비(수익자부담경비)로 학부모가 부담한 비용은 초등학교 1조 5,876억 원, 중학교 1조 1,434억 원, 고등학교 3조 2,522억 원이다. 대학교 등록금 부담 총액은 9조 2,000억 원이나 되는 것으로 나타났다.

그렇다면 학생 1인당 공교육비로 학교에 지출한 돈은 얼마나 될까? 전라북도 교육청에서 발표한 학부모 공교육비 부담 자료를 통해 학생 1인당 학부모가 부담하는 공교육비의 규모를 가늠해볼 수 있다. 2008년 한 해 동안 전라북도 학부모들이 초등학교에 낸 공교육비는 519,000원(수익자부담경비), 중학교는 614,000원(수익자부담경비+학교운영지원비), 고등학교는 2,393,000원(입학금과 수업료+학교운영지원비+수익자부담경비)이었다. 이는 전년에 비해 8.7%가 상승한 것으로 일반적인 물가상승률 4%에 비해 두 배나 높은 수치다.

　아이를 학교에 보내면서 학부모들은 어디에 어떻게 돈이 들어가는지 제대로 알고 있을까. 아는 것이 힘이라고 일반적으로 학부모들이 내는 공교육비를 항목별로 알아보자.

수업료와 입학금　　의무교육기관인 초등학교와 중학교에서는 수업료를 부담하지 않는다. 그러나 고등학교에 가면 수업료를 3개월에 한 번씩 낸다. 일반 인문계 고등학교에서는 분기별 35만 원씩 네 번 내므로 일 년에 140만 원쯤 든다. 수업료도 지역이나 학교마다 다르다는 점을 감안해야 한다. 특수목적 고등학교(공업, 농업, 수산, 해양, 과학, 외국어, 예술, 체육, 국제) 는 일반 인문계 학교의 세 배 이내로 수업료가 책정되어 있어 연간 300~430만 원을 내야 한다.(학교마다 차이가 있음) 입학할 때 내는 입학금은 1학년 1분기 수 업료와 같이 내는데 16,000~20,000원 가량 된다.

학교운영지원비 학교운영지원비는 초등학교에서는 내지 않는다. 중학교는 수업료는 내지 않지만 학교운영지원비를 반강제로 내고 있 다. 연간 네 번에 나누어 수업료와 함께 내야 하는데 분기별로 45,000원 가량 (지역마다 차이가 있음)으로 연간 18~20만 원 정도 낸다. 고등학교는 분기별로 75,000원씩 내 연간 30여만 원을 부담하고 있다. 특수목적고에서는 32만 원쯤 을 내야 한다.

수익자부담 경비 급식비나 현장체험학습, 앨범비, 특기적성교육비 같이 학 부모가 교육활동에 필요한 경비를 낸다. 교육부 자료를 2004년 기준으로 살펴보면 초등학생 1인당 평균 425,000원, 중학생 1인당 평균 40여만 원, 고등학생 1인당 73만 원을 내고 있다.

그러나 내 아이를 학교에 보내면서 냈던 금액을 대강 정리해보니 이보다 훨 씬 많았다. 초등학교만해도 급식비 450,000원(50,000×9개월), 수학여행비 65,000원, 현장체험학습비 32,000원, 특기적성교육비 1강좌당 30,000원, 졸업 앨범비 40,000원, 보이스카우트활동비 120,000원인 것으로 기억난다. 이것만 따져도 총 76만 원이 된다.

내 아이에게 들어간 공교육비 현황(추정액)			단위: 원
	초등학교	중학교	고등학교
수업료	X(의무교육)	X(의무교육)	350,000×4분기
학교운영지원비	X	45,000×4분기	74,000×4분기
급식비	50,000×9개월	57,200×9개월	59,400×9개월(점심) 50,400×9개월(저녁)
수학여행비	65,000	80,000	160,000
현장체험학습비	30,000~70,000	30,000~70,000	70,000
교과서대금	X	X	40,000
청소년단체활동비	120,000	150,000	X
졸업앨범비	40,000~50,000	40,000~50,000	40,000~50,000
방과후 교육	30,000(1강좌당)	30,000(1강좌당)	30,000(1강좌당)
계	760,000	1,049,800	3,029,200

특수목적고의 경우 수익자부담경비는 일반 고등학교에 비해 비싸다. 2006년 유기홍 의원의 국정감사 자료를 보면, 과학고의 수익자부담경비가 평균 222만 원으로, 일반계 공립 고등학교의 수익자부담경비 47만 원, 일반계 사립 고등학교 59만 원에 비해 3~4배 높다. 현장학습비는 과학고 42만 원, 외국어고 22만 원, 일반계 고등학교 14만 원이며, 특기적성교육비는 과학고가 55만원, 외국어고 42만 원, 일반계 고등학교는 20만 원으로 두 배 이상 차이가 난다.

기타 경비   이외에도 고등학교에서 내는 교과서대금이 있고, 기숙사가 있는 학교에서는 기숙사비를 내야 한다. 기숙사비는 주로 특수목적고에 해당하는데 학교마다 큰 차이를 보인다. 많게는 한 해에 700만

원, 적게는 한 해에 100만 원 가량 내야 한다.

대학등록금 학부모가 가장 부담스러워하는 대목이 대학등록금이다.

1998년 사립대 등록금이 자율화되고 2003년 국립대 등록금마저 자율화된 이후 해마다 8% 넘게 인상되면서 등록금 연간 1000만 원 시대를 맞이하게 되었다. 등록금을 마련하느라 엄마들이 온갖 아르바이트를 전전하기도 하고 등록금을 마련하지 못해 학생들이 삶을 포기하는 문제까지 생겨난다.

고등학교 졸업자 중 85% 정도가 대학에 진학하는데, 고등교육에 대한 정부 지원은 OECD국가 평균 GDP 대비 1.2%의 절반인 0.6%에 불과한 실정이다. 그러다보니 대학들은 학교운영비의 80% 가까이를 학생들 등록금에 의존하고, 등록금 상한선이 없어지고 난 후 등록금을 해마다 물가상승률의 세 배 가까이 올리고 있다.

최근 다행스럽게도 등록금을 국가가 빌려주고 취직해서 일정 소득이 생기면

4년제 사립대학 재정수입 항목별 현황(2006)

단위: 천 원, %

구분	등록금 수강료	전입금	기부금	국고보조금	교육 부대수입	교육 외 수입	운영수입(계)
액수	8,334,359,995	981,475,584	444,364,381	160,537,751	360,460,365	484,908,568	10,766,106,644
비율	77.4	9.1	4.1	1.5	3.3	4.5	100.0

2007 대학등록금 및 재정분석 자료집, 최순영 의원

* 전입금은 특별회계, 부속병원회계, 산학협력단, 학교기업, 교내전입금, 재단전입금으로 구성되어 있음.
* 국고보조금은 산학협력단 관련 보조금은 제외한 것임.

갚아가도록 하는 제도(소득연계형 후불제)가 마련되었다. 하지만 이를 뒷받침하는 정책이 함께 만들어지지 않으면 등록금으로 고통받는 학생과 학부모들의 한숨은 깊어질 수밖에 없다. 정부가 직접 개입하여 너무 많이 올라버린 등록금을 내리게 할 수 없다면 정부에서 지원하는 고등교육 재정비율을 높이거나 대학등록금의 상한선을 4인 가족 최저생계비를 기준으로 정하는 것이 절실하다. 현재 가장 많은 학부모들이 등록금 마련 창구로 여기는 학자금대출의 경우도 정부에서 7%에 가까운 대출이자를 대폭 낮춰 무이자나 저리로 운영하는 방안도 생각해봐야 한다.

대학을 제외하고서라도 초·중등학교 때 드는 공교육비를 대략이나마 추정해보면 만만찮은 금액임을 알 수 있다. 많은 학부모들은 공교육비는 아예 제쳐놓고, 어머어마한 사교육비에 허리가 휜다고 하소연하지만 한 해 공교육비를 지출하기에도 버거운 가정이 상당수 있다. 세금은 세금대로 내고 아이가 다니는 학교에서 각종 찬조금이니 급식비, 학교운영지원비, 현장체험학습비 따위의 학부모부담 비용이 은근슬쩍 많다. 의무교육이라고 하면서 학부모 주머니에서 공식적으로 떼어가는 교육세는 다 어디로 가는 건지 도무지 모를 일이다. 그러면서도 학교가 살림이 어렵다고 엄살을 부리면 학부모는 마음이 약해지기 마련이다. 돈을 낼 때 내더라도 각종 찬조금이니 학교운영지원비, 수학여행비, 졸업앨범비, 급식비가 어디에 어떻게 쓰이는지 두 눈 크게 뜨고 지켜보는 게 학부모로서 당연한 자세가 아닐까 싶다.

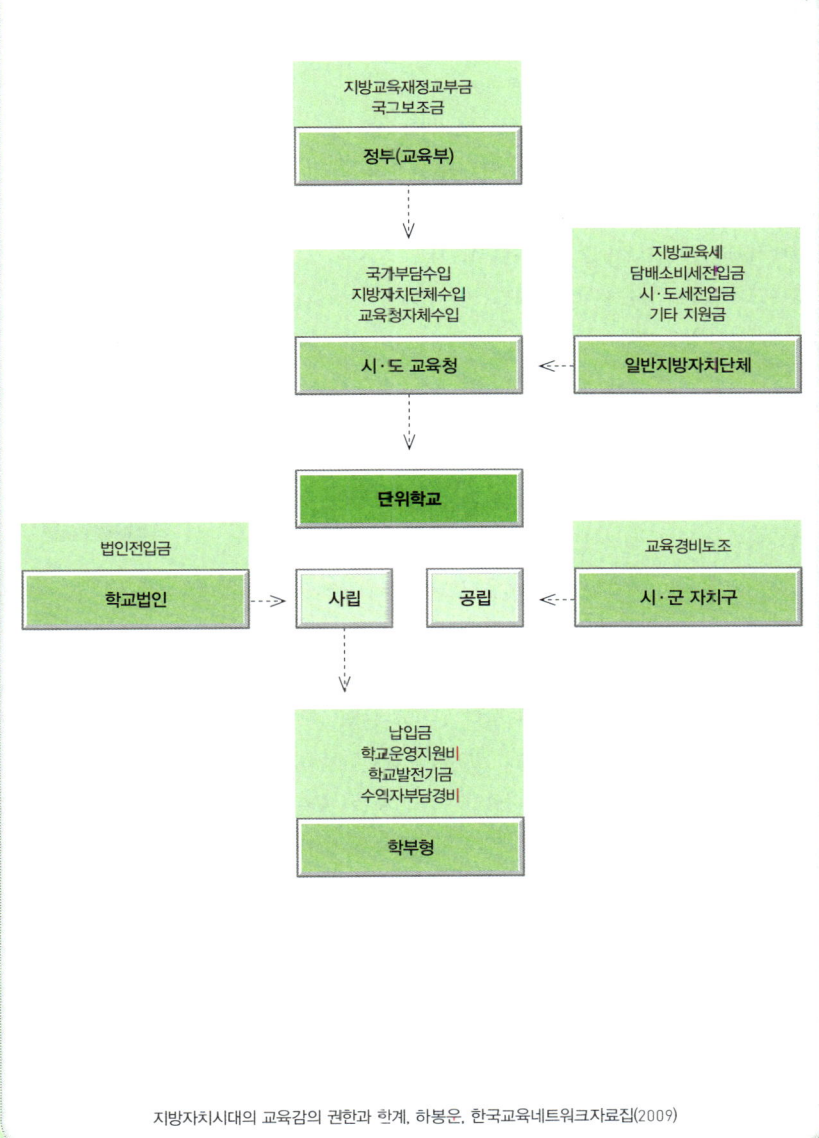

지방교육재정교부금
국그보조금

정부(교육부)

국가부담수입
지방자치단체수입
교육청자체수입

시·도 교육청

지방교육세
담배소비세전입금
시·도세전입금
기타 지원금

일반지방자치단체

단위학교

법인전입금

학교법인

사립

공립

교육경비노조

시·군 자치구

납입금
학교운영지원비
학교발전기금
수익자부담경비

학부형

지방자치시대의 교육감의 권한과 한계, 하봉운, 한국교육네트워크자료집(2009)

초등학교에 첫 아이를 보낸 학부모다.
가정통신문에 학부모 거래은행 계좌를 적어내면
거기서 학교에 내야할 돈이 자동으로 빠져 나간다고 한다.
그걸 스쿨뱅킹이라고 하던데 통장에서 어떤 명목의 돈이
빠져 나가는지 궁금하다. 예전에는 학교서무실에 직접 가서
냈는데 내가 신경 쓰지 않으면 무슨 돈을 내는지
모를 수도 있겠구나 싶다. 학부모가 내는 돈이 1년에
얼마나 되는지 알고 싶다.

아이가 중학생이 되니까 이래저래 들어가는 돈이 많다.
그중에서 교복값이 30만 원 정도로 제일 많이 들어간다.
이제는 교복도 대형마트나 백화점에 가야 살 수 있고 가격도
비싸 엄청 부담스럽다. 옆 학교에서는 절반 가격으로 교복을
공동구입했다는 이야기를 들었다. 아이 학교에서도 공동으로 구매하면
학부모들이 좋아할 텐데 그런 방법을 알려주지 않아 속상하다.
모두가 사야 하는 교복이라면 함께 구입하는 방법을
마련해야 하는 것 아닐까?

학부모가
부담하는 교육비

학부모가 부담하는 경비

중식비 59,400, 특기적성활동비 50,000, 수학여행비 78,000, 앨범비 40,000….

은행에서 통장을 정리하다보면 아이 학교로 자동으로 이체된 내역이 나온다. 가정통신문에서 얼핏 본 것도 같은데 기억이 가물가물하다. 요즘 학교는 대부분 학부모가 부담해야 하는 경비를 부모의 은행계좌에서 자동으로 처리하고 있다. 매달 내야 하는 급식비나 현장체험학습비, 수학여행비, 수업료(고등학교) 같은 비용을 학부모 계좌에서 자동이체하는 시스템이 마련되어 있는데, 이것을 '스쿨뱅킹(School Banking)'이라고 한다. 학교마다 약간씩 차이가 있어 학교에서 지정한 은행계좌만 이용하는 경우도 있고 부모가 주로 거래하는 은행계좌를 이용하기도 한다. 행정적으로 일을 편리하고 빠르게 처리한다는 이점도 있겠지만 자칫하면 어떤 명목의 돈이 빠져나갔는지 모를 수도 있기 때문에 학부모 입장에서는 반드시 주의 깊게 확인해야 한다.

학교 교육과정을 진행하는데 필요한 경비 중 학부모가 부담하는 경비를 '수익자부담경비'라고 한다. 수익자부담경비는 학교예산을 세울 때부터 반드시 포함되는 항목으로, 학교예산에서 차지하는 비율은 50~60%쯤 되는데 학교에서 먹는 점심(고등학생의 경우 저녁값도 포함), 소풍 가는 비용, 스카우트와 같은 청소년단체 활동비용, 졸업앨범, 수학여행, 방과후 특기적성 교육, 교과서 대금 등이 이에 해당한다.

그러면 학부모가 일 년 동안 스쿨뱅킹으로 내야 하는 돈은 얼마나 될까? 최순영 의원(전 민노당 국회의원) 측에서 조사한 바에 따르면 2004년 초등학교에서 수익자부담경비로 징수한 총액은 1조 6,323억 원이었고, 학생 1명이 부담한 금액은 약 40만 원인 것으로 나타났다. 중학생은 총 7,473억 원으로 학생 1인당 약 40만 원, 고등학생은 총 1조 664억 원으로 학생

2004년 수익자부담 경비의 종류별 징수액						최순영 의원실 단위: 억 원		
	현장 학습비	학생 수련 활동비	학교 급식비	특기 적성 활동비	졸업 앨범비	청소년 단체 활동비	기타 경비		총액
							교과서 대금	기타	
초	1,340	651	10,663	2,507	259	583	6	310	16,323
중	659	514	5,663	289	213	26	4	102	7,473
고	920	216	5,578	2,614	195	16	444	678	10,664
계	2,920	1,382	21,905	5,412	668	626	455	1,091	34,461
비율	8.5%	4.0%	63.6%	15.7%	1.9%	1.8%	1.3%	3.2%	100.0%

1인당 약 73만 원을 거뒀다. 학부모가 공교육비로 부담하는 경비는 총 3조 4,461억 원이 되는 셈이다. 이중 가장 비중이 높은 것은 학교급식비 2조 1,905억 원으로 63.6%를 차지한다. 다음으로 특기적성활동비, 현장체험학습비, 학생수련비, 졸업앨범비, 청소년단체활동비, 교과서대금 순으로 나타났다.

해마다 학부모가 부담하는 경비는 늘어나고 있다. 늘어나는 학부모부담 경비 중 급식비가 차지하는 비율이 가장 높은데 이것은 고등학교에서 야간자율학습을 실시하면서 저녁급식을 먹거나 아침까지도 학교에서 먹는 학교들이 생겼기 때문인 것으로 보인다. 또 한편으로는 수학여행을 해외로 가는 경우가 많아진 것도 부담이 늘어난 원인이 된다.

그러나 중학교에서 받고 있는 학교운영지원비는 학부모가 부담하지만 수익자부담경비에 포함되지 않는다. 고등학교의 수업료도 마찬가지다. 육성회비와 같은 성격의 학교운영지원비는 학교운영비에 편성되어 주로 인건비로 사용된다. 중학교의 학교운영지원비나 고등학교의 수업료와 학교운영지원비도 학부모가 부담하니까 실제 학부모부담비용 총액은 더 늘어날 수밖에 없다. 중학교의 학교운영지원비는 연간 20만 원 안팎이며, 고등학교의 수업료와 학교운영지원비는 연간 2백만 원 가까이 된다.

학부모가 부담하는 경비는 학교예산의 다른 항목으로 전용되어 사용될 수 없고, 결산내역을 학부모에게 반드시 공개하도록 하고 있다. 학교운영위원회가 예산과 결산을 심의하지만 학부모 개개인도 학교 홈페이지에 들어가서 학교 결산내역을 확인해보는 것이 필요하다.

학부모가 부담하는 교육비 줄일 수 없을까

가계 지출 중에서 교육에 관련된 비용 지출은 상당한 수준이다. 학교에 내는 공교육비 외에도 사교육비 지출이 한몫을 차지하는데, 한 설문조사에서 사교육비가 전체 가계 지출에서 차지하는 비율이 20% 이상이라고 답한 응답자가 29.4%를 차지했고, 78.9%가 자녀교육비에 부담을 느낀다고 응답했다. 사교육비를 줄이기 위한 정부 차원의 대책이 계속 발표되고 있지만 현실적 대안은 여전히 안갯속에 있다.

이에 반해 학부모가 학교에 내는 비용을 줄이기 위한 노력은 꽤 오랫전부터 있었다. 가장 큰 비중을 차지하는 급식비는 국가에서 전적으로 책임지지는 못하지만 지방자치단체의 지원으로 무상급식을 하는 경우가 점차 늘어나고 있다. 수학여행비도 아이들이 꼭 가보면 좋을 장소를 심사숙고해서 고르고 학부모가 사전답사를 갔다 와서 아이들이 묵을 숙소나 식사의 질을 점검해 알차게 경비를 쓰려는 노력도 한다.

졸업할 때면 으레 손에 받아드는 앨범도 아이들의 추억이 고스란히 담길 수 있도록 좋은 앨범을 만들 수 있는 업체를 꼼꼼하게 따져 선택하는 경우가 많아졌다. 아이들이 꼭 입어야 하는 교복도 이왕이면 값싸고 질 좋은 제품을 선택해 비용부담을 줄일 수 있는 방법을 찾는 학부모들이 점점 늘어나고 있다.

값싸고 질 좋은 졸업앨범 만들기

졸업식 날, 졸업장과 함께 손에 받아드는 앨범은 두고두고 학창시절의 추억을 떠올리게 만든다. 수십 년의 세월이 흘러도 앨범 속 친구들은 그 시절 그 모습으로 남아 있다. 이왕이면 학창시절의 추억을 더 알차게 앨범으로 남기면 어떨까? 2000년대 들어서면서 저마다 학교 특색을 살린 독특한 앨범을 만드는 학교가 늘어났다. 대부분의 학교 앨범이 비슷한 재질과 형식, 내용으로 채워지면서도 가격은 점점 더 비싸져서 불만스러웠기 때문에 아이들과 학부모들 사이에서 '값싸고 질 좋은 앨범'을 만들고 싶은 욕구가 생긴 것이다.

앨범의 크기와 표지도 다양해지고 학급에서 활동한 사진이나 아이들이 남기고 싶은 말, 그림도 들어가고 아이들이 행사에 참여하면서 즐거워하는 스냅사진들로 구석구석을 꾸미기도 했다. 학생 수가 적은 학교에서는 문집 형태로 앨범을 만들기도 한다.

앨범 소위원회를 구성해보자

새로운 형태의 앨범을 만들기 위해서는 졸업하는 학생과 학부모, 교사의 의견을 충분히 반영해야 한다. 앨범에 대한 논의는 학교운영위원회에서 반드시 해야 하므로 이때 앨범 소위원회를 별도로 구성하면 좋다. 소위원회에는 학급 학부모 대표들을 참여시켜 다양한 의견을 듣도록 한다. 학생과 학부모를 대상으로 종이앨범, CD앨범 제작 여부, 희망가격대, 업체 선정방식 등을 설문조사하고, 다른 학교의 앨범을 살펴보면서 많은 아이디어를 얻으면 좋다. 지역에 따라서는 앨범 전시회를 하는 곳도 있으므로 전시회에 참여하는 것도 좋은 방법이다.

앨범의 내용을 꼼꼼하게 만들자

앨범 표지에는 무엇을 넣고, 한 면에 아이들 사진을 몇 장 넣을지, 학급마다 꾸미는 면을 어떻게 둘지, 행사사진은 무엇을 넣을지, 전체를 몇 쪽으로 할지를 앨범사양서에 정리해두어야 한다.

업체는 이 사양서를 보고 앨범을 만들기 때문에 사양서를 꼼꼼하게 작성한다. 특이하면서도 잘 만들어진 다른 학교 앨범을 참고하면 도움이 된다.

적정한 가격의 앨범을 만들자 학부모들이 나서서 값싸고 질 좋은 앨범을 만들기 위해 노력한 덕분에 터무니없이 비쌌던 앨범 가격도 낮아지고 내용도 충실해졌다.

　앨범 가격에서 거품을 빼고 적정가를 책정하려면 앨범 제작업체를 잘 선정해야 한다. 현재 앨범 계약은 학교장이 하게 되어 있는데, 전체 학생의 앨범 가격이 5백만 원 이상 3천만 원 미만이면 조달청을 통해 계약해야 한다. 예를 들어 나라장터(조달청이 운영하는 온라인 공공기관 물자구매 사이트)에 접속해 앨범의 기초 금액을 40,000원으로 입력하면 15개의 가격대가 제시되는데 이 중에 뽑은 가격 4개를 합해 나눈 평균 금액을 예정가로 정한다. 이 예정가에서 낙찰하한율 87.5%를 적용해 이를 하한선으로 하고 그 이상의 금액을 써낸 업체를 순위를 매겨 결정하는 방식(공개 견적 계약)이나 공개 경쟁 방식으로 최저가를 써낸 업체를 결정하는 방식을 이용하면 값싸고 질 좋은 앨범을 만들 수 있다. 단 무조건 조달청에 맡겨 업체가 결정되는 방식을 선택해서는 곤란하다. 구체적인 진행 과정은 학교행정실에서 조달청에 접속하여 진행하면 되고 앨범 소위원회나 학교운영위원회에서는 어떻게 업체를 선정할 것이고 어떤 내용으로 할 것인가만 의논하면 된다.

수학여행, 여행다운 여행이 되려면

고등학생 때 수학여행은 지금도 즐거운 추억으로 남아 있다. 유적지를 돌아다니는 낮에는 졸았다 깨어

낮다를 반복하며 단체사진만 찍고, 밤이면 반짝반짝 생기가 돌아 친구들끼리 노래하고 춤추며 밤을 새웠던 여행이었지만 어디론가 멀리 떠나왔다는 설렘이 마냥 좋았다.

수학여행이나 현장체험학습, 극기훈련 따위의 단체활동은 학교 교육과정에 반드시 해야 한다고 정해져 있다. 문제는 수십 년 전부터 해오던 방식대로 버스를 타고 유적지를 돌아보고 사진을 찍고 장기자랑을 하고 돌아온다는 것이다. 아이들 수가 많은 도시 학교들은 숙소 잡는 일도 만만치 않은데다가 여행 중에 일어나는 사고에 대한 염려 때문에 즐겁지만은 않은 표정이다. 인솔해야 하는 교사로서는 부담스러운 일이고, 아이들로서는 자유롭지 않은 여행이라 무의미하고 귀찮은 일일 뿐이다.

대안학교로 알려진 일부 학교에서는 모둠별로 아이들이 여행 계획부터 직접 짜고, 교통편과 숙박 예약까지 여행의 전 과정을 아이들이 주체적으로 진행하고 있다. 여행이 진짜 배움이 되려면 여행하는 당사자들이 주체가 될 수 있어야 한다. 학생 수가 그리 많지 않은 일반학교라면 그렇게 할 수 있지 않을까. 자원봉사 학부모들의 도움을 받을 수 있다면 학급별로 또는 한 학급이 여러 모둠으로 나뉘어 여행을 떠날 수도 있다. 여행다운 여행이라면 수학여행에 동참할 부모들도 적지 않을 것이다. 아직 그 정도는 아니어도 수학여행을 조금 더 재미있고 의미있게 보내는 사례들이 생겨나고 있다.

다양한 프로그램을 준비하자 서울의 한 고등학교는 1989년부터 4개 학급씩 두 팀으로 나뉘어 백제문화권과 신라문화권으로 수학여행을 떠난다. 수학여행을 가기 전 수업시간에 여행지에 대한 사전 슬라이드 교육을 2시간씩 하고 아이들과 함께 60쪽에 달하는 자료집을 만든다. 여행 2일째에는 경주에서 전체가 만나 학급별로 교사와 학생들이 준비한 공연을 무대에 올리고 3일째에는 정해진 주제에 대해 토의를 하고 발표하는 시간을 갖는다. 토의 주제는 '동서의 지역적 특색', '백제문화와 신라문화의 특징 비교' 등으로 정해 아이들 모두 활발하게 참여하면서 여행의 의미를 일깨운다.

모든 학년이 함께 떠나는 대규모 단체여행이 아니라 적은 인원이 떠나는 여행이어서 사고 위험도 줄일 수 있었다. 또 자칫 딱딱한 여행이 될 수 있다는 우려에서 벗어나 교사와 아이들이 함께 자료를 준비하고 공연을 준비하는 과정에서 아이들이 자발적으로 참여하고 여행을 채워나가는 즐거움을 만끽했다. 그렇기에 이런 방식의 여행을 지난 10여 년 간 진행할 수 있었다.

98년부터는 주제별 코스를 선택해서 참여하는 방식으로 바뀌었다. 먼저 학생들의 의견을 수렴하여 여행 대상지를 선정하고 선생님들과 학부모들이 코스

서울ㅅ여고 주제별 현장학습 사례		학부모신문 2008
분야	**초기 영역 (15)**	**후기 영역 (15)**
역사 탐방	남도의 산, 남도의 바다 백제 문화 탐방, 신라 문화 탐방 하회마을에서의 사흘 갑오 농민 전쟁과 문학	백제문화 탐방, 경주 신라문화 탐방, 너리굴 문화마을 탐방, 안동 하회 문화 탐방, 대전 엑스포 과학공원, 시와 노래의 역사, 남도 기행
자연 체험 활동	바다 갯벌 그리고 우리 야영수련 활동, 한강 탐사 활동, 관동 팔경 기행, 가자! 동굴로, 자연 탐구(태백산)	오대산 생태기행, 태백 자연탐사 갑오 농민 전쟁과 문학, 자연과 레포츠, 대관령 목장 체험 허브 농원 체험
제작 활동	도자기 제작 신나는 음악 여행 움직이는 그림 읽기	도자기 제작
체험 활동	농촌 활동	농촌 활동

별로 사전 답사를 가서 교통편, 숙박, 여행지, 식사 등을 살펴보고 돌아온다. 사전답사 후 1, 2학년 전체 학생을 대상으로 현장학습 설명회를 하고 학생들은 원하는 곳을 선택한 후 사전교육을 받고 참여한다.

일률적인 프로그램이 아니다보니 참여하는 아이들의 자발성과 동기가 매우 높았고 의미 있는 수학여행으로 자리잡았다. 수학여행이 여행다운 여행이 되려면 힘들더라도 새로운 길을 개척해가야 한다. 여행을 통해 아이들이 성장한다면 망설일 이유가 없다.

여행지 사전 답사는 꼭 하자
수학여행 일정이 결정되면 반드시 사전답사를 가보아야 한다. 대부분 학교에서 학부모들의 사전답사 참여를 권유하게 마련인데 이 때 참여를 마다하지 말자. 학생 대표와 함께 가보는 것이 좋다. 한 방에서 몇 명이 자는가도 알아보고 숙소 식당에서 만든 음식도 꼭 직접 먹어보아야 한다. 마음에 걸리는 것이 있으면 참가자들이 답사 후에 의견을 정리하여 반드시 바꾸도록 해야 한다.

선생님 도시락 챙기는 것이 중요한 게 아니다
수학여행이나 현장학습 갈 때 학부모들이 신경 쓰는 것은 선생님 도시락이다. 어디 도시락뿐인가. 아이스박스에 온갖 마실거리와 과일까지 준비하는 학부모들도 있다. 선생님들 밥 못 먹는 일은 없으니 진짜 챙겨야 할 것을 챙기자. 버스기사들 중에는 새벽까지 술을 마시는 경우가 있으니 출발에 앞서 경찰의 도움을 받아 음주단속을 반드시 해봐야 한다. 실제로 음주단속을 실시하고 버스기사들이 갑자기 바뀌는 경우가 종종 있다. 사고를 예방하는 지름길이다.

교복 공동으로 구매하기

중고등학교 입학철만 되면 꼭 사야 하는 것 중 하나가 교복이다. 유명 연예인이 광고하는 제품은 동복 한 벌에 25만 원이 넘는다. 여기에 셔츠 한 장 더 사고 체육복까지 사면 35만 원 가까이 든다. 하복 한 벌도 10만 원쯤 하는데 여름옷이니 두 벌은 사야 하고 여름 체육복까지 포함하면 20만 원이 훌쩍 넘는다. 이 가격이면 꽤 괜찮은 어른들 기성복 값과 맞먹는다. 아이가 학교에 다니려면 꼭 입어야 하는 옷인데 왜 이렇게 비쌀까. 업체는 해마다 원자재 값이 올랐으니 교복 값도 오를 수밖에 없다며 난색을 표하고 학부모는 울며 겨자먹기로 교복을 살 수밖에 없다.

한 언론사에서 직접 조사해본 바에 따르면 25만 원 하는 교복 원가는 10만 원이 조금 넘는다. 여기에 마케팅 비용과 유통비, 대리점 이윤이 붙어 25만 원이 된다. 결국 광고비와 유통비 때문에 교복 값이 올랐다는 것인데, 이는 대형업체들이 교복시장에 뛰어들면서 생긴 현상이다. 예전처럼 학교 앞에 있는 교복점들은 다 없어져버려 몸에 맞게 교복을 맞춰 입는 것이 아니라 표준화된 옷에 내 몸을 맞춰야 한다. 그러면서도 가격은 가격대로 비싼 옷을 사야 하니 이것은 분명 소비자로서 부당한 대우를 받고 있는 것이다. 이런 불만을 직접 해결하고 적당한 가격으로 내가 원하는 옷을 사 입을 수 없을까 방법을 찾은 것이 '교복 공동구매 운동'이었다.

교복 공동구매는 품질은 좋고 가격은 적정한 교복을 살 수 있는 방법이다. 그런데 모든 학생들이 입어야 하는 교복이지만 앨범과 다르게 학교에서 업체를 선정해서 일괄 구매할 수 없도록 되어 있다. 대신 학부모들이 나서서 공동구매를 추진하고 추진위원장이 업체와 계약해야 한다. 학교에서 적극 지원해주지 않으면 다소 어려움이 있을 수 있지만 교과부에서는 공동구매를 적극 지원하라는 지침을 학교에 보낸 상황이라서 하고자 하는 의욕만 있으면 추진해볼 만하다.

공동구매 이렇게 추진해보자 **공동구매 추진위원회 구성과 희망 조사** 학교운영위원회에서 공동구매를 심의하고 해당 학년 학부모를 중심으로 추진위원회를 구성한다. 추진위는 먼저 희망 여부를 조사한다.

교복 시장조사와 입찰 공고 교복 시장조사를 하여 예정가격을 산출하고 입찰을 실시한다는 공고를 한다. 교복 사양서를 준비한다.

교복 입찰 방법 설명회(현품 설명회) 입찰에 응할 업체들을 대상으로 해당 학교 교복 디자인과 사양, 입찰 방법에 대한 설명회를 진행한다.

입찰 실시와 낙찰자 공고 입찰에 참가하는 업체들이 입찰 서류를 제출하면 입찰을 실시한다.

교복 견본 확인과 계약서 작성 낙찰된 업체에서 만든 교복 견본을 확인하고 계약서를 작성한다.

교복 치수 측정과 납품 교복 치수를 재고 제품 제작공정에 들어간 뒤 예정된 날 납품을 받는다.

교복만족도 조사 납품 이후 A/S와 함께 만족도 조사를 실시한다.

공동구매에 대해 학교와 사전협의를 하여 추진과정을 공유하고 지원을 받아야 한다 교복을 공동구매 하고자 하면 학교나 학교운영위원회에서 충분한 공감대를 형성해야 한다. 추진위원회는 학부모들로 구성하지만 학교 측에서 장소를 지원하고 입찰 과정에 도움을 주지 않으면 어려움을 겪게 되기 때문이다. 업체와 추진위원회 사이에 비리가 생기지 않도록 투명한 관리를 최우선으로 한 다면 학교에서 도와주지 않을 리 없다. 학교 장소를 사용해야 하기 때문에 입찰이나 납품 일정을 학교 일정과 맞추는 것도 중요하다. 최근 교육부에서는 교복 공동구매 매뉴얼을 만들어 학교에 나눠주고 공동구매를 독려하고 있다.

대형업체 교복만 고집하지 말자

거품이 낀 비싼 교복값에 부모들이 부담을 느끼는데도 대형업체 교복만 고집하는 아이들이 있다. 때로는 학부모들이 대형업체 교복을 선호하기도 한다. 대형업체 교복은 원가보다 홍보와 유통 비용이 더 많은 비중을 차지하게 마련이기 때문에 가격이 낮아질 수가 없다. 학교에서 공동구매를 하게 되면 대형업체들은 단가가 맞지 않아 중소업체들과 경쟁할 수 없는 형편이다. 어차피 교복원단을 만드는 섬유회사는 한정되어 있고 대형업체들도 중소업체에 하청을 주고 있는 것을 감안해야 한다. 중요한 것은 품질은 좋고 적정한 가격의 교복을 학부모가 선택하는 권리를 되찾는 것이다.

앨범 구성

구분	세부 내용(면수)	비고
표지	학교 마크, 학교 이름, 졸업년도(4)	
간지	학생활동 사진이나 좋은 그림 기타 학교에서 원하는 것(4)	
속표지	학교 정문, 졸업 횟수, 학년도(1) 학교 전경, 졸업 기념, 학교 이름, 교가, 로고(4)	
선생님 사진	교장선생님(1), 교감선생님(1), 교직원 단체(1), 교직원 사진(5)	선생님 수에 따라 조
학급별 사진	담임선생님, 전체 사진(2), 개인 프로필, 모둠 사진(6), 학급면(1)	소위원회에서 조정 가능
행사 사진	수학여행, 운동회, 현장학습 등(10~12)	소위원회에서 조정
기타	편집후기(2~3)	기타 면은 조정 가능
총 면수	예) 6학급, 250면, 교직원 54명인 경우(총 93면)	

졸업앨범 사진 규격(앨범 소위원회에서 선택)

앨범 사이즈	1종(국8절)	220×297㎜	표지 디자인	개인 사진 부착
	2종(신4절)	250×315㎜	간지(내면지)	레자크지(120g/㎡)
	3종	275×330㎜		
내부 지질	유광아트지			
	로얄아트지	180g/㎡	표지 인쇄	은박, 금박, 형압
	모조지	120g/㎡	표지 내부	마니라 합지(2,300g/㎡)
인쇄 방법	옵양면합성인쇄			
	옵양면인쇄		제본	양장제본
	옵셋단면인쇄			
표지	우단(융)		케이스 여부	
	원색표지(이미지코팅)		CD앨범 여부	
	인조가죽			
	포크로스			

교복 공동구매 도움 받을 수 있는 곳

참교육을 위한 전국 학부모회 www.hakbumo.or.kr '교복 공동구매' 방

교복공동구매 전국네트워크 www.school09.org

전학을 가자마자 학부모회로부터 황당한 전화를 받았다.
학교 화장실 청소 용역비를 내야 한다며 회비는 학급 별로 30만 원을
걷어야 한다는 것이다. 학급별 학부모들이 5만 원을 내고 다음 달에도
5만 원을 내라고 한다. 그 다음 달부터는 1만 원씩 내라고 하는데
어처구니가 없다. 아이들에게 도움이 되는 청소나 학습에 도움이 될 만한
활동을 하고 싶었는데 실망이 크다. 우리 아이 반은 학부모 회원이
12명뿐이다. 왜 이렇게 없느냐고 물어보니 회비를 많이 걷는 걸 알고
기피하는 것이라고 한다. 학부모회 총무이름으로 계좌를 개설했다고
송금해달라는 데 도무지 이해할 수 없다. 또 아이들이 먹는 물
이야기도 했다. 정수기 렌탈을 했는데 기간이 끝나서 정수기를
학부모회가 구입해야 한다는데 기가 막힌다.

아이 학급에서 10명의 학부모를 뽑아 학급비라는 명목으로 10만 원씩 걷는다.
그 돈은 선생님 식사 대접, 학교 물품지원 하는 데 쓴다. 몇 년 동안 지켜본 결과
학급을 위해 쓰인다고 말만 하지 제대로 쓰는 게 아니었다. 10명 학부모 중
대표를 뽑아 회비를 또 걷고 그 돈으로 학년 선생님들과 식사, 간식 준비,
행사 때 점심식사 준비를 한다. 목욕비나 뒷풀이 비용은 3만 원에서 50만 원
정도 드는데 이건 개별적으로 준비를 해야 한다. 학년별 대표 엄마들에게서
또 10만 원씩 걷는다. 그 돈으로 교사들 야유회나 단합대회 식사하는데 쓴다.
말이 협찬이지 학교에서 메뉴까지 정해 해달라고 한다. 그러다보니 학년대표가
되면 일 년에 80만 원 가량을 내게 된다. 기가 막히는 일이 학교에서 벌어지고
있다. 대표라서 나도 어쩔 수 없이 돈을 냈다. 다른 학교에서 신고 들어갔다는
이야기 나오면 욕을 한다. 우리 학교도 신고가 된 모양인데 누가 그랬냐고
이 잡듯 잡고 있다. 이것이 학교냐?

묻지도 따지지도 말고
내라는 찬조금

찬조금 요구에 시달리는 학부모

학기 초에 학급에서 찬조금을 조성한다는 전화를 받아보지 않은 학부모가 거의 없다. 돈을 내지 않는다고 하면 아이들 교육에 관심 없는 학부모처럼 보일까 신경이 쓰이고, 선뜻 내자니 돈을 걷는 이유가 납득되지 않아 부아가 난다. 많은 학부모들이 학교에 가기 싫은 이유 중 하나가 바로 아이들 교육에 필요하다며 찬조금을 내라고 하기 때문이다. 학부모들은 눈치를 볼 수밖에 없다. 혹시라도 돈을 내지 않으면 아이 담임선생님께서 확인하고 아이에게 불이익을 주지 않을까 하는 생각이 먼저 든다고 한다. 그러나 사실 선생님은 돈을 냈는지 안 냈는지 알 리 없다. 그런데도 학기 초가 되면 학부모들은 묻지도 따지지도 말고 내라는 찬조금 요구에 시달리고 있다.

왜 학기 초면 이런저런 찬조금을 요구하는 걸까? 학교와 학부모의 관계를 살펴볼 필요가 있다. 학교 관리자들은 늘 부족한 예산을 이유로 '학교는 가난하다'는 생각이 여전하고, 학부모들은 학교에서 어떤 역할을 해야 하는지 잘 모르고 있는 형편이다. 우리나라의 초·중등 교육은 오랫동안 정부보다는 학부모들이 부담을 많이 해왔다. 지금도 교직원 인건비를 제외한 학교예산의 절반 이상은 학부모들이 부담하고 있는데, 급식비나 현장체험학습비, 졸업앨범비 등이 그것이다. 옛날에 비해 학교운영비가 부족하지 않은데도 학교는 학부모들에게 쉽게 도움을 요청하고 있다. 관행이라는 이름으로 남아 있는 학교문화 때문이다. 또한 학부모들도 주로 경제적으로 학교를 지원하는 역할을 해오다보니 여전히 한 자리에 모이면 돈을 걷어야 한다는 강박관념에 사로잡혀 있다.

이거 내야 돼? 말아야 돼?
불법 찬조금 그것이 알고 싶다

불법 찬조금의 정체는 무엇일까.

· 학교운영위원회나 자생단체 임원들이 학부모들에게 일정 금액을 할당하여 걷는 것. 학급 회비나 학년 회비, 임원 회비, 대의원 회비, 학부모 회비, 어머니회 회비, 학교운영위원 회비 등, 각종 단체 회비 명목으로 학부모 개인에게 일정 금액을 걷는 것.

· 자생단체 임원이나 학생회장단 학부모들에게 암묵적으로 요구하는 '당선 사례금'이나 물품 기증을 요구하는 것.

· 학교발전기금 조성 원칙상 그 기금을 교직원의 복지에 사용할 수 없는데도 교직원 자율학습비, 수련회 수고비, 회식비 등으로 걷는 것.

· 학교운영위원회에서 학교발전기금으로 심의, 의결하지 않고 돈을 모으거나 금품을 모으는 것.

· 학교발전기금 조성 원칙에 반하는 강제 할당, 최저액 지정, 전화 독촉, 자생단체 임원이 직접 걷는 사례, 알림장을 통한 강제 징수, 학교운영위원장 명의가 아닌 학교장 또는 학교장과 학교운영위원장 공동명의의 가정통신문, 학생들에게 수납용지를 배부하는 것

위의 사례에 해당하는 돈이라면 불법 찬조금이다. 보통 학교에서 돈을 내라 하면 부담스러워도 큰 문제의식을 갖지 못하고 그냥 내버리는 경우가 많다. 그러고는 학교활동 자체가 점점 못마땅하고 부담스러워 학교를 멀리하게 된다.

그럼 학교에 돈을 낼 수도 없고 낼 필요도 없다는 말인가? 학교에 도움이 되기 위해 기부금을 내고 싶어 하는 학부모들도 있다. 이런 학부모들은 '학교발전기금'을 이용하면 된다. 그러나 불법 찬조금과 '학교발전기금'의 경계가 참으로 모호하게 운영되고 있다. 학교발전기금은 기금을 모으는 주체가 학교운영위원회이고 모으는 목적을 분명하게 세워 심의한 후에 전체 학부모들에게 가정통신문을 통해 공지하게 되어 있고, 기금은 학부모가 각자 학교 행정실의 기금수납처에 가서 내도록 하고 있다. 이와 다르게 학교발전기금을 빙자하여 학부모 대표가 학급 대의원이나 일부 학부모들에게 일률적으로 금액을 할당하여 특정 학부모 계좌로 이체하거나 직접 거두는 것은 모두 불법 찬조금이라고 보면 된다.

불법 찬조금을 조성하는 것도 문제지만 어떻게 사용되는가가 더 심각한 문제다. 여러 학부모들에게서 모은 찬조금을 집행하는 몇몇 학부모들이

수백, 수천만 원의 돈을 입맛대로 사용하고 있고 찬조금을 낸 학부모들은 집행내역을 전혀 모른다는 사실이 문제다. 학교마다 찬조금 조성 사실이 밝혀지면 학교운영을 책임지고 있는 교장은 징계를 받게 되어 있어 학부모들이 학교를 돕겠다고 나선 일이 학교를 난처하게 만드는 일이 될 수도 있음을 알아야 한다. 학교 책임자가 학부모들이 불법으로 찬조금을 조성하는 일을 사전에 알지 못했다고 징계를 피해갈 수는 없다. 학교에서는 학부모들이 불법 찬조금을 조성하지 않고 학교 참여 활동이 이루어지도록 책임져야 하기 때문이다. 물론 현재 이루어지는 징계는 단순 경고나 주의에 그치고 있어 불법 찬조금이 음성적으로 조성되는데 한몫하고 있는 것은 또 다른 심각한 문제로 나타나고 있다.

불법 찬조금은 누가 거두나

아이가 중학교에 입학하고 얼마 되지 않아 학부모 총회가 있다고 해서 학교에 갔다. 초등학교와는 사뭇 다르게 학부모회도 마치 나만 모르는 사람이 많은 것처럼 조금 낯설었다. 교실에서 담임선생님의 이야기를 듣고 학급에서 몇몇 학부모들과 강당에서 진행하는 학부모회에 참여하게 되었다. 강당의 반 정도를 메운 학부모들이 삼삼오오 짝을 지어 이야기를 나누고 있었고 어색한 분위기 속에 앉아 있는데 나이도 지긋하신 학부모 한 분이 올라와 작년 회장이라고 인사했다. 올해 학부모 회장을 뽑아야 한다며 추천해 달라고 하자, 여기저기서 "그냥 올해도 하세요. 작년에 잘 하셨잖아요." 한다. 못이기는 체 올해 학부모회장이 되었고 회장이 된 그분은 갑자기 작년에 학부모들에게 걷은 회비 이야기를 하며 올해는 얼마로 하면 좋을지 학부모들에게 물어봤다. "물가가

인상되긴 했지만 올해는 학부모들이 많이 참여한 것 같으니 반 임원들은 각각 20만 원씩 내고 나머지 사람들은 10만 원씩 내기로 합시다. 그러면 각 반 반장엄마들이 연락해서 통장번호 알려주기로 하고, 뭐 다른 의견 있습니까?"

일사천리로 진행되는 이 회의는 학부모회의였고, 나는 아무 말도 하지 못하고 돌아올 수밖에 없었다. 드대체 그 돈을 걷어 어디에 쓰는지, 그 돈은 누가 관리하는지 설명 하나 없이 모두 동의하고 돌아서는 그 자리가 정말 두려웠다. 용기 내어 물어보지도 못한 나 자신이 싫었다. 그 자리에 있던 다른 학부모들은 모두 정말 동의한 것일까? 아니면 나처럼 용기를 내지 못했던 것일까? 이렇게 모아진 돈이 불법 찬조금이라는 사실은 알고 있는 걸까?

불법 찬조금을 조성하는 곳은 바로 학교마다 임의단체로 있는 학부모 단체다. '학부모회', '어머니회', '학교발전후원회'와 같은 이름으로 활동하는 학부모 단체들은 참여를 원하는 학부모들로 구성하도록 하고 있지만, 학급 임원을 맡은 아이의 학부고, 학급에 할당된 5~10여 명의 학부모가 학부모회 구성원이 되고 있다. 이렇게 모인 학부모들은 대표를 뽑고 임원진을 구성하고 나면 참여한 학부모들에게 돈을 거둔다. 돈을 걷는 것도 명목이 있어야 하니 주로 위의 사례처럼 청소용역비 등의 명목으로 거둔다. 이렇게 걷은 돈은 분명 불법에 해당한다. 학부모회는 자신들의 교육활동이나 취미활동을 위해 회비를 걷을 수 있는데 이 조항을 잘못 이해하고 있는 것이다. 걷은 돈으로 어떤 활동을 하는지 정작 돈을 낸 학부모들은 들을 통로도 없고 의견을 낼 기회도 없다. 결국 학부모는 없고 학부모 임원들만 있는 학부모회가 되어버린다. 청소용역비나 정수기 구입 때 왜 학부모가 돈을 내야 하는지 이해가 안 되지만 정작 어디에 물어보아야 할지 막막하다. 학부모회도 하나의 조직이기 때문에 체계가 다층적일 수밖에 없다. 물어보고 확실하게 답변을 해줄 수 있는 임원과 만나거나 전화할 일이 없고 기껏해야 학부모들에게 찬조금을 내라고 연락하는 같은 반 학부모에게 물어보면 자신도 잘 모른다고 할 것이 뻔하다. 묻지도 따지지도 말고 내야 하는 불법 찬조금인 셈이다.

불법 찬조금을 내고 싶지 않을 때는 내지 않으면 된다. "그 돈 몇 푼이나 된다고 그러느냐, 아이 학교에 도움이 되려고 하는 일인데 왜 내지 않느냐"고 다그치면 돈이 걸려 있어 무척 자존심이 상한다. 자존심도 자존심이지만 이 돈을 내지 않는다고 아이에게 불이익이 가지 않을까 염려하여 억지로 내는 학부모들이 있다. 아이 담임선생님이 찬조금에 대해 알 리 없으니 걱정하지 않아도 된다. 이 돈은 학부모회 임원들이 알아서 사용하는 돈이다. 투명하게 공개되어 사용되지 않는다는 말이다. 일부는 그들의 이름으로 학교발전기금으로 내기도 하지만 많은 돈이 부적절하게 사용되고 있는 것이 현실이다.

학부모회는 법적으로 학교마다 당연히 있어야 하지만 현재 모든 학부모들이 참여하는 학부모회는 없다. 일부 학부모들이 모여 활동하다보니 불법 찬조금과 같은 불협화음과 갈등이 생기고 있는 것이다. 학급 학부모회, 학년 학부모회에서 정기적으로 학부모 회의를 하고 수렴된 의견을 학교운영위원회의에서 논의할 수 있어야 한다. 그러나 학교운영위원회나 몇몇 임원들만 있을 뿐 전체 의견을 듣고 모으는 학부모회는 없으니 학교에서는 학기 초만 되면 묻지도 따지지도 말고 내는 찬조금 갈등이 해마다 되풀이되고 있다.

못 믿을 학교와 학부모회

얼마 전 한 학부모가 전화를 걸어왔다. 특수목적고에 다니는 고등학교 3학년 아이를 둔 학부모인데 학급대표를 맡은 학부모가 학급에서 학부모 한 사람당 45만 원을 내라고 한다며 하소연하는 전화였다. 용도를 자세하게 알려 달라 했더니 "아니 뭘 그렇게 묻는 거냐? 다 아이들을 위한 거고 나는 컴퓨터도 할 줄 몰라 메일로 그런 내용 보내줄 수 없다." 하더라는 거다. 한 학년에 300명만 어림잡아도 전체 액수가 1억이 훌쩍 넘는다. 이처럼 중등학교 단계로 올라가면 묻지도 따지지도 않는 찬조금의 액수는 매우 커진다. 조성되는 방법도 학부모 임원 개인 통장을 통한 이체로 이루어져 학부모가 문제를 제기하면 학교는 철저하게 모르쇠로 일관하고 학부모회도 뒤로 물러나 앉아 상황이 지나가기만 기다린다.

교육청과 시민단체의 불법 찬조금 신고센터에도 비슷한 사례는 셀 수 없이 많다. 그러나 막상 찬조금이 문제 되면 부랴부랴 학부모 개인에게 돌려주기도 하지만 총무를 맡은 학부모가 돈을 갖고 있다가 주변이 조용해지면 다시 사용하고, 학교장이 징계를 받더라도 주의나 경고에 그치는 경우가 태반이 넘는다. 불법으로 조성되는 찬조금은 해마다 사회문제가 되고 있지만 조성되는 방법은 더 은밀해지고 있다.

학부모회를 통해 찬조금이 불법적으로 조성되는 것도 문제지만 어디에 어떻게 썼는지 학부모들에게 알리지 않아 불법 찬조금에 대한 학부모들의 불만이 높아지는 것을 손 놓고 있는 것이 더 심각한 문제다. 찬조금 요구에 시달리는 학부모들 또한 내고 싶지 않은데도 '치사하지만 내고 만다'는 마음으로 돈만 내고 어떻게 쓰든 나 몰라라 하고 있다. 학교에서 행사가 있다고 연락이 오거나 학급대표 학부모에게서 연락만 오면 '또 돈 내라는 건가?' 싶고 '학부모가 봉인 줄 아나?' 하는 못마땅한 마음만 가득 차게 된다. 아예 학교를 외면하고 살고 싶어 학교 근처엔 얼씬하지 않는 학부모들이 많다. 불법 찬조금 조성이 주된 활동이 되어버린 학부모회와 이를 묵인하고 방관하는 학교가 학부모들과 학교 사이의 심리적 거리를 더욱 멀어지게 만들어, 학교는 가까이 하기엔 너무 먼 당신이 되어버렸다.

그렇다고 학부모 역할을 돈 내는 것으로 다 했다고 믿는 학부모들을 무조건 비난할 수만은 없다. 학부모들이 학교에서 건강하게 참여할 수 있는 장을 만들어 주어야 한다. 또한 학부모들도 내가 낸 돈이 어디에 어떻게 쓰이는지 정확하게 알려는 자세가 있어야 한다. 정부에서는 법과 제도를 투명하게 제대로 만들고, 학교는 학교대로 학부모들의 돈에 의지하지 않고 교육을 함께 고민하는 동반자로 인식해야 하지 않을까.

필요하다면 불법 찬조금이 아니어도 돈을 모을 수 있다

교육부(현재의 교육과학기술부)는 1998년에 불법 찬조금 문제를 해결하기 위해 학교발전기금법을 제정했다. 학교운영위원회가 학교발전기금의 목적과 방법, 운영을 논의하여 직접 기금을 모으고 집행하고, 기금조성의 과정과 결과는 학부모들에게 통지하도록 되어 있다. 학예·체육활동, 학생자치활동 지원을 위해서 학교발전기금을 조성하고 학교시설 개선, 기자재 구입, 도서 구입 등 학교예산으로 충당해야 할 부분에 사용하지 못하도록 정해놓았다.

그러나 불법 찬조금의 병폐를 씻기 위해 만들어진 학교발전기금이 오히려 학부모들에게 강제로 일정 금액을 할당하고 조성된 기금을 학교운영에 사용하는 등 또 다른 문제가 생겨 2004년 교육인적자원부가 폐지를 결정 하였으나 국회에서 처리되지 못하고 있다. 학교발전기금법이 전면 폐기되 지 못한 상태에서 학교마다 학부모회와 어머니회, 자모회 등의 학부모단 체들이 학교발전기금 모금을 빙자하여 학부모들에게 찬조금을 강요하는 부작용은 여전히 심각한 상황이다.

이처럼 학교나 학부모회가 걷는 돈을 무조건 학교발전기금으로 오해하 는 경우도 많지만 사실 아이들을 위해 학교발전기금이 필요할 때도 분명 있다. 필요하다면 불법 찬조금을 걷는 방법이 아니라 정식으로 학교발전기 금을 모으면 된다.

아이가 초등학교 다니던 2000년 초반에 학교운영위원장 활동을 하면서 학교발전기금을 조성했던 경험이 있다. 그 당시 학교에서 아이들이 먹는 물은 전적으로 학부모들이 책임져왔다. 학급마다 정수기를 설치하는 것부 터 매달 물값을 학부모들이 냈다. 주로 아이가 임원인 학부모들에게 떠맡 겨진 물값은 더운 여름이면 두 배가 넘게 나와 물값을 부담하고 있는 학 부모들의 불만이 많았다. 학교운영위원회에서는 학교 차원에서 학급마다 먹는 물을 지원할 수 있는지 검토하였으나 예산에 반영되어 있지 않았다. 학교운영위원회는 '정수기 설치를 위한 학교발전기금'을 조성하기로 결정 하고 목적과 조성 금액, 방법, 조성 기간을 논의한 후 '정수기 설치 소위원 회'를 구성하였다. 곧바로 학교운영위원장이 직접 학부모들에게 이 내용 을 알리는 가정통신문을 보냈다. 일을 진행하면서 학부모들의 뜨거운 반 응에 일하는 우리는 무척 놀랐다. 2주간 1,200만 원을 모으기로 했는데 학교 행정실에 직접 가서 기금을 내는 방법임에도 불구하고 상당히 많은 학부모들이 참여해 1,500만 원 가까운 금액이 모였다.

정수기 설치 소위원회에서는 정수기업체 설명회를 진행하고 점수를 매겨 가장 높은 점수를 얻은 한 업체와 한 층에 한 대씩 정수기를 설치하고 매달 점검해주는 내용으로 계약을 맺었다. 정수기 유지 점검은 학교에서 담당하기로 하였고 설치가 끝난 후 학부모들에게 결산 내역을 가정통신문으로 보냈다.

기금이 조성되는 동안 매일 학교 행정실에 가서 수납된 내용을 확인하고 도장을 하나하나 찍으면서 깨달은 것이 있다. 학부모들은 소통하는 과정을 중요하게 생각한다는 것과 기금이 합리적으로 조성되면 참여할 뜻이 충분히 있다는 것이다.

투명하게 의견을 수렴하면 당연히 신뢰가 쌓인다

아이가 중학교에 다닐 때는 학교에서 학부모 회의를 투명하게 해보려고 시도했다. 전교생이 2400명에 이르는 큰 규모다 보니 전체 학부모가 참여하는 형태는 어려웠다. 대신 학교운영위원을 간접 선출하는 권한을 가진 학급 대의원들이 학부모회를 구성했다. 학급별 대의원 5명씩 16학급 총 80명이 모여 학년 학부모 대표를 선출하고 이들이 학교운영위원 학부모위원이 되었다. 선거과정에서 학부모 회의를 정기적으로 하겠다고 약속하였고 참여를 부탁하였다. 그러나 학교 관계자들은 학부모들이 매달 모이는 것에 대해 불편해했다. 그래도 학부모들과의 약속을 저버릴 수는 없었다.

회의를 소집하는 주체는 학년 학부모회였다. 회의날이 결정되면 학교에 가능한 장소를 알아보고 회장단이 각 학급대표들에게 전화로 연락하고,

학급대표들이 학급대의원들에게 연락하도록 했다. 그러나 학부모들과 한 달에 한 번 만나 회의를 하겠다는 공약을 실천하는 일이 만만치 않았다. 무엇보다 적잖은 걸림돌은 학교에서 회의를 할 공간이 마땅찮아 장소를 얻기 어려웠던 점이다. 또 학부모들 사이에서도 대표가 일하는데 필요한 돈만 내면 되지 한 달에 한 번 학교를 오가야 하냐고 번거롭다는 불만을 건네기도 했다.

학교와 관계를 맺어본 적이 없는 학부모들은 이제껏 찬조금을 내고는 학부모 역할을 다했다며 뒤로 나앉아 있는 것에 익숙해져 있기도 했다. 그런 학부모들과 달마다 회의를 해내는 일이 쉽지 않을 것이라 단단히 마음 먹었다. 1학기에 3회(4, 5, 6월), 2학기에 3회(9, 10, 11월) 학부모회의를 열었고, 전체 대의원 80명 중 평균 60여 명이 참여했다. 학부모회의는 달마다 열리는 학교운영위원회의를 앞뒤에 두고 열었고, 학년회장이 주로 진행해서 학교운영위원회의 심의 내용을 알리거나 의견을 듣고자 했다. 기타 논의 시간에는 학부모들이 건의하고 싶은 내용을 자유롭게 이야기하도록 제안했는데 처음에는 입을 떼는 학부모가 아무도 없더니 시간이 흐를수록 이야기를 꺼내는 학부모들이 많아졌다.

찬조금에 관한 이야기도 있었다. 회의를 시작하자마자 찬조금은 얼마를 내느냐며 액수를 이야기하라고 요구했다. 친절하게 다른 학교는 얼마를 내라고 했다는 이야기도 덧붙이기도 했다. 찬조금과 학교발전기금의 차이를 설명하고 학교발전기금이 필요하면 학교운영위원회에서 검토해보겠다며 묻지마 찬조금은 일절 걷지 않겠다고 했다.

이렇게 달마다 한 번씩 학부모들이 학년별로 모여서 회의를 했더니 1년이 지나자 학부모들 반응도 긍정적으로 나타났고 다음 해는 학교의 반응도 달라졌다. 회의 장소도 마련해주고 학부모들에게 회의를 공지하는 가정통신문 발송, 학년별 회의록 파일도 제공하겠다고 했다. 애쓴 덕분에 정례적으로 학부모회의를 할 수 있는 시스템이 마련된 것이다.

이렇게 구성된 학부모회에서 교복 공동구매, 학교급식 소위원회와 식재료 검수단 구성, 학부모 급식의 날 운영, 선생님과 학부모가 함께 하는 체육대회도 열었다. 이런 의미 있는 활동을 통해 내 손으로 내 아이가 다니는 학교를 건강하게 만드는 일에 힘을 쏟았다는 뿌듯함은 소중한 경험으로 남아 있다.

불법 찬조금에 대처하는 자세

또 돈 내라구? 돈 내라는 소리에 아무 소리 못하고 내면서 불만만 커져간다. 아이들도 학교를 바라보는 부모의 시선을 잘 알고 있지 않을까. 부모의 모습을 지켜보며 자기가 몸담고 있는 학교를 믿지 못하는 불신감을 키울지도 모른다. 불법 찬조금을 내라는 전화를 받았을 때 나는 어떻게 처신할 것인가 미리 고민해보자.

학부모로서 자세부터 점검해보자

학교에서 돈 내라는 연락만 오면 마냥 고개만 흔들고 있을 것인가. 용기를 내어 문제제기를 하거나 거절할 것인가. 어디에 어떻게 쓰이는지도 알 수 없고 왜 내야 하는지도 모르는데 찬조금 내라는 연락을 받게 되면 나는 어떻게 대처해야 할까?

거절하는 것이 쉬운 일은 아니다. 학부모들은 혹 거절할 경우 난처한 일이 생기고 아이 담임에게까지 알려져 불이익을 당한다고 잘못 알고 있다. '시끄럽고 번거로우니 그냥 두 눈 꼭 감고 지나가자.' 하고 마음 먹는다. 하지만 전화하는 학부모 역시 같은 생각을 갖고 어쩔 수 없이 행동하는 경우도 많다. 빚 독촉 하듯이 돈을 걷어야 하는 일도 번거로운 일이기 때문이다. 때로는 학부모들에게 돈을 걷어 학부모 회장이 생색내는 경우도 많다. 돈 걷는 일이 학부모 회장의 능력처럼 보여져 가끔 칭찬하는 교장선생님도 본 적이 있다. 이런 칭찬에 약한 학부모도 우리 주변에 있는 것이 현실이고, 학부모 회장이 무슨 권력인 양 권력의 단맛을 누리는 사람들도 때로는 있다. 모금에 불만이 있고 의심스러운데도 울며 겨자먹기로 내기보다는 요구한 학부모에게라도 걷고 있는 이 돈이 어떤 돈이며 어디에 쓸 예정인지 물어봐야 한다. 스스로 불합리하다고 생각한다면 동조할 수 없다는 의사를 반드시 밝혀야 한다.

찬조금 내라는 전화를 받으면 정확한 목적을 물어보고 거부해야 한다

학부모 대표라는 사람한테서 찬조금 내라는 전화가 오면 '내라면 내야 하나?'라는 의심을 품으면서도 반박을 하지 못하고 내고 속상해하는 경우가 많다. 이렇게 내키지 않을 때 꼼꼼하게 물어보자. 이 돈으로 무엇을 하는지, 누가 걷고, 결산은 언제 보고되는지 물어보면 대부분 전화를 거는 학부모들도 이 기금이 어디에 사용되는지 모르는 경우가 허다하다. 그리고 본인이 불법을 저지르고 있다는 사실도 모르고 있다. 학급마다 아이들을 위해 사용한다고 하면서도 교육시설, 기자재 구입이나 학교 행사 뒤풀이, 교사 야간자율학습 감독비, 모의고사 감독수고비에 쓰는 일이 허다하다. 학교 안 시설물에 쓰이거나 아이들의 편의시설, 학급 비품, 선생님과의 식사 비용으로 쓰인다면 학교예산과의 연관관계를 꼭 물어보는 것이 필요하다. 대개 학교시설물이나 편의시설, 비품 등은 모두 학교예산에 포함되어 있기 때문이다. 운동장 구령대가 낡아 다시 보수해야 한다거나 운동장에 스탠드를 설치하는 일을 학부모들 주머니 털어 해결해서는 안 된다.

대부분 학교발전기금이라는 명목으로 돈을 할당하여 걷기도 한다. 학교발전기금은 학교운영위원회 명의로 전체 학부모들에게 어떤 명목의 학교발전기금을 조성할 것인지 알리고 공개적으로 학교에 내도록 하고 학교발전기금 회계에 의해 사용되어야 한다. 그러므로 개인 통장으로 돈을 내라고 한다면 십중팔구 불법이라고 간주해도 된다.

불법 찬조금 요구를 받으면 신고한다

불법 찬조금의 조성 액수나 방법이 은밀해지고 있다. 교육이 이루어지는 학교에서 매우 부정한 방법으로 조성되는 돈이니만큼 시민단체 불법 찬조금 신고센터나 국가청렴위원회 신고센터에 신고한다. 전화로 신고만 해도 된다. 신분보장이 필요하면 신분보장을 요구하면 된다. 신고할 때 증빙 자료를 마련해두면 좋은데 1인당 요구하는 액수와 계좌번호, 사용용도가 적힌 유인물이나 휴대폰 문자메시지로 왔다면 사진촬영을 해두어도 된다.

신고 뒤 처리결과에 끝까지 관심을 갖자

대개 신고만 해놓고 관심이 없는 경우가 많다. 본인이 밝혀질까 두려워할 수도 있지만 걱정하지 않아도 된다. 시민단체나 국가기관에 신고하면 교육청을 통해 해당 학교를 조사하게 되는데, 대부분 신고 소식을 듣고 곧바로 반환 처리하기도 한다. 신고 이후 학교에서 어떻게 처리되었는가를 신고한 곳에 알려주면 자료로 요긴하게 사용될 수 있다. 많은 학부모들이 울며 겨자먹기로 내는 이 찬조금을 뿌리 뽑기 위해서는 최소한의 노력은 해야 하니 말이다.

모든 학부모가 학교문화가 바뀌어야 한다고 생각한다. 제일 중요한 것은 나부터 실천하는 것이다. 불법 찬조금을 요구하지도 걷지도 말아야겠지만 불법이 학교 안에 자리 잡지 못하게 하는 것도 학부모의 몫임을 잊지 말아야 한다. 학교에서 학부모가 돈 내는 역할만 하겠다는 자세보다 학교공동체를 위한 작은 봉사에 참여하는 모습이 더 아름답지 않을까 싶다.

학교, 아는 만큼 보인다

○○ 학부모

초등 5학년 아이를 둔 엄마다. 학교 회장선거가 있던 날,
아이가 전교회장으로 뽑혔다. 아이는 매우 좋아했고 나는 그동안 맞벌이하느라
학교에 한 번 제대로 못 갔는데 아이가 회장이 되었다니 기특했다. 그런데 며칠 지나
아이가 울며불며 전화를 했다. 담임선생님이 아무래도 너는 전교회장 하기가
힘들 것 같으니 차점자인 아이가 회장이 되는 것이 좋겠다며 회장을 포기하라고
했다는 것이다. 너무 기가 찼다. 이유를 물었더니 "너희 엄마는 바쁘고 학교 일에
참여할 수도 없지 않느냐. 엄마가 학교를 열심히 도와줘야 한다. 그러니
그게 가능한 친구에게 양보하라"고 했단다. 어떻게 이런 일이 학교에서
벌어질 수 있단 말인가? 아이들이 참여하는 선거절차를 통해 당선된 아이들의
대표를 어른들이 좌지우지할 수는 없다고 생각한다. 내가 어떻게 해야할지 답답하다.

□□ 학부모

아이가 다니는 초등학교에서 학교행사가 있었다.
외부에서 교장선생님들도 많이 오시고 점심식사까지 하는 행사라며
학부모들 도움이 필요하다고 학년대표 엄마에게서 전화가 왔다.
아이가 학급반장을 하고 있으니 엄마인 나도 학교 행사에
참여해주었으면 좋겠다는 것이다. 할 수 없이 모임에 나갔더니
행사 당일 학교 중앙현관에서 한복을 입고 손님을 맞이해야 한단다.
한복은 왜 입느냐고 했더니 손님에 대한 예의를 갖추라는
교장선생님의 생각이라는 거다. 내가 무슨 행사 도우미도 아니고
너무 불쾌하다. 아마 어쩔 수 없이 행사에 가게 되겠지만
한심하다는 생각이 든다. 반장엄마라고 걸핏하면 하라는 일이 참 많다.
학교에서는 학부모 손이 필요하면 손쉽게 선생님들한테
반장엄마에게 연락해보라고 한다. 선생님 전화를 받으면
솔직히 거절하기도 힘들다. 아이가 반장이지 내가 반장인가 싶다.

아이가 반장이면
엄마도 반장인가?

반장엄마가 되면 아이가 혜택 받는다?

"전 반장엄마인데요. 내일 우리 반 도시락은 어떻게 할까요? ○반, ○반은 일식집에 맞췄다던데. 우리 반은 어떻게 하죠?"

아이들 소풍 가기 전날, 아이 반에서 반장을 맡은 아이의 학부모가 전화가 걸어왔다. 선생님 도시락 때문이라고 했다. 이미 학부모 총회가 있던 날, 학부모가 이런 일은 하지 않았으면 좋겠다고 의견을 냈는데 또 전화를 한 것이다.

지난 번 학부모 총회 때 갔더니 회의랄 것도 없이 반에 모여 앉아 학부모회, 녹색어머니회 등 알 수 없는 학부모 단체 회원들을 뽑고는 임원 엄마들은 남으라고 하는 거다. 나는 별 생각 없이 집으로 돌아왔는데 갑자기 반장엄마에게서 전화가 왔다. "아니, 집에 가면 어떻게 해요?" "저는 임원이 아닌데요?" 했더니 "그 집 아이 회장이잖아요. 그럼 임원이죠!" 하며 목소리를 높였다. '이건 또 어느 나라 법이냐?' 뜨악해하는 나를 이상하게 여기는 것 같아 할 수 없이 학교에 도로 갔다. 그랬더니 현장학습 갈 때 선생님 도시락도 준비해야 하고 학기 초 선생님들과 식사를 함께 하는 자리가 있으니 돈을 내라고 한다. 영문을 몰라서 물어봤더니 "아휴. 애가 회장이라 다행으로 생각하세요. 담임선생님하고 식사 한번 하고 그때 아이에 대해 얘기할 거 있으면 해도 되구요. 혜택 받는 거예요, 혜택. 현장체험학습 갈 때 도시락도 싸야 하고…. 자! 얼마씩 걷으면 될까요?"라며 막무가내로 밀어붙인다. 나는 아이가 임원이지 엄마가 임원은 아니지 않느냐며 이런 일은 할 수 없다고 말하고는 자리를 빠져나왔다.

반장엄마는 내 의견에 별로 동의하지 않는 모양이다. 아무래도 학교 행사 있을 때마다 전화 할 것 같은데 참 난감하기만 하다. 아이에게 회장을 그만두라고 해야 하는 건가 흔들리다가도 아이가 리더십도 키우고 자신감을 키우는 과정인데 엄마 때문에 그만두게 해서는 안 된다고 생각했다. 내가 흔들리지 말고 꿋꿋하게 중심을 잡자고 마음먹었다.

이런 것을 치맛바람이라고 하나. 학부모들의 과도한 교육열이 왜곡된 형태로 나타난 치맛바람은 과거보다 현재 양상이 더 심각하다. 오랫동안 굳어진 관행을 거스르는 일은 힘들다. 언제부턴가 반장엄마가 될 사람은 학교 일에 전적으로 매달려야 하고, 항상 시간이 있고 경제적으로 여유가 있어야 한다는 생각이 머릿속에 굳어져 있다. 반장은 아이가 맡았는데 엄마가 온갖 학교 일에 앞장서야 하고 돈까지 부담해야 하는 풍토는 어디서 비롯된 것일까?

이상하게 변질된 아이들 선거

학교는 흔히 사회의 축소판이라 한다. 역할이 서로 다른 다양한 구성원이 모인 공동체이기 때문이다. 아이들은 학교라는 공동체에서 민주적인 절차를 배우고 익히며 민주적인 시민으로 자라게 된다. 학급에서도 선생님과 아이들은 서로 소통하는 과정에서 의견을 제시하며 조율하고 타협하는 원리를 체험한다. 더구나 학급에서 반장이나 회장 같은 임원을 맡는 것은 아이들에게 좋은 경험이다. 임원 선출 과정을 통해 공정한 선거절차를 배우고 선생님과의 관계, 친구들과의 관계, 여러 친구들의 의견을 모아나가는 과정에서 책임감과 리더십을 키울 수 있다.

학급에서 임원이 되면 그 안에서 배우는 것이 많으므로 임원 역할을 돌아가면서 하는 경우도 많다. 하루 반장이나 한 달 반장 제도를 적용하는 선생님들은 반 아이들이 골고루 이런 능력을 쌓도록 배려하는 것이다. 어쩌면 반장엄마의 치맛바람이 낳은 왜곡된 학교문화를 바꿔보겠다는 깊은 뜻이 숨어 있기도 할 것이다.

아이가 아니라 학부모가 반장이 되고, 회장이 되는 풍토는 내 아이가 다른 아이보다 돋보여야 한다는 이기심에서 비롯되었다. 오래도록 '경쟁'으로 길들여진 학교다보니 학급의 임원은 권력을 부리는 사람으로 인식되고 임원을 맡은 학부모 또한 권력의 단맛을 기대하게 되었다. 학부모가 온 힘을 다해 학교활동을 하면 아이에게 도움이 되리라는 막연한 기대가 때로는 현실이 되기도 한다는 걸 많은 학부모들이 경험으로 알고 있다. 그러다보니 아이가 반장이 되면 엄마 또한 반장엄마가 되어 내 아이를 위해 뭔가 보탬이 되고, 학교와 보이지 않는 끈이 연결된다고 믿는다.

우리 사회의 과열된 선거문화가 초등학교에서도 똑같이 재연되고 있다. 선거공고가 나붙고, 사진관에 걸려 있을 법한 큰 사진들이 학교 담벼락에 나붙고, 삼삼오오 짝을 지어가며 구호를 외치고 선거운동을 하고 다닌다. 어른들이 치르는 선거를 흉내 내어 선거 참모들까지 대동하고 다니며 작전회의도 하고 분에 넘치는 유세를 펼치고 서포터즈까지 짜고 다닌다.

그뿐인가? 아이들에게 피자나 떡볶이, 선물공세가 이루어지고 실천하지도 못할 공약들이 난무하기도 한다. 학생회 활동경험이 상급학교 진학에 큰 점수가 된다는 것 때문에 은근슬쩍 힘의 논리만 득세하고 있다. 순진한 생각을 가지고 선거에 나간 아이들은 억울함만 가득 안게 되고 만다.

학생회장이 되면 당선사례도 해야 하고 엄마들까지 모임을 만들어 학교에 당선사례에 해당하는 기금을 모아내거나 물품을 기증하기도 한다. 현실이 이렇다보니 시간도 없고 경제적인 능력이 안 되는 부모는 아이의 임원활동을 말려야 하는 상황이 되어버렸다. 불법과 부정으로 얼룩진 우리 사회의 단면이 학교에서도 고스란히 재연되고 있다.

반장엄마는 봉인가?

선생님들은 학부모가 학교에 도움을 줘야 할 일이 생기면 반장엄마를 찾는다. "반장엄마가 알아서 해주세요." 반장엄마가 된 학부모는 자신의 의지와 아무 상관없이 끌려 다니게 된다.

환경미화 해달라는 요청을 받으면 혼자 하기 부담스러우니 아는 엄마들 불러 모아 화분을 사러 다니는 등 동분서주한다. 저녁도 굶어가며 종이를 오려 붙이다 보면 '도대체 내가 왜 이래야 하지?' 슬그머니 불편한 마음이 올라온다. 아는 엄마들에게 청소 부탁하는 것도 한두 번이고, 학부모 명단 들고 불법 찬조금이라도 걷어야 할 상황이 되면 머리가 지끈거리면서 몇 번이고 전화기를 들었다 놨다 해야 한다. 전화하면 학부모들 반응은 대부분 냉담하다. 아예 전화를 받지 않기도 한다. 반장엄마가 된 죄로 이 무슨 고생이란 말인가?

반장엄마는 자신의 뜻과 상관없이 학급 학부모들의 대표가 되어버리기 때문에 애를 먹는다. 현재 학교에서는 학급 학부모들이 정기적으로 모일 수 있는 기회가 법적으로 보장되어 있지 않다. 학교라는 공동체에서 서로 소통이 이루어지려면 그물처럼 학부모 조직이 만들어져야하는데 현실은 그렇지 못하기 때문에 반장엄마가 혼자 덤터기를 쓰고 있는 것이다.

물론 부담스러워하는 학부모와는 달리 반장엄마 역할을 원하는 학부모들도 있다. 반장엄마가 되는 순간 다른 학부모들보다 학교 돌아가는 상황을 쉽게 알 수 있고, 선생님을 만날 수 있는 기회도 더 많아진다고 믿기 때문에 혼신의 힘을 다해 자기 아이가 반장에 뽑힐 수 있게 하려고 애를 쓴다. 엄마가 애를 쓰고 노력하면 아이에게 무조건 좋은 결과가 있을 것이란 믿음은 백전불패의 성공 신화처럼 학부모들의 머릿속에 박혀 있다. 나서기 싫어하는 학부모들을 대신해서 심부름 역할을 한다고 자부하는 경우도 많다.

반장엄마가 알아서 하다보니 불상사도 많이 일어난다. 학교가 요청하지 않더라도 의욕이 앞선 학부모들이 학급 학부모들에게 불필요한 돈을 할당해서 걷어 학교장이 징계를 당하는 일도 적지 않다. '알아서' 하는 일의 기준과 판단이 반장엄마들 사이에서만 정해지다보니 철저한 계획도 없고 일이 어떻게 되어가는지 투명하게 보이지도 않아 구설수에 오르내리는 경우도 생긴다.

학부모는 아이의 보호자로 학교 공동체의 일원이 된다. 부모로서 아이가 교육과정을 통해 성장해가는 것을 도와야 한다. 그러나 아이가 반장이 되었다고 엄마도 반장이 된 것처럼 어른들의 생각과 질서로 아이들의 활동을 방해해서는 안 된다. 어디까지나 반장 역할을 하는 것은 아이이고 학부모는 아이가 역할을 잘 해나갈 수 있게 격려하고 지켜보기만 해야 한다.

설령 내 아이가 반장으로 뽑히지 않아 반장엄마 노릇을 할 일이 없다 하더라도 해당 엄마에게 무리한 부담을 주어서는 안 된다. 대체로 학급에 필요한 소소한 일마저도 무조건 '반장 엄마가 해야지.' 하고 호들갑을 떨기도 한다. 아이가 반장이 되면 엄마는 무조건 학급과 학교를 위해 아낌없이 시간을 내야 하는 것으로 생각하는 경향이 있다. 아이가 반장이라고 엄마마저 반장엄마 노릇을 해야 한다고 여기는 학부모들이 많을수록 반장엄마는 원칙에서 더 어긋난 행동을 하기 쉽다. 만약 주변에서 반장엄마에게 부담을 주는 태도를 보이면 적극 방패막이가 되어주거나 주변 엄마에게 반장아이와 반장엄마는 분명히 역할이 다르다는 것을 일러주는 자세도 필요하다.

내 아이가 임원이 되었다면

아이가 나를 지켜보고 있다. 용기를 내자

따뜻한 마음과 올바른 생각과 착한 심성을 가진 아이로 키우고 싶은 것은 모든 학부모들의 소망이다. 아이들에게 부모는 누구보다 강한 영향을 미친다. 부모가 어떤 가치관을 가지고 어떻게 행동하는지가 아이에게 결정적인 영향을 미친다. 아이가 임원이어서 어쩔 수 없이 학부모 임원이 되었더라도 자기 소신을 분명히 밝혀야 한다. 아이가 나를 지켜보고 있다는 사실을 잊지 말자.

처음에 소신을 밝혀야 앞으로 처신이 쉬워진다. 가령 반장엄마가 체험학습이나 소풍날 선생님 도시락 챙기고 돈 거둬서 밥 먹어야 한다는 의견이 나왔다고 치자. 그럴 경우 분위기가 약간 싸늘해지더라도 그런 것은 감수하고 할 말은 꼭 해야 한다. "글쎄요. 전 별로 하고 싶지 않습니다. 아이가 학급 임원이라고 해서 엄마도 임원인 건 아니라고 생각해요." 하고 자신의 소신을 밝혀보자.

"지금 엄마들이 모여 이렇게 논의하는 것 자체가 담임선생님을 엄청 불편하게 만들지도 몰라요. 그리고 체험학습 때 정 도시락을 챙기고 싶다면 아이 도시락 챙길 때 한 사람 분만 더 챙기면 되는 거고, 오히려 젓가락 들고 다니시면서 이 아이 저 아이 김밥 맛을 보시는 것도 또 다른 재미가 아니겠어요?" 하고 일침을 줄 필요가 있다. 마지막에 조심스럽게 한마디만 덧붙여보자. "저… 작년에 어느 학교가 선생님들하고 밥 먹는다고 돈 거둬서 엄청 애를 먹었다고 들었어요. 그 돈 불법 찬조금이라고 하던데요. 자칫하면 학교에 큰 누를 끼칠수도 있을 것 같아요."

곱지 않은 눈총을 받더라도 용기를 내보자.

아이들의 선거과정이 민주적으로 진행되도록 돕자

학급 반장·회장 선거나 학교 전체에서 이루어지는 학생회장 선거가 지나치게 과열되는 까닭은 학부모들이 개입하기 때문이다. 반장이 되면 피자, 햄버거를 쏘겠다는 것도 모자라 선거 유세기간 중에 먹을 것으로 득표 활동을 하기도 한다.

이것은 분명 비교육적인 일이다. 설령 선거에서 떨어졌다 하더라도 물량 공세를 펴지 않아 낙선했다고 생각하게 해서는 안 된다. 만약 아이가 선거에 나가고 싶어 한다면 먼저 임원의 역할에 대해 충분히 이야기를 나누어야 한다. 임원이 된다는 것은 권력을 갖는 것이 아니라 공동체에 기여할 수 있는 자신의 능력을 탐색하는 소중한 기회를 갖는 것이라는 점을 강조하자. 당락과 상관 없이 선거를 준비하고 진행하는 과정에서부터 아이는 이미 자신의 능력을 확인하게 될 것이다.

학교나 교사가 직접 나서서 선거에 개입하는 경우도 있다. 내 아이가 공정한 절차에 의해 임원이 되었는데 다른 아이에게 양보하라고 은근히 요구하는가 하면, 미리 점찍어둔 아이를 임원으로 밀어붙이는 경우도 있다. 이런 사실을 알았을 때는 적극적으로 항의하고 문제해결이 여의치 않으면 교육청에도 상담을 의뢰해야 한다.

다른 학부모들과 만나는 기회를 만들자

선생님이 이런저런 부탁을 하면 거절하기 어렵다. 그럴 때 학급 학부모들과 만나 같이 상의해보자. 그런 모임은 가능하면 교실에서 만나는 것이 좋다. 음식점에서 만나면 안 나오는 학부모들도 많고 공식적인 모임으로 인정되지도 않는다. 미리 선생님과 상의하고 한 학기에 한두 번 정도 교실에서 학급모임을 준비해본다. 학급모임에 선생님도 초대해서 학급운영과 아이들의 생활에 대해 소감을 이야기하게 하고 선생님이 하고픈 부탁도 직접 하는 자리를 만든 후 학부모들 의견을 모아 진행해보자. 반장엄마 혼자 떠안아야 할 부담이 상당히 해소될 것이다.

내 아이만 생각하는 이기심을 버리자

지나친 경쟁문화는 만인에 대한, 만인의 투쟁 상태를 초래한다. 아이가 학급이나 학교의 임원이 되면 학생생활기록부에 기록으로 남고 상급학교 진학에 도움이 되기도 한다. 이것만 염두에 두면 내 아이만 보인다. 아이가 임원활동 경험을 통해 책임감과 리더십을 키울 수 있다는 점과 동시에 다른 아이가 상처받을 수 있다는 점을 잊지 않고 다른 아이들을 배려한다면 따뜻한 학교문화를 만들 수 있을 것이다.

○○ 학부모

학교에서 학부모 총회를 하는 날 학교운영위원
학부모위원을 선출한다는 가정통신문이 왔다. 학부모위원으로
누가 출마했는지 명단도 함께 와 살펴보았다. 면면을 살펴보고
누구를 뽑아야 할까 생각하다가 학부모총회에 참석하는 사람만
선거권을 갖는 건가 의문이 들었다. 학부모총회는 오후 2, 3시경에
하기 때문에 모든 학부모가 참여하기 어렵지 않을까?
학교운영위원은 참석한 학부모만 선출할 수 있는 권한이 있는 것인지
궁금하다. 그리고 학교운영위원이 하는 일이 무엇인지 알고 싶다.

□□ 학부모

초등학교 때 잘 아는 학부모가 학교운영위원으로 활동했다.
도서관 봉사활동, 학교급식 검수활동도 열심히 하기에
옆에서 지켜보면서 나도 저런 활동이면 해보고 싶다는 마음을
갖고 있다가 아이가 중학교에 들어가 용기를 내 학교운영위원이
되었다. 그런데 느닷없이 위원장은 100만 원, 다른 운영위원은
50만 원을 운영위원 회비로 내라는 거다. 학교운영위원 회비라는 게
진짜 있는 건가? 돈을 내고 활동하는 학교운영위원이라면
하고 싶지 않다. 내가 생각했던 것과 너무 달라 그만두어야
하는 건가 고민이 된다. 진짜 이렇게 많은 돈을 내야 하는 거라면
어떤 학부모가 학교운영위원을 하겠다고 나서겠는가?
다른 학교 사례를 알려 달라.

학교운영위원회,
참여해볼 만하다

학부모가 직접 학부모 대표를 뽑는다

아이를 학교에 보내다보면 이것저것 궁금한 것도 많고 의견을 내고 싶을 때도 많다. 그런데 어디에다 물어봐야 하는지도 잘 모르겠고 학교가 먼저 학부모들의 의견을 물어보는 경우도 없어 답답하기만 하다. 그러나 학부모들이 잘 몰라서 그렇지 학교에는 학부모 대표가 참여해 학부모들의 의견사항을 전달하고 학교운영 사항을 심의하는 기구가 있다. '학교운영위원회'가 바로 그것인데, 대다수 학부모들은 자신과 아무 상관없는 조직으로 여길 뿐 학교에 드나들기 좋아하는 학부모들끼리 모여 돈이나 걷는 모임 정도로 생각하고 있다.

교장, 교원위원, 학부모위원, 지역위원으로 구성되는 학교운영위원회는 매우 중요한 기구로, 학교의 교육활동과 행사, 운영에 관한 전반적인 내용을 심의한다. 학부모 입장은 학부모위원이 대변해야 하는데 정작 학부모들은 대표를 뽑는 과정이나 활동내용을 잘 모르고 있는 형편이다. 흔히 학교운영위원회를 찬조금 걷는 기구로 잘못 알고 있는데, 학교운영위원회는 기존의 육성회처럼 돈을 걷어 활동하는 잘못된 관행을 없애기 위해 만들어진 새로운 제도다. 만약 돈을 걷는다면 이는 신고 대상이 된다는 것을 꼭 알아두자.

3월 새 학기가 시작되면 아이 편에 가장 먼저 받는 가정통신문이 '학교운영위원 선출 공고와 입후보 안내문'이다. 새로 선출된 학교운영위원 임기가 4월 1일부터 시작되기 때문에 3월 초부터 임원 선출을 서둘러야 한다. 아이가 다니는 학교 학부모면 누구나 학교운영위원에 입후보할 수 있다. 입후보할 때는 사진과 인적사항, 경력을 쓰고 학교에 직접 접수하면 된다. 입후보 기간이 끝나면 입후보한 학부모들이 누구인지 알리는 통신문과 학부모총회 알림장이 함께 온다. 대개 3월 중순경에 학부모총회가 있는데 이 자리에서 학교운영위원회에 참여할 학부모 대표를 선출한다.

학교마다 선출방식은 다르다. 학교 규모가 작은 경우라면 학부모들이 직접 투표로 학부모위원을 선출한다. 규모가 큰 학교는 학급마다 학교운영위원 선출권을 가진 대의원을 뽑아 대의원들이 학교운영위원을 선출하는 간접투표 방식을 택하기도 한다. 또 학부모총회 당일 일사천리로 학부모대표를 뽑는 경우도 있지만, 대의원 선출만 하고 일주일 후 대의원들만 모여 입후보한 학부모대표의 소견을 듣고 투표를 하는 경우도 있다.

간단하게라도 후보가 학교운영위원이 되고자 하는 이유를 듣는 건 매우 중요하다. 학부모대표가 될 사람이 어떤 생각을 갖고 있는지 알아야 하는 것은 당연하다. 학교운영위원을 학년마다 선출하거나 학년과 상관없이 선출하는 경우도 있는데, 이것은 학교마다 운영위원회 운영 규정이 다르기 때문이다. 학교운영위원회 규정은 각 학교의 사정을 반영하여 운영위원 선출과 활동 등을 정한 것으로, 학교운영위원이 되고자 할 때는 학교운영위원회 규정을 한 번 읽어보는 것이 좋다. 학교 홈페이지에서 찾을 수 없을 때는 학교에 요구하면 된다.

모든 학교에 있는 학교운영위원회

모든 국·공·사립학교에는 학교운영위원회를 두어야 한다. 이는 법으로 정해져 있다(초·중등교육법). 학교운영위원회는 학교운영에 대한 내용을 전반적으로 논의하는 법적 기구로, 국·공립학교는 심의기구이지만 사립학교에서는 자문기구라는 한계가 있다. 그러나 학교발전기금의 조성·운용 및 사용에 관한 사항에 대해서는

학교운영위원 출마의 변 예시

안녕하세요? 저는 ○학년 ○반 ○○○의 검마(아빠)인 ○○○입니다.

저는 학교를 알고 싶습니다. 학교를 알아야 보탬이 될 수 있을 것이란 마음을 가지고 운영위원에 입후보하게 되었습니다. 학교운영위원은 학부모 여러분을 대표하는 자리입니다. 몇 가지 약속을 드리고 여러분의 선택을 받고 싶습니다.

제가 학교운영위원이 된다면 학부모 여러분의 의견을 듣고 회의에 참여하고 싶습니다. 그러기 위해서는 학부모들과 제가 만날 수 있어야 하는데, 어렵겠지만 한 달에 한 번씩 모임을 가졌으면 합니다. 학교와 잘 의논하여 학교 안에서 학부모회의를 정례화하도록 하겠습니다. 회의에서 여러분들이 제안하신 의견이나 건의사항은 제가 책임지고 전달하여 학부모와 학교의 전달자 역할을 충실하게 하고 싶습니다.

또한 학부모 여러분들이 학교에 드나드는 일이 보람 있게 느껴지도록 다양한 활동을 만들어내겠습니다. 교복을 공동으로 구매하여 값싸고 질 좋은 교복을 입을 수 있도록 하고, 학교 도서관에서 학부모들이 자원봉사할 수 있는 조직을 만들어보겠습니다.

저를 한 번 믿어주세요. 열심히 해보겠습니다. 고맙습니다.

반드시 심의·의결하도록 하고 있다.

학교운영위원회에는 학부모 대표만 있는 것은 아니다. 교사대표도 있고 교장은 당연직으로 참여하며 지역인사도 참여하게 되어 있다. 학생 수에 따라 운영위원의 수가 다르다. 200명 이하 학교는 5~8명, 200~1000명 이하 학교는 9~12명, 1000명 이상인 학교는 13~15명이다.

학교운영위원회에서 다루는 내용은 다음과 같은 학교운영에 관한 전반적인 사항들이다.

학교운영위원 구성

구분 / 위원별	학부모위원	교원위원	지역위원	계
구성 비율	40~50%	30~40%	10~30%	100%
위원 수(200명 이하)	2~4명	2~3명	1명	5~8명
위원 수(1,000명 이하)	4~6명	3~5명	1~2명	8~13명
위원 수(1,000명 이상)	6~7명	5~6명	1~2명	12~15명

학부모위원, 교원위원 선출 일정(예)

순서	학부모 위원	교원 위원	비고
선출관리위원회 구성	20○○. 3. 4~5	20○○. 3. 4	
선거 공고, 선거인명부작성	20○○. 3. 4~12	20○○. 3. 4~10	
후보자 등록	20○○. 3. 13~15	20○○. 3. 11~12	
선거공보	20○○. 3. 17~19	20○○. 3. 13~15	가정통신문, 홈페이지
투표	20○○. 3. 19	20○○. 3. 17	
당선자 공고,결과 홍보	20○○. 3. 21	20○○. 3. 21	

- 학교헌장 및 학칙 제정 또는 가정
- 학교 예산안 및 결산
- 학교 교육과정 운영방법
- 교과용 도서 및 교육자료 선정
- 정규 학습시간 종료 후 또는 방학기간 중 교육활동 및 수련활동
- 초빙교원 추천
- 학교운영지원비 조성·운용 및 사용
- 학교 급식
- 대학 입학 특별전형 중 학교장 추천
- 학교 운동부 구성·운영
- 학교운영에 대한 제안 및 건의사항
- 기타 대통령령, 특별시·광역시, 또는 시·도 조례로 정하는 사항

학교운영에 관해 학부모가 평소에 궁금해하는 내용은 대체로 학교운영위원회에서 다루므로 관심을 가지고 참여해봄 직하다. 학교운영위원회 회의에 참관할 수도 있고 내 손으로 뽑은 운영위원을 통해 의견을 제안할 수도 있다. 내 손으로 대표를 뽑아 학교운영위원회로 보냈으면 열심히 잘하고 있는지 학부모 대표와 소통하는 노력을 기울여야 한다. 내 아이만이 아닌 우리 아이들 모두가 즐거워하는 학교는 멀리 있는 것이 아니다.

학부모 대표만 있다?

1997년, 그러니까 학교운영위원회 제도가 생겨난 지 이태째 되던 해, 마침 내 아이가 초등학교에 들어가서 용기를 내어

학교운영위원에 입후보했다. 교무실 문을 열고 들어가 "학교운영위원에 입후보하려고 왔습니다." 했더니 교감선생님이 매우 놀란 표정을 짓던 기억이 난다. 아마도 투표 없이 선출하도록 미리 계획하고 있었는데 나 때문에 투표를 하게 되어 당황한 듯했다. 학부모총회 때 대의원을 선출하고 그 대의원을 모아놓은 교실에서 나는 소신껏 소견을 발표했고 압도적 표차로 당선되었다. 낙선한 학부모는 내게 "어디 두고봅시다. 밝고 투명한 학교 혼자 한번 만들어보시지." 하고 한마디 건넸다. 따가운 눈총을 견디며 열심히 해보겠다고 마음먹었는데, 정작 말만 학부모 대표지 도대체 학부모들을 만날 수가 없었다. 학교운영위원회 말고 '어머니회'라는 자생단체 모임에 가야 학부모를 만날 수 있었는데, 그곳 임원들은 학교운영위원들과 묘한 경쟁심을 갖고 있어서 편하게 만나기가 어려운 분위기였다.

학교운영위원회에서 도서바자회 안건을 다룰 때 겪은 일이다. 도서바자회를 왜 하는지 설명도 없고 무작정 어머니회가 주관해서 일주일 후에 연다는 통보를 받았다. 나는 학교운영위원으로서 당연히 도서바자회를 왜 여는지, 작년에는 수익금을 어디에 사용했는지 물었다. 돌아오는 반응은 매우 거칠었다. 마침 그 자리에 어머니회 임원이 참관을 했는데 "1학년 학부모면서 뭘 안다고 나서느냐? 내가 작년에 운동장 먼지 마셔가면서 내 아이는 감기 걸려도 책 팔았다. 수익금 한 푼 내가 갖지 않았다. 절대 말해줄 수 없다." 하면서 격앙된 목소리로 울기까지 하는 게 아닌가. 질문한 까닭을 다시 설명했지만 사태는 걷잡을 수 없었다. 이후 어머니회 임원들과 동네에서 만나면 서로 외면한 채 몇 년을 보내야 했다.

결국 학부모회가 법적으로 인정되지 않으면서 학부모 대표만 학교운영에 참여하는 모양새로 학교운영위원회가 출범한 것이 학부모 간 소통의 어려움을 낳았다. 학교운영위원 활동을 10년이나 해본 나만 그런 것이 아니다. 지금도 학부모들 사이에 학교운영에 관한 소통이 쉽게 이루어지지 않고 있다. 학교운영에 관련된 안건 하나하나에 학부모들 의견이 반영되기란 여전히 거의 불가능하다.

아이가 6학년 때, 졸업앨범을 안건으로 심의할 때였다. 앨범에는 6학년 학생과 학부모들 의견이 매우 중요하게 반영되어야 한다고 생각해 '졸업앨범 소위원회'를 두자고 제안했다. 한 달 동안 학생, 학부모의 의견을 듣고 앨범 형태와 희망가격을 조사한 후 학교운영위원회에서 논의하자고 한 것이다. 교장선생님은 얼굴 표정만으로도 불쾌하고 화가 난 기색이 역력했다. 그런데 한술 더 떠 학부모들이 "학교가 어련히 알아서 할 텐데…." "앨범업체가 빨리 결정되어야 아이들 사진을 찍을 수 있다는데 한 달이나 늦어지면 어쩌느냐?"며 작년에 하던 대로 하자는 식이었다. 다시 설득하느라 긴 시간 회의를 거쳐 소위원회가 꾸려졌다. 소위원회를 만든 이유는 학부모들 의견을 듣기 위해서였다. 학교는 학부모들 의견을 듣는 과정을 불편해했지만 학부모가 내는 돈으로 만드는 앨범이기 때문에 의견을 듣는 것은 당연한 일이다. 소위원회에서 다른 학교 앨범을 참고해 표지, 내용, 업체선정 방식까지 의견을 정리해 학교운영위원회에 올렸고, 결국 공개입찰 방식으로 업체를 선정하여 다른 학교보다 싼 32,000원에 앨범을 만들 수 있었다. 좋은 게 좋은 거라는 생각을 가졌던 학부모들은 완성된 앨범이 나오자 그제서야 고개를 끄덕이며 수고했다는 말을 건네왔다. 한눈에 봐도 그전 앨범과 질이 달랐던 것이다. 학부모들 의견을 모으는 과정이 소중하다는 생각을 다시 했다.

1995년 학교운영위원회가 시범 운영되고 1996년 모든 학교에 학교운영위원회를 둔 이후 지금까지 여러 가지 문제가 지적되고 있다. 가장 큰 문제는 학부모들이 의견을 표현하고 수렴하는 통로가 없고, 학교운영위원회에는 학부모 대표만 참여할 수 있는 반쪽짜리 학교운영위원회가 되어버린 점이다. 아이가 생활하는 학교에 대해 건의할 사항이 있다면 학급 학부모회나 학년 학부모회를 통해 학교운영에 관해 이야기할 수 있어야 한다. 그러나 학부모회와 학교운영위원회가 일원화 되어 있지 않고 학부모회의를 정기적으로 열어 학교운영위원회에서 심의하는 안건에 대해 학부모 의견을 물어보는 친절한 모습은 찾아볼 수 없다.

하지만 현실이 이렇다고 학부모들이 학교운영위원회를 외면하고 모른 척 해서야 되겠는가. 현실적인 한계를 인정하고 학부모위원을 못살게 굴어야 한다. 학교마다 학교운영위원의 연락처는 알려준다. 학부모위원에게 모르는 것도 물어보고 의견을 내고 싶은 것, 불만스러운 것을 이야기해서 학교운영위원회에서 학부모의 목소리를 낼 수 있게 해야 한다. 그래야 학부모 대표가 된 사람도 자신만의 의견이 아니라 전체 학부모들의 의견을 수렴해서 회의에 참여하는 전달자역할을 충실하게 할 수 있다.

교육개혁의 꽃(?)

학교운영위원회가 시행된 지 10년이 넘었다. 학교운영위원회는 출범할 당시부터 '교육개혁의 꽃'이라는 수식어가 따라다녔다. 학부모가 학교 살림살이나 운영에 관한 내용을 논의하는 일이 사실상 어려웠던 지난 시절을 떠올리면 학부모가 학교운영에 참여한다는 것 자체만으로도 교육개혁의 꽃이라 불릴 만했다. 학교문화가 달라질 수 있다는 기대감도 반영되었는지 여러 지역 학교에서 새로운 운영사례들이 발표되기도 했다. 학칙을 개정하기도 하고, 수학여행이나 체험학습을 새롭게 시도해보기도 하고, 학교발전기금을 조성하고 학교급식을 개선하기도 하는 등 다양한 사례가 나왔다.

그러나 학교운영위원회 제도가 태생적으로 갖는 한계가 너무도 분명하다 보니 학교문화를 바꿔내지 못하고 제자리에서 뱅뱅 맴돌고 있다. 학교운영을 담당하는 교장, 아이들의 학교생활을 도와주고 길잡이 역할을 해주는 교사, 아이의 보호자로 학교에 관심을 갖는 학부모 모두 원활한 학교운영을 위해 서로 이야기를 나누고 도움을 주고받아야 살아 있는 학교가 된다. 학부모가 내 아이 성적에만 관심을 갖는다거나 학교야 어떻게 운영되든 나 몰라라 한다면 학교운영위원회가 제 역할을 할 수 없는 것은 당연하다. 제 역할을 하기 위해 학교 측이나 교사들도 충분히 학부모를 지지하고 격려해야 한다.

학교운영위원회 제도가 시작되었을 때 꿈꾸었던 교육개혁의 꽃은 아직 반도 채 피어나지 못했다. 학교운영을 위임받은 교장은 구태의연하고 권위적인 태도를 벗지 못하고 있고, 갈수록 치열해지는 경쟁의 올가미에 빠져드는 아이들을 수수방관하는 교사, 내 아이가 잘 되기만을 바라며 경제적 지원자 역할에만 머물러 있는 학부모가 대다수인 현실이다. 학교가 달라져야 한다, 변해야 한다, 말만 해서는 학교가 변하지 않는다. 교사와 학부모의 역할을 새롭게 자리매김해야 학교문화가 건강해질 수 있다. 태생적 한계가 명확한 학교운영위원회라도 제자리를 찾을 수 있도록 관심을 가져보자. 아무리 내 아이를 잘 키우려고 해도 아이가 다니는 학교가 건강하지 않으면 한계가 있기 때문이다.

진실로 학부모를 위한 학교운영위원회가 되려면

먼저 학교운영위원회에 대해 공부하자

학교운영위원회는 기존 육성회의 문제점을 극복하기 위해 만들어졌다. 아직도 제자리를 찾지 못하는 이유 중 하나는 학부모들이 막연히 '육성회와 비슷하겠지 뭐.' 하고 생각하기 때문이다. '학교는 늘 문제야. 머리 아파. 나는 학교 근처에도 안 갈 거야!' 하며 아예 학교에 발걸음을 하지 않는 학부모도 많다. 그러면 계속 문제는 남고 교육주체인 학부모, 학생의 목소리가 반영되지 않는 학교는 그대로 문제없는 듯 굴러갈 것이다. 너무 겁낼 필요 없다. 차분히 학교운영위원회에 대해 하나하나 공부해 보자. 교육부나 교육청 홈페이지에도 참고할 자료는 다양하다. 좀더 자세한 학교운영위원 경험을 듣고 싶다면 학부모운동단체에 교육을 요청하면 많은 도움을 받을 수 있다.

학교운영위원회 회의는 공개하도록 되어 있다. 참관해보라

학교운영위원회의는 반드시 공개하도록 되어 있다. 회의 날짜는 7일 전에 게시판이나 가정통신문, 홈페이지에 공개한다. 처음에는 혼자 참관하기 어려우니 뜻 맞는 학부모들과 함께 참관해보자. 하지만 회의 중에 발언을 할 수는 없다. 부득이 물어보고 싶은 것이 있으면 운영위원장의 허락을 받아야 한다. 시간이 맞지 않아 회의를 참관할 수 없다면 회의록이라도 살펴보자. 행정실에 가면 학교운영위원회 회의록이 비치되어 있어, 궁금한 사항이 있거나 안건 심의결과 보고 싶다면 요청해서 볼 수 있다. 쉽게 보여주지는 않고 누군지를 캐물어 기분이 상하기도 하겠지만 보고자 하는 뜻을 정확하게 밝히면 보여주게 되어 있다. 겁먹지 말고 해보자.

몇 년 전, 학교운영위원이 된 학부모가 무슨 감투를 썼다고 생각했는지 아니면 옛날 육성회를 생각했는지 학교에 기여한답시고 학부모위원들에게 기금을 모으자고 했다. 학교운영위원도 됐으니 돈을 내 멋지게 'ㅇㅇ년 운영위원 기증'이라는 것을 남기고 싶어 했다. 하지만 학부모운영위원들은 돈을 내지 못하게 되어 있고 의무적으로 내야 하는 기부금은 절대 없다. 또한 많은 학부모들이 학교에서 활동하면 내 아이에게 도움이 될 ㄱ라는 막연한 믿음을 갖고 있는데, 그런 생각이라면 학교운영위원을 하지 않는 것이 낫다. 학교라는 공동체 조직에 부합되지 않는 목적을 갖고 있다면 바람직한 활동을 기대하기가 어렵기 때문이다.

학부모를 대표하는 자리인 만큼 회의에 빠지는 일은 없어야 한다. 회의 날짜가 공지되면 주변 학부모나 학급, 학년 학부모들의 의견을 미리 듣고 정리하여 회의에 참여하자. 위원이 되면 회의비도 나오고 사전답사 같은 출장을 갈 때 교통비까지 지급된다. 경비가 조금 부담스러운 학부모들에게 활동을 보장해주는 좋은 제도다. 기숙사가 있는 원거리 학교에 아이를 보내는 학부모는 교통비가 꽤 부담이 되는데, 이 경우도 교통비 지급기준이 적용되어 훨씬 수월하다고 한다.

학교운영위원회 활동은 만만하지 않다. 제대로 하기 위해 서로 의지할 수 있는 동지들을 찾아보라. 주위에 생각이 같은 학부모, 즉 바른 교육관과 적극적인 사회참여 의식을 가진 학부모들에게 자신의 교육적 관심과 의견을 적극적으로 알려라. 학부모위원을 선출할 때 머뭇거리지 말고 담임선생님과 주의 학부모들에게 자신의 소신을 밝히고 당선될 수 있도록 힘써야 한다. 학부모 운영위원이 기존의 관행대로 교장, 교감 또는 담임선생님의 권유나 지명에 의해 일방적으로 선출되지 않고 민주적인 절차에 따르도록 지켜보자. 자녀가 다니는 학교의 교육환경, 우리 사회의 교육현실에 관심을 갖고 학부모들의 의견을 가지고 회의에 참여할 수 있어야 한다. 학부모 회가 법제화되어 있지 않기 때문에 운영위원 활동을 하면서 학부모회를 조직하면 좋다. 이렇게 하기 위해서는 학교 안에서 학부모를 만나 대화를 나누고 그들이 활동할 수 있는 공간을 만들어나가는 노력이 필요하다.

요구하는 학부모 모습보다는 교육활동을 도와줄 수 있는 자세를 갖자

학교운영위원회는 학생, 학부모, 교사가 모여 학교운영을 합리적이고 민주적으로 운영해보자는 취지에서 생겨난 제도다. 학부모가 학교운영을 심의하는 회의 자리에 앉는 일이 매우 부담스러울 수도 있겠지만 학부모 자리를 제대로 만들어 내야 우리 교육이 달라질 수 있다. 그렇다고 회의에서 학부모가 문제제기만 하기보다는 학교 안에서 다양한 자원활동을 하면서 학교의 교육활동을 돕고 학교발전을 위한 길을 함께 모색하는 자세가 필요하다.

그간 활동 경험을 토대로 보면, 학교운영위원회가 잘 되기 위해서는 교장선생님의 열린 사고가 가장 중요하다. 학부모들이 학교 예·결산에 대해 질문하면 학교장은 월권행위로 여겨 꽤히 좋지 않은 분위기가 되는 것을 여러 번 보았다. 교사와 학부모가 서로 존중하는 풍토를 만들기 위해 함께 노력해야 한다. 원칙을 지키는 일은 힘들지만 원칙에 가까울수록 갈등을 최소화할 수 있다. 교육주체 모두의 노력 없이, 특히 학부모들의 노력 없이는 학교가 변화되기 어렵다. 모든 학부모들이 학교운영에 적극적으로 참여할 때 우리 교육도 변화할 수 있을 것이다.

학교에 불만이 있거나 의견을 내고
싶을 때 학교운영위원을 적극 활용하라

학교운영위원은 학부모 대표로서 학부모들의 의견을 전달하는 역할을 하는 사람이지 자신의 명예와 권력을 위한 자리가 아니다. 무보수 봉사직으로 학부모들의 심부름꾼인 것이다. 학부모들은 학교운영위원을 십분 활용하여 학교에 대한 불만이나 건의사항을 적극 전달해야 한다. 옆집 아줌마한테 불만을 쏟아내는 데 그치지 말고 학교운영위원에게 전화를 걸어보자. 아마 학교운영위원도 학부모들의 전화를 기다리고 있을지 모른다. 어쩌면 그 전화 한 통을 받고 열심히 공부하는 학교운영위원으로 변화해갈지도 모른다.

학교에서 돌아온 아이가 학교에 낼 물건을 빨리 달라고
성화를 부렸다. 무슨 일이냐고 했더니 가정통신문을 보여주는데,
운동회 날 학교에서 바자회를 한다는 것이었다. 아마도 집에서 쓰지 않는
재활용 물건을 모았다가 서로 싼 값에 교환하자는 취지가 아닌가 싶다.
운동회 때문에 어차피 학부모들이 학교에 가야 하는데 바자회를 하면
잔치가 벌어진 것 마냥 풍성하긴 할 것 같다. 그런데 작년에도 알뜰바자회를
했는데 집에서 버려야 할 물건들만 바자회에 내놓아 팔리지 않고
남은 물건을 처리하느라 애를 먹었다고 한다. 아이들에게 물건을 아껴 쓰고
나눠 쓰고 바꿔 쓰고 다시 쓰자는 중요성을 알리기 위한 자리라면
학부모들이 이 취지를 잘 이해할 수 있도록 준비과정이 있어야 할 것이다.
이런 의견을 내고 싶은데 어디에 물어봐야 할까?

아이 학교에서 도서바자회를 한다는 가정통신문을 받았다.
아이는 무조건 책을 사겠다고 돈을 달라고 한다.
나도 아이에게 책을 사주고 싶은데 어린이 책에 대해 잘 모른다.
도서바자회에서 어떤 책을 팔며 누가 주최하는지도 모르겠다.
작년에도 바자회에 가보았더니 이름도 모르는 출판사의 책들이
많았고 책 내용이나 질도 떨어지는 편이었다.
이왕 도서바자회를 할 거면 학부모들이 믿고 구입해도 손색없는
책을 내놓으면 좋겠고 바자회 수익금이 어떻게 쓰이는지도
미리 밝혀주면 좋겠다.

밑도 끝도 없는 바자회,
학교에 보탬이 될까?

각종 바자회가 난무하는 학교

학교에 아이를 보내는 학부모라면 5월과 10월 즈음에 학교에서 흔상 각종 바자회가 열린다는 사실을 알 것이다. 봄·가을에는 체육대회, 학교축제 같은 행사도 많고, 행사장 한 쪽에서는 늘 학부모들이 기금을 모은다며 뭔가를 팔고 있다. 파는 품목이 책이나 음식일 때도 있고 옷이나 각종 물건일 때도 있다. 누가 주최하는 바자회인지, 수익금은 어디에 사용하는지 아는 학부모는 드물다. 학교마다 바자회를 주최하는 학부모들은 학교발전기금을 마련하기 위해서라고 말한다. 도서관에 부족한 책을 구입한다거나, 아이들이 쓸 교육기자재를 구입하기 위해서라는 등 여러 가지 목적을 대지만, 바자회를 준비하는 과정은 몇몇 사람에 의해 주도된다. 많은 학부모들은 모르는 이야기일 수밖에 없다.

아이가 달리기를 하고 축구를 한다는데 부모로서 당연히 가고 싶은 마음이 든다. 아이를 격려해주려고 학교에 갔다가 바자회에서 아이는 목이 마르다고 보채고, 책을 사달라 조르면 어쩔 수 없이 사주게 되는데 돌아서는 발걸음이 유쾌하지만은 않다. 한번이라도 'ㅇㅇ를 위해 체육대회 때 바자회를 엽니다.' 또는 '바자회에 참여해주셔서 고맙습니다. 여러분이 모아주신 기금은 이렇게 사용됩니다.' 같은 친절한 가정통신문을 받아본 기억이 없기 때문이다.

학교는 왜 늘 돈이 없다고 할까?

학교에서 활동하는 학부모들은 학교장으로부터 줄곧 "학교 예산이 없어서"라는 말을 듣는다. 돈이 없어 교육기자재도 구입하기 어렵고 교육환경이 열악하다는 말을 듣는 순간 학부모들은 마음이 다급해진다. 당장 내 아이가 다니는 학교가 다른 학교에 비해 교육환경이 뒤처진다는 소리를 들으면 학부모들이 힘을 모아 도와야겠다는 마음을 먹게 된다. 이는 오래전부터 자리 잡은 학교문화의 한 모습이다.

1950년대 후반 우리나라는 전쟁을 딛고 나라를 살려야 하는 절체절명의 과제를 안게 되었다. 산업인력을 키워내기 위해 학교가 필요했고, 이에 비해 나라 예산은 턱없이 부족했다. 베이비붐 세대가 자라 학교에 가야 할 나이가 되었을 때는 천막을 치고서라도 학교 문을 열어야 했다. 학교에 지원할 나랏돈이 없으니 학부모에게 손을 벌릴 수밖에 없었고 학부모들은 없는 형편에도 연필과 공책을 사주는 것을 당연하게 받아들였다. '육성회비'는 그렇게 시작됐다. 그 시절부터 학부모와 학교는 경제적인 지원을 주고받는 관계로 맺어졌고, 지금까지도 학교운영에 필요한 경비를 '학교운영지원비'라는 형태로 학부모가 부담하고 있다. 의무교육기관이 된 초등학교에서는 사라졌지만, 2002년부터 의무교육 과정이 된 중학교에서는 아직도 연간 1인당 20만 원 정도의 학교운영지원비를 내고 있고, 고등학교에서는 200만 원 가까이 부담하고 있다.

학교는 나라에서 학교운영에 사용하라고 주는 교부금을 받는다. 여기에는 교수학습에 필요한 비용과 학교시설 유지에 필요한 비용이 포함된다. 그럼에도 학부모들이 경비의 절반 이상을 부담하고 있다. 학교급식비, 현장체험학습비, 청소년단체활동비, 앨범비 따위가 그것이다. 교육을 받는 수익자가 부담해야 한다는 논리로 내고 있는 경비도 만만치 않은데 시도 때도 없이 학부모들에게 손을 벌린다. 과거와 달리 학교운영에 사용하는 돈이 부족한 것은 아니다. 그러나 학교 관리자들은 관행이란 이름으로 학부모들에게 어려움을 호소하고, 학부모들은 아이들의 교육을 위해서라면 석연치 않더라도 따르는 데 더 익숙해져 있다. 학교에만 가면 돈이 없다는 이야기를 듣고, 대표라는 학부모들이 돈 걷는 일에만 열을 올리니 학부모들은 학교 가는 일이 정말 싫어질 수밖에 없다.

학교에 보탬이 되고자 하는 학부모들의 열의는 불법 찬조금이나 각종 바자회 등으로 나타난다. 그러나 행사의 준비 과정이나 사후 관리를 잘 하지 않으면 학교에 보탬이 되기보다는 학교 불신으로 이어진다는 것을 깊이 생각해야 한다. 학부모들을 학교에 경제적으로 지원하는 존재로만 여기는 것은 학교문화를 건강하게 만들어나가는 데 오히려 큰 걸림돌이 된다. 학교의 바자회를 변화시킨 다음과 같은 사례는 새로운 학교문화를 만드는 데 도움이 될 것이다.

새로운 학교 문화 만들기

큰아이가 초등학교에 다닐 때, 자물쇠로 잠겨 있던 학교 도서관을 다시 열기 위해 학부모들이 함께 자원봉사를 했다. 말이 도서관이지 먼지 풀풀 나는 낡은 책이 서가에 꽂혀 있고, 학부모들에게 책 기증을 부탁했지만 집에서조차 읽지 않는 책만 아이 편에 보내기 일쑤였다. 새 책들이 꽂혀 있는 도서관에 아이들이 와서 즐겁게 책 읽는 모습을 상상하며 학교에 도서 구입을 요청했지만 돈이 없다는 이유로 거절당했다. 또 도서관이 제대로 굴러가려면 업무를 전산화해야 했다. 동네에 있는 작은 도서관도 전산화가 된 마당에 학교 도서관에서 아직도 공책을 펴놓고 아이들 이름과 책 제목을 적는 방식으로 운영하자니 어려움이 이만저만 아니었다.

그때 한 일간신문이 '사회의 책을 학교로 보내자'는 캠페인을 벌였다. 또 학교도서관협의회라는 곳에서 학교도서관 전산화 작업을 거의 무료로 도와준다는 신문기사를 보고 무턱대고 전화해서 우리 학교를 도와달라고 요청했다. 책을 분류하고 전산화하는 프로그램은 지원해주지만 스캐너나 라벨 구입 같은 비용은 학교에서 부담해야 된다고 했다. 그런데 학교에서는 예산이 없다며 난색을 표했다.

달마다 한 번씩 있는 학부모 자원봉사자 회의에서 "우리가 돈을 조금씩 걷어서라도 해볼까?" "아니야, 바자회를 한번 해보면 어떨까?" "맞아, 도서바자회를 하면서 도서관도 알리고 수익금으로 책을 사겠다고 홍보하면 좋겠네." 하는 의견이 나왔다. 회의 결과를 토대로 학교운영위원회에 심의를 요청했고, 심의 후 '도서관 전산화를 위한 도서바자회를 엽니다'라는 가정통신문을 보냈다. 바자회는 수익금 모금에 욕심내기보다 학교도서관이 있다는 점을 알리고 아이들에게 좋은 책을 홍보하는 자리로 활용하는데 무게를 두고, 지역의 어린이도서관 도움을 받아 책을 선정하고 3일간 행사를 진행했다. 많은 학부모들이 참여했고 "학교 도서바자회라면 좋은 책 판매보다는 수익금 많이 나는 책만 파는 줄 알았다. 이렇게 좋은 책을 알려줘서 고맙다"는 인사를 수없이 받았다. 수익금은 전산화 과정에 드는 부대비용을 간신히 맞추는 정도로 모아졌다. 결산한 내역을 알리는 가정통신문을 학부모들에게 보냈다. 이 한 번의 경험으로 도서바자회는 아이들에게 좋은 책을 알리고 학교도서관을 홍보하는 행사로 자리 잡았다.

또 하나, 음식바자회도 자주 열리는 바자회 중 하나다. 큰아이가 중학교에 다닐 때, 해마다 체육대회가 열리는 10월에 '음식바자회'를 해왔다면서 참석해달라고 연락이 왔다. 1학년 학부모니까 하는 대로 따라하면 된다는 말에, 무엇 때문에 바자회를 하느냐고 물었더니 해마다 하는 행사인데 말이 많다며 퉁명스럽게 대답할 뿐이었다. 선배 학부모들이 하는 모양을 지켜보니 바자회에 필요한 모든 식재료와 식기구를 모처에서 공급받고 있었다. 튀김에 쓰는 기름, 닭꼬치 소스, 어묵 등 재료의 안전성과 위생은 확인할 길이 없었고, 그릇도 일회용만 쓰고 있었다. 체육대회에 참여해야 할 아이들은 어수선한 운동장에서 음식을 먹느라 정신이 없고 선생님들은 중구난방인 아이들에게 화를 내면서 음식을 파는 학부모들에게 음식 판매를 하지 않았으면 좋겠다며 불편한 기색을 보였다.

바자회가 끝나고서 학부모들은 무엇을 위해 기금을 마련하려고 했는지를 따져보며 부실하고 질 낮은 음식을 학부모들이 나서서 팔아야 하는지 문제를 짚었다. 많은 학부모들이 음식바자회를 별로 탐탁지 않게 여겼고, 교사들도 바자회 때문에 오히려 체육대회가 어수선해진다는 냉혹한 평가를 내렸다. 결국 이듬해는 학교운영위원회에서 음식바자회를 하지 않기로 했다. 대신 학부모들도 체육대회에 참여해 달리기와 줄다리기를 함께했다. 결혼한 뒤 처음으로 몸을 움직여 뛰어본다며 가쁘게 숨을 몰아쉬는 학부모들 얼굴에는 즐거운 홍조가 가시지 않았다. 어수선한 음식바자회 대신 학부모와 아이들, 교사들이 함께 참여한 운동회였다.

학교는 학생과 교사, 학부모가 만들어가는 공동체다. 학교공동체의 문화를 만들어가는 과정에서 학부모들이 하는 각종 바자회가 참여하는 학생과 학부모들, 교사들에게도 의미 있는 행사가 된다면 학교문화는 더 신명나고 건강해질 것이다.

바자회 이렇게 준비하고 참여해보세요

학교에서 학부모들 주체로 바자회를 열게 된다면 준비와 진행, 결과까지 미리 고려하여 되도록 많은 학부모들과 학생, 교사가 함께 준비하고 그 과정에서 학교공동체 문화를 느낄 수 있게 하는 것이 좋다.

바자회의 목적을 정확하게 정한다
대부분 학부모회나 어머니회에서 바자회를 기획할 때 바자회 목적을 기금을 모으기 위한 것으로 결정할 때가 많다. 기금이 왜 필요한가 물어보면 학교에 도움이 되려고 하는 거라는 단순한 대답이 돌아온다.

바자회는 학교 구성원들이 참여하는 공동체의 장으로 활용될 수 있다. 학교에 쉽게 드나들지 못하는 학부모들도 바자회를 통해 학교를 방문하게 만들고 학교 일에 관심을 가질 수 있는 기회가 된다. 바자회 목적이 명확해야 참여하는 학부모들도 학교를 방문하는 걸음이 가볍다. 도서바자회는 대부분 학교도서관에 좋은 책을 구입하기 위해서 여는 경우가 많다. 바자회에서 산 책을 도서관에 기증하는 센스를 발휘하는 학부모들도 있다.

바자회의 형태는 다양할 수 있다. 책이나 음식, 여러 가지 물건을 판매하거나 아나바다 장터를 열 수도 있다. 바자회가 수익성에만 치우치지 않도록 주의해야 판매하는 물품의 질도 떨어지지 않고 학부모들 반응도 좋다. 행사를 위한 행사를 치르는 것만큼 무의미한 일은 없다. 목적이 정확해야 학부모들에게 홍보하기도 쉽고, 모두가 잔치처럼 참여하게 될 것이다.

학교와 충분히 상의하라

바자회를 열 생각이 있다면 학교와 충분히 상의해야 한다. 학교의 일정도 고려해야 하기 때문이다. 학교운영위원회에서 학사일정을 논의하므로 학교운영위원회에서 바자회 제안을 하는 것이 가장 좋은 방법이다. 학교운영위원회에서 심의한 후에 바자회 추진 주체들이 모여 준비를 하면 된다. 바자회는 홍보가 관건이므로 학교에서 적극적으로 학부모들에게 알려줘야 한다. 가정통신문이나 학교 홈페이지에 공지하는 것 말고도 학부모회나 어머니회 단체에서 학부모들에게 홍보하고 바자회를 도와줄 학부모들의 참여도 이끌어내 풍성한 축제의 자리가 되도록 배려해야 한다.

바자회는 학교를 둘러볼 수 있는 좋은 기회다

맞벌이 때문에 시간 내기 어려운 학부모들도 많지만 학교 드나드는 것을 싫어하여 일 년 내내 학교에 한 번도 가지 않는 학부모들도 많다. 이런 학부모들에게 바자회는 학교를 둘러볼 좋은 기회가 된다. 아이와 함께 바자회를 둘러보며 같은 반 학부모들도 만나고 선생님과 자연스럽게 인사도 나누는 것은 물론이고 아이가 다니는 학교 구석구석 돌아볼 수 있다. 아이가 재활용 물품을 내는 경우라면 나눠 쓸 수 있는 물건을 함께 정리하며 바자회의 의미를 되새기는 기회로 활용할 수도 있다. 학교에서 이루어지는 행사에 학부모가 관심을 보이면 아이들은 무척 좋아한다. 아이 손을 잡고 바자회를 비롯한 학교 행사에 시간을 내서 참여해보자. 대부분의 학부모들이 준비단계에서 함께 하지 못하면 소외감을 느끼기 쉽다. 학교에서 하는 행사인 만큼 긍정적인 생각을 갖고 참여하다보면 준비한 사람의 노고도 느낄 수 있고 행사 자체에 대한 자기 나름의 시각도 생겨날 수 있다. 남의 일이라 생각지 않고 참여하면서 문제를 바라볼 때 진정한 대안도 찾을 수 있지 않을까?

바자회 마무리를 잘하자 바자회가 성황리에 잘 끝나면 마무리를 잘하는 것이 매우 중요하다. 학부모들에게 바자회 결산내역과 참여해줘서 고맙다는 가정통신문은 꼭 보내야 한다. 바자회에 참여하지 못한 학부모들도 가정통신문을 받고 나면 내년에는 한번 가봐야겠다는 마음을 먹게 될 것이다. 학부모들이 바자회를 신뢰하는 순간이 바로 이때부터이기 때문에 마무리를 잘해야 한다. 바자회를 준비한 학부모는 다른 학부모들에게 바자회가 어땠는지 평가하는 기회를 꼭 마련하는 것이 좋다. 다음해에 바자회를 할 계획이라면 참여한 학부모의 의견을 듣는 것은 더더욱 중요하다. 바자회에 참여한 학부모들도 학교 홈페이지나 학부모 대표에게 건의할 사항이 있다면 꼭 전달하도록 한다. 바자회를 통해 학부모와 학교, 학부모와 학부모가 소통할 수 있는 장치를 마련하여 서로 나누는 경험을 해야 학교문화는 바뀔 수 있다.

○○ 학부모

첫아이를 학교에 보내놓고 걱정스럽던 차에
어린이날을 앞두고 학급대표를 맡은 엄마한테서 돈을 걷어야겠다는
연락이 왔다. 아이들 단체 티셔츠도 사고 햄버거와 음료수도
사주어야 한다며, 우리 반만 안 하면 아이들이 기죽는다는 것이다.
돈으로 학부모의 역할을 때우는 것 같아 찜찜하다.
돈 내는 일 말고 뭔가 다른 활동을 하고 싶다. 아이를 위해 학교 일에
보탬이 되고 싶긴 한데 학교에 대해 잘 알지 못해 이렇게 문의한다.
학부모로서 학교에 가서 보람을 느끼며 활동할 수 있는
방법을 알려 달라.

□□ 학부모

아이를 학교에 보내면서 마음 한구석이 늘 답답하다.
맞벌이를 하고 있다. 시간적 여유가 없기 때문에 아이가 나를
필요로 할 때 항상 옆에 있어주지 못해 미안한 마음이 자꾸 든다.
옆집 아이 엄마는 학교에 자주 가는 편이라서 내가 마치
해야 할 일을 하지 않은 것 같은 생각이 자주 든다.
옆집 엄마는 급식당번도 하고 학교 도서관에서 책도 빌려주는
활동을 한다고 한다. 우리 아이도 부러워하는 눈치다.
학부모가 되면 학교에 가서 마땅히 활동을 해야하는 것인가?
학교에 도움을 주고 싶은 마음을 굴뚝같은데 나처럼
도움을 주지 못할 때 할 수 있는 봉사활동은 어떤 것이 있는가?

학교 자원봉사,
치맛바람과는 다르다

치맛바람 아닌 학교 자원봉사를! 아이가 다니는 학교에서 학부모
들이 하는 활동을 자원봉사활동으로 이해하는 학부모는 별로 없다. 아이
때문에 어쩔 수 없이 배식당번을 하고 청소를 한 것이지 무슨 자원봉사활
동이냐고 반문하는 학부모들에게 학교는 여전히 넘기에는 높은 담이고 신
뢰감이 부족한 곳이다. 빠르게 변하는 사회 흐름에 따라오지 못한다고 손
가락질 하고, 환경이 열악하다그 험담한들 학교가 하루아침에 달라질 수
는 없다. 학교건물이 최신식으로 바뀌고 학습자료를 많이 구비해놓는다고
해서 학부모들이 학교를 자유롭게 드나들 수 있는 것은 아니다.

학생과 학부모, 교사는 학교에서 각자 맡은 역할이 있다. 교사와 학생
의 역할은 비교적 뚜렷하고 지속적이지만 학부모들이 맡은 역할은 불분명
하고 잘 드러나지도 않는다. 이제껏 학부모가 학교에 참여하는 모습은 학

교를 도와준다는 명분으로 돈을 모아서 후원하는 것이 대부분이었다. 이런 모습은 다른 학부모들에게 부담을 주고 학교를 부정적으로 바라보게 만들었다. 학교에 아이를 보내면서도 학교에 가고 싶은 마음이 들지 않는 가장 큰 이유는 돈을 내야 할 것 같기 때문이다. 해마다 돈과 관련한 좋지 않은 소식이 끊이지 않고 들려 학부모들의 마음을 어둡게 한다.

돈 내는 일 말고 학교에 도움을 주는 길은 없을까? 먼저 아이의 보호자인 학부모가 학교에서 해야 할 역할이 무엇일까 고민해봐야 한다. 경제적 부담 없이 기꺼이 자원봉사를 하러 간다면 학교로 가는 발걸음이 그렇게 무겁지는 않을 것이다. 이런 학부모 활동은 넓은 의미의 봉사활동이다. 이 것은 분명 치맛바람과는 다르다.

자원봉사활동은 단순히 나보다 못한 이웃을 위해 가진 것을 나누어주는 온정적인 의미라기보다 나름의 가치관에 따라 자발적으로 행동해서 사회통합에 힘을 보태는 활동이다. 오늘날은 대부분 개인이나 가족 단위로만 생활하기 때문에 자원봉사활동을 함으로써 지역과 연대의식을 회복하고, 공동체 의식을 자연스럽게 키울 수 있다.

아직 우리 사회는 자원봉사에 대한 인식이 낮고 정책적 배려도 없으며 봉사하는 삶의 가치를 평가하는 데 인색하다. 학부모들이 학교 안팎에서 직접 할 수 있는 봉사활동이 많이 있지만 활발하게 이루어지고 있지는 않다. 학부모들이 학교를 중심으로 자발적으로 참여할 수 있는 통로가 마련된다면 봉사활동은 자연스러운 삶의 일부로 자리잡을 수 있을 것이다. 학부모 스스로 봉사하는 삶을 산다면 자녀들도 사회봉사활동의 의미를 저절로 배우게 되고, 이 땅의 시민으로서 가져야 할 책임의식을 애써 가르치지 않아도 자연스럽게 갖게 될 것이다.

봉사활동으로 학교를 이해할 수 있다

학교와 학부모는 아이들의 성장을 지원해주는 동반자이다. 그러나 대부분의 학부모들은 동반자인 학교를 잘 모른다. 학교가 나서서 학부모에게 알려주려고 노력하지도 않고 학부모 스스로 학교를 알아보겠다고 나서는 일도 드물다. 아이들의 생활공간인 학교를 학부모들이 올바로 이해하지 못한다면 학교교육이 바로 서기 힘들다. 학교에 가기 두려워하는 학부모들이 여러 가지 학교활동에 참여해본다면 학교에 대한 이해가 높아질 것이다. 더불어 가정에서 이루어지는 가르침도 학교교육과 균형을 맞출 수 있게 된다.

또한 봉사활동을 하면 선생님에 대한 보이지 않는 벽을 허물 수 있다. 학부모가 봉사활동으로 학교 일에 참여하는 것은 기존에 해왔던 방식보다 선생님들과 건강하게 관계를 맺을 수 있게 도와준다. 치맛바람으로 일컫는 학부모들의 행태와는 다른 모습을 보면서 곱지 않은 시선도 줄어들 것이고 학부모를 부담스러워하는 선생님들의 인식도 바뀔 수 있다. 말 그대로 선생님과 좋은 관계를 맺고 교육의 동반자가 될 수 있는 것이다.

더구나 학교는 가정과 지역사회와의 연관을 매우 강조하는데, 말로만 강조하지 말고 정규수업 이외어 학부모들이 활동할 수 있는 영역을 만들어 참여를 유도하고 학교교육의 질을 높이는 것이 필요한 시점이다. 학부모들의 교육열을 학교 도서관, 상담실, 아이들과의 봉사활동, 방과후 교육활동으로 끌어내는 일은 그렇게 어려운 일이 아니다. 물론 모든 학부모가 당장 자원봉사활동에 달려들 수는 없다. 봉사활동을 하고 싶은 마음이 있지만 시간여유가 없는 학부모들은 학교행사에 오고 학교에 관심을 갖는 자체만으로도 봉사활동을 하는 것과 다름이 없다.

공동체정신을 회복해야 한다고 많이 이야기한다. 공동체정신은 말로 회복되는 것도 아니고 교과서로 교육되는 것도 아니고, 시민의식이 성숙해져야 가능한 것이다. 학교 안에서 다양한 자원봉사활동을 하는 것도 공동체정신을 회복하고 새로운 학교문화를 만드는 중요한 활동이 될 수 있다.

봉사하며 부딪히는 어려움들

얼마간의 돈을 내고 학부모 역할을 다했다고 생각하는 사람들도 있지만 돈 내는 학부모로 주저앉고 싶지 않은 학부모들도 있다. 즐겁고 신나게 학교에 다니는 아이를 보며 학부모도 학교에 보탬이 되고자 자원봉사에 참여하게 되는데, 간혹 함께 봉사하는 학부모들과 갈등이 생기거나 마음의 상처를 안고 학교 가는 발길을 되돌리는 일이 생기기도 한다.

사실 학교 활동에 참여하다보면 일이 힘든 것 못지않게 학부모들끼리 소통에 어려움을 겪는다. 학부모가 가장 힘든 순간은 바로 학부모들 때문일 때가 많다. 같이 아이 키우는 입장인데 무슨 갈등이 생길까 싶겠지만, 의외로 학부모들이 장벽처럼 버티고 있어 일이 진행되기 힘든 때가 있다. 어떤 일을 하기로 결정하는 과정에서 의견이 부딪쳐 목소리가 높아지면 감정이 상할 때도 있는데, 일을 잘 마무리하게 되면 감정 대립은 자연스레 해소되기도 한다. 이보다 더 힘든 경우는 학부모들 사이에서 다른 학부모에 대한 안 좋은 소문이 '카더라 통신'처럼 뜬금없이 떠돌 때이다. 의견이나 관점이 다른 학부모를 두고 다름을 인정하지 못하고 개인사에 가족까지 들먹이며 왕따를 시키거나 모함을 하는 극단적인 경우도 있다. 좋은 뜻으로 봉사하겠다고 나섰다가 이런 일을 당하게 되면 '내가 무엇 때문에 이런 소리까지 들어가며 해야 하나?' 싶어 마음이 상해 학교에 발길을 끊고 다시는 돌아보고 싶지 않게 되어버린다.

봉사활동을 하는 학부모들 사이에 불거지는 갈등과 상처는 봉사활동에 대한 상이 서로 달라 생긴다. 아이가 임원이 되어서 어쩔 수 없이 하기도 하고, 봉사활동으로 학교정보를 얻을 수 있으리란 기대를 갖고 참여하는 학부모도 있고, 아이와 상관없이 순수하게 봉사하겠다는 자세로 참여하는 사람도 있을 것이다. 시작할 때의 마음이 서로 다르면 봉사활동 하는 과정에서 느끼는 책임감도 차이가 나고, 생각이 다르니 학부모들 사이의 소통이 힘들어져 감정대립이나 갈등이 생기게 된다.

그러나 갈등이 생겼을 때 무조건 마음을 접지 말고 봉사의 원래 의미를 다시 생각해보자. 봉사를 통해 학교를 이해하는 폭을 넓히고 아이들에게 본보기를 보인다는 참뜻을 다잡고 주변 학부모들과 이야기를 나눠보자. 분명히 나와 생각이 비슷한 학부모들을 만나고 힘을 얻을 수 있을 것이다. 주변에서 어떤 이야기가 나오더라도 중심을 잡고 내가 봉사활동을 하려는 원래 의도를 행동으로 보여주는 용기 있는 학부모가 되었으면 좋겠다.

학교에서 할 수 있는 자원봉사

학교에서 학부모들은 어떤 역할을 할 것인가? 학교운영위원회가 생기고 나서 학부모들도 학교운영에 관심을 갖고 적극적으로 참여해야 한다는 목소리가 높아졌다. 학교를 경제적으로 도와주는 역할에서 벗어나 학부모가 할 수 있는 학교 안 자원봉사 영역을 조금씩 넓혀가는 학부모들도 많아지고 있다. 앞서 소개한 학교 도서관 자원봉사도 그런 학부모들의 노력과 맥을 같이 한다.

도서관 도우미

학교 도서관에서 자원봉사를 하고 싶다면 학교 도서관에 학부모 도서위원이 있는지 확인하는 것이 먼저다. 도서관에 물어보고 학부모가 참여할 수 있는 방법이 있다면 자발적으로 신청하면 된다. 만약 학부모가 참여할 수 있는 방법이 없는 학교라면 학교운영위원회나 교무실에 학부모 도서위원이 있으면 좋겠다고 제안하면 된다.

**학교 급식재료 검수단
(급식모니터단)**

아이들은 매일 하루 한두 끼를 학교에서 먹는다. 먹을 거리의 안전성 문제가 연일 언론에 등장할 만큼 학교급식도 안전을 보장받지 못하고 있다. 학교에서 알아서 다 해주겠지 생각한다면 식중독 사고는 남의 일이 아니다. 영양사나 조리원이 철저하게 위생관리와 조리를 하지만 학부모들이 함께 하면 학교급식의 안전성은 훨씬 높아질 수 있다.

'급식재료 검수단'은 학교운영위원회 급식 소위원회 산하에 있는 조직이다. 급식에 대한 모니터활동이 주를 이루는 급식재료 검수단은 학부모가 참여할 수 있다. 매일 아침 학교로 배송되는 식재료의 신선도와 원산지, 중량, 온도를 확인하고 조리, 배식과정에 참여하고 검식과정에 학부모가 참여하는 것이다. 하루에 2~3명씩 100명이 참여한다면 1년에 3번 정도의 봉사를 할 수 있다.

**교통봉사
(녹색어머니회)**

아이들이 학교 가는 시간에 횡단보도에서 교통봉사를 하는 학부모들을 자주 본다. 중요한 시간을 내어 아이들의 등굣길 안전을 도와주는 교통봉사에 참여하는 학부모들이 많다. 중·고등학교에서는 교내 봉사단을 구성하는 데 학부모들도 함께 하는 경우가 많다. 아이들이 단순히 점수를 따기 위해서가 아니라 지속적으로 봉사할 수 있도록 학부모들이 도와주는 것도 매우 의미 있는 일이다.

상담자원봉사

우리나라 학교에 부족한 부분 중의 하나가 상담영역이다. 질풍노도의 시기를 보내야 하는 아이들을 위해 중·고등학교에서 상담 자원봉사를 할 수도 있다. 이를 위해서는 상담교육을 기리 받아야 하고 학교 쪽에서도 학부모 상담 자원봉사를 활용하려는 계획을 세워야 진행할 수 있다. 교육청에서 상담교육을 진행하여 학교로 배치하는 형태도 운영되고 있다. 이를 위해서는 교육청의 상담교육 일정을 꼼꼼히 살펴보고 참여하여야 한다.

교복 공동구매 활동

중학교부터 고복을 입게 되는데 값비싼 교복값이 문제가 되고 있다. 교복은 학교에 다니면 꼭 사야 하는 소비재이지만 학교에서 단체로 구매할 수 없는 것이기 때문에, 학부모들이 모여 공동구매 추진위원회를 구성하면 값싸고 질 좋은 교복을 공동으로 구매할 수 있다. 우선 학교운영위원회에 공동구매를 제안하고 교복을 새로 구입해야 하는 학년 학부모들이 중심이 되어 '공동구매 츠진위'를 구성한다. 추진위에서 희망조사, 공동구매 방법, 시장조사, 가격을 의논하는데, 처음 시작할 때는 교육단체의 도움이나 교육부에서 배포한 매뉴얼을 참고하여야 수월하게 할 수 있다.

명예교사 활동

학부모가 직접 교육활동에 참여할 수 있는 방법이다. 책 읽고 토론하기, 숲 공부, 한자 등과 같이 학부모가 명예교사가 되어 활동하는 것이다. 모든 학교에 있는 것은 아니지만 아이들의 적성과 진로를 탐색하는 과정에서 학부모가 가진 능력이나 재능이 교육활동에 도움이 될수 있도록 하자는 취지에서 만들어졌다.

인형극 보여주는 도서관
인형극 [혹부리 영감] 보러 오세요!
○○년 ○월 ○일 오후 2시 ○○도서관
학부모 도서위원회

학교 수업이 일찍 끝나는 수요일 오후, 수업을 마치자마자 4층 학교도서관 앞에는 인형극을 보러 온 아이들이 재잘거리며 모여 있다. 학교 곳곳에 붙어있는 인형극 상영홍보물을 보고 온 아이들이 도서관으로 입장하기 위해 온 것이다.

같은 시간 도서관 안에서는 학부모 자원봉사자로 구성된 '학부모 도서위원회' 소속 학부모들이 각자 맡은 역할을 준비하고 인형극 무대를 점검하느라 정신이 없다. 아이들은 엄마들이 인형극을 준비하고 있는 줄은 꿈에도 모르고 있었다.

드디어 도서관으로 아이들이 입장하고 평소에 보지 못했던 까만색 천으로 둘러쳐진 무대를 쳐다보는 사이 사회자가 등장해 아이들과 동요를 함께 부른다. 징~ 막이 열리고 아이들 눈이 초롱초롱해졌다. 혹부리 영감이 나오자 환호성을 지르고, 혹을 떼려다 혹 하나를 더 붙이게 되자 박수를 치며 좋아했다. 짧은 인형극이 끝나면서 무대 사이로 손에 낀 인형을 들고 엄마들 얼굴이 나타나자 아이들은 놀라워하다가 달려가 인형을 만져보고 사진을 찍으며 함박웃음을 피웠다.

보통 엄마들이 준비한 특별한 인형극

인형극을 준비한 학부모 도서위원들은 인형극을 해본 사람들이 아니었다. 학교 도서관에서 일주일에 하루씩 자원봉사 하는 학부모들인데 5월 도서관 행사로 인형극을 준비해보자는 의견을 내서 함께 준비한 것이다. 준비팀은 인형극에 올릴 작품을 선정하기 위해 옛이야기 책을 읽고 대본을 만들고, 부직포를 사서 인형을 직접 만들고, 인형극 사이에 들어갈 음향효과를 녹음하고 인형극을 알릴 포스터를 준비했다. 역할팀은 대본에 맞추어 배역을 선정하고 무대 뒤에서 도와줄 스태프를 맡아 한 달을 준비했다. 처음에는 "난 못해." "내가 이런 걸 어떻게 해." 하며 물러났지만 함께 모여 머리를 맞대고 준비하다보니 숨겨진 재능을 표출할 수 있었고 고스란히 무대에서 빛을 발했다. 인형극 공연은 대성공이었다. 반응이 뜨겁자 한 차례 더 공연을 하게 되었고 학교에서도 비디오 카메라로 찍어 전교생에게 방송해주기도 했다.

학교 사랑방이 된 도서관

아이가 초등학교에 입학했는데 학교 도서관이 있긴 했지만 늘상 잠겨 있었다. 운영하지 않는 이유를 물으니 도서관을 담당할 사람이 없다고 했다. 나라도 운영에 참여해보겠다고 나섰지만 담당교사가 있어야 했다. 마침 새로 전근 오신 선생님 한 분이 도서관 운영을 맡으면서 나도 학부모 도서위원이 되었다. 먼지 풀풀 날리던 도서관을 쓸고 닦아 개관식을 가졌다. 아이들에게 낯선 곳이 될까 봐 풍선도 달고 사탕바구니도 준비했다. 부족한 책은 아이들과 학부모들의 기증을 받기도 했고 학교예산에서 책정된 도서구입비와 일 년에 한 번 하는 도서바자회 수익금으로 새 책을 채워나갔다. 그리하여 하루에 300명이 넘는 아이들이 도서관 문턱이 닳을 정도로 드나들었고 엄마가 있는 도서관에서 아이들은 편안하고 즐겁게 지냈다.

일주일에 한 번 도서관에서 봉사하는 날이면 아이들은 수업이 끝나면 도서관으로 달려왔다. 가방을 내려놓기 무섭게 서가로 달려가 읽고 싶은 책을 꺼내 그 자리에 앉아 책에 빠져드는 아이들은 보기만 해도 예뻤다. 그런 아이들을 보며 도서관에서 다양한 행사를 해야겠다 마음먹었고 인형극도 그런 마음에서 시작한 것이었다. 이제 내 아이들은 학교를 졸업했지만 학교 도서관은 오늘도 아이들과 학부모들이 드나드는 학교 사랑방이 되었다.

더 적극적으로 도서관 활동에 참여하고 싶다면?

학교 도서관 자원봉사를 하면서 도서관은 책을 빌려주고 반납하는 곳만이 아니라는 생각에서 여러 가지 프로그램을 기획하고 추진하게 되었다. 지금은 학교마다 사서교사가 있는 곳이 많아졌지만 10년 전만 하더라도 학부모의 도움이 없으면 운영이 불가능한 곳이 많았다.

학부모 도서위원은 한 달에 한 번씩 모여 회의를 하면서 도서관 운영을 논의하면서 여러 프로그램을 기획하고 담당 선생님과 함께 추진하기도 하겼다. 학교 도서관에서 할 수 있는 활동은 끝도 없이 많은데 기억나는 몇 가지를 소개한다.

· 도서관 한 쪽 벽면에 '책나무'를 만들어 놓고 연두색 나뭇잎 모양의 종이를 잘라놓고 아이들이 읽은 책이름과 추천하고 싶은 이유를 써서 나무에 잎을 붙여가도록 했다. 봄에는 연두와 초록빛으로 꾸미고 가을에는 노랑, 빨강, 주황색으로 잎을 붙여 그 자체가 아이들이 만든 작품이 되었다.

· '책속 보물찾기'는 도서관 책 한두 권에 행운의 열쇠 모양을 꽂아 두고 그 책을 찾아오는 아이들에게 간단한 선물을 주는 일상 프로그램이다.

· 도서관에서 만드는 소식지는 도서관도 홍보하고 어떻게 운영되고 있는지 알려주는 역할을 했다. 이달의 책, 퀴즈, 아이들 글과 학부모 글, 행사 안내와 같은 내용을 싣고 전체 학년 학생들에게 나누어주었다.

· 10월에는 독서의 달 행사도 함께 준비했다. 책 읽고 그림그리기, 동화 연극 발표도 하고 학부모들이 직접 골든벨 문제를 내며 운동장에서 퀴즈대회를 진행하고 독서 감상화 그리기와 연극 발표 때 심사를 맡기도 했다.

· 한낮의 뜨거운 열기가 식어가는 6월 어느 저녁에는 학부모들이 직접 준비한 그림책 영상과 직접 책을 읽어주는 '빛그림 이야기'를 커다란 걸개천에 보여주었다. 학교운동장에 삼삼오오 돗자리를 펴 놓고 모여 앉은 아이들과 학부모들은 잔잔히 흐르는 음악과 아름다운 그림과 들려주는 이야기를 감상했는데, 날이 어두워지면서 그림책 영상은 더 또렷해지고 모두 숨죽여가며 동화책을 함께 읽는 모습은 지금 생각해도 행복한 추억이다.

· 일주일 동안 아침자습 시간에 학부모 도서위원들이 '책 읽어주는 엄마'가 되었다. 엄마의 목소리로 그림책을 읽어주는 것이었는데 처음에는 저학년에서만 신청했지만 나중에는 고학년에서도 읽어달라고 요청할 정도로 인기가 있었다.

· 도서바자회는 좋은 책을 알릴 목적으로 열렸다. 바자회에서 마련된 수익금으로 도서관에 새 책을 들여놓는다면 늘 부족한 학교 도서구입 예산을 보충할 수 있다. 바자회가 진행되는 동안 이벤트나 전시회를 기획하면 더 풍성한 행사가 될 것이다.

· 중·고등학교에서는 아이들 스스로 동아리활동이나 자원봉사의 일환으로 도서관 활동을 한다. 학교 안 도서관 활동에 더 이상 부모의 손길이 필요치 않다면 지역사회에 눈을 넓혀 학교 도서관을 지역사회의 문화공간으로 활용하는 방안을 찾아보는 것도 의미 있는 일이 될 것이다. 실제로 내가 살고 있는 지역의 어느 중학교는 학부모 자원봉사자의 도움으로 오후 10시까지 학교도서관 문을 열어놓고 주민들에게 책을 대여해주고 있다. 여기에 좀더 힘을 보태어 동네 주민들을 초대해 좋은 강좌를 열어보는 것도 좋겠다. 학교도서관을 통해 이웃끼리 관계를 맺고 지역사회의 문화공간을 만들어가는 좋은 계기가 될 수 있을 것이다.

도지사나 시장을 뽑는 지방선거에서 교육의원도
유권자가 직접 투표해야 한다고 들었다. 시장이나 시의원은 누가
나오는지 알겠는데 교육의원은 누가 출마했는지도 모르겠고 교육의원이
무슨 일을 하는지도 모르겠다. 게다가 교육의원 선거는 지난 지방선거부터
시행되었고 교육위원에서 교육의원으로 명칭도 바뀐거라고 하는데
나도 내 주변 사람들도 교육의원 선거를 잘 알지 못하는 상태에서 무작정
투표를 했고 앞으로도 그래야 한다는 말인가.
교육이란 이름이 들어가는 것으로 봐서 매우 중요한 선거라고 생각되는데
이처럼 중요한 선거가 충분히 알려지지 않은 상태로 치러지는 것은 분명 문제다.

교육감이나 교육의원에 누가 출마했는지
무슨 일을 하는지 일단 선거 과정에서 꼼꼼히
살펴봐야겠다고 생각하고는 있다. 문제는 사람을 뽑아놓았어도
투표가 끝난 뒤에는 이 사람이 공약대로 얼마나 일을 잘하고
있는지 잘 모르겠다는 거다.
모두 나 몰라라 하면 기껏 애써서 투표한 보람이 없을 것 같다.
나 같은 개인이 그런 일을 꼼꼼하게 챙겨보는 게 엄두가
안 나긴 하는데 아이 교육환경과 직접 관련이 있는 일인 만큼
관심을 가져야하지 않을까 싶다. 의정활동을 감시하는 것처럼
교육정책이나 교육활동이 제대로 가고 있는지 어떻게 알 수 있나.

교육감, 학부모 힘으로 바꿀 수 있다

교육감을 내 손으로 뽑는다

"특목고를 더 이상 추가 설립하지 않겠다. 기존 특목고 운영도 손보겠다. 설립 취지대로 운영되도록 하겠다. 일제고사는 재검토하겠다. 의무교육을 무상으로 한다는 취지에 맞게 연차적으로 무상급식을 확대해나가겠다." ㄱ 교육감 후보

"설립을 원하는 지역이 있다면 검토한 후 특목고와 국제고 추가 설립하겠다. 학원 영업시간도 현실에 맞게 12시까지 허용하겠다. 학부모들의 알권리 차원에서 국가에서 시행하는 일제고사는 반드시 보도록 하고 이를 거부하는 경우 법적 제재를 강구하겠다." ㄴ 교육감 후보

교육감으로 출마한 사람들이 위와 같은 공약을 내건다면 누가 당선되느

냐에 따라 나타나는 교육현상이 매우 달라진다. 교육감이 가지고 있는 권한은 예산집행권과 인사권 말고도 아이들과 학부모들이 관심을 갖고 있는 교육정책의 집행권한, 예를 들어 특목고 설립이나 평준화 정책 시행 여부, 일제고사 실시 여부 같은 권한을 갖고 있다.

2009년, 경기도 교육위원회에서 무상급식 예산을 절반으로 삭감했다는 소식을 들었다. 경기도 교육위원회에서 예산안을 확정해서 경기도 의회로 넘기면 의회 교육위원회에서 심의하여 본회의에서 의결하게 되어 있다는데 당초 경기도 교육감은 도서벽지·농어촌지역 초등학교, 도시지역 가운데 전교생 300명 이하 초등학교 400개 학교에 무료로 급식을 지원하기 위해 171억 원의 예산을 수립했다. 그런데 경기도의회에서 무상급식 예산을 절반으로 삭감해 9월부터 시행하려던 무상급식은 시행이 어렵게 되었다. 무상급식을 시행하려던 교육감은 2008년 4월 경기도민의 손으로 선출된 직선 교육감이다. 2007년부터 투표권을 가진 시민은 살고 있는 지역의 교육감을 직접 선출하게 되어 있다.

교육감 선출 방식의 변화,
임명제 → 간선제 → 주민직선제

교육감을 주민들이 직접 선출한 것은 언제부터였을까? 몇 차례 변화가 있었다. 교육감 선출방식은 「지방교육자치에 관한 법률」로 규정하고 있는데 1991년 이전까지는 중앙정부가 교육감을 임명했다. 1991년부터는 교육위원회에서 간접선거로 선출하도록 바뀌었는데 금품과 부정으로 얼룩진 선거 풍토가 심각한 문제로 대두되었다. 이에 1998년부터 선출 과정의 비리를 없애고 학교운영위원회를 활성

화시키기 위해 학교운영위원이 선거인단이 되어 교육감을 선출하는 간선 제로 바뀌었다. 이 제도는 지방교육자치를 살리겠다는 취지였지만 학교운영위원회가 제대로 정착되지 못한 가운데 많은 문제점이 드러났다. 학교운영위원들이 교육감 후보에 대한 정보를 잘 모르는 것도 문제였지만, 후보의 학연이나 지연에 의한 선거 전략과 선거 자금에 따라 결과가 좌우되면서 전직 교장이나 장학사들이 대거 교육감으로 선출된 것이다.

2006년 12월에 또 한 차례 개정된 '지방교육자치에 관한 법률'에 의해서 2007년부터 교육감은 주민들이 직접 선출하게 되었다.* 학교운영위원이 교육감을 선출하는 과정에서 불거진 비리와 후보의 학연에 따른 정치성 짙은 선거운동을 개선하고 주민들이 교육문제에 관심을 갖게 하기 위해 주민직선제로 바뀐 것이다.

이렇게 선출된 교육감은 독립된 기관의 대표로서 권한이 한층 더 강화되었다. 2008년부터 교육과학기술부가 가졌던 초·중등 학교 정책도 교육감이 관할하게 되었다. 한편 2010년부터 지방의회로부터 독립적이었던 교육위원회가 시·도 의회의 상임위원회로 흡수통합되면서 기능이 축소된 점은 논란이 되고 있다.

이로써 2010년 지방의원 선거부터 시·도 교육감과 교육의원 선거가 함께 이루어지게 되었다. 지방교육의 중요한 정책을 수립하고 집행하는 책임을 가진 교육감과 교육위원을 시민의 손으로 뽑는 만큼 교육감과 교육위원의 역할이 무엇인지 자세히 살펴보고 중요한 한 표를 행사하자.

* 교육감은 시·도지사 선거와 분리하여 선출하며(정당 공천이 아님) 출마 자격은 교육 및 교육행정 경력 5년으로 한다. 교육위원회는 지방자치와 통합하여 시·도의회 특별 상임위원회로 전환하고, 상임위원회 정수의 1/2은 주민직선으로 선출되는 교육의원으로 하고 나머지 1/2은 시·도 의원 중에서 배치한다. 교육의원 출마자격은 교육 및 교육행정 경력 10년 이상이다._지방교육자치에 관한 법률 제 10조

교육감과 교육의원이 하는 일

교육청이 교육자치권을 갖게 된 것은 1991년 3월 8일에 발효된 '지방교육자치에 관한 법률'에 의해서였다. 그동안 지방자치단체가 맡고 있던 교육행정 사무를 폐지하고 시·도 단위에서 지방교육행정을 실시하도록 한 것이다. 이에 따라 지방자치단체의 교육·과학 및 체육에 관한 업무를 분장하기 위해 별도 기관으로 특별시, 광역시와 각 도에는 교육청을 두고 시·군·자치구에는 교육지원청(구 지역교육청)이 설치되었다.

교육감

시·도 교육 사무에 관해 지방자치단체를 대표하고 사무를 통괄하며 시·도의 교육 사무를 집행하는 교육감은 4년의 임기 동안 업무를 수행한다. 교육감이 되고자 하는 사람은 후보자 등록개시일부터 과거 2년 동안 정당의 당원이 아니어야 하며 교육 경력과 행정 경력을 합해 5년 이상의 경력이 있어야 한다.

교육감이 하는 일

· 조례안, 예산안, 결산서를 작성
· 특별부과금, 사용료, 수수료, 분담금과 가입금, 기채, 차입금, 예산 외 의무부담
· 교육규칙 제정
· 학교와 교육기관의 설치·폐지
· 교육과정 운영
· 과학·기술교육의 진흥

· 평생교육

· 학교 체육, 보건, 학교환경 정화

· 학생통학구역 지정

· 교육시설, 설비와 교구

· 재산의 취득·처분

· 기금의 설치·운용

· 소속 공무원의 인사관리

· 시·도의 교육·학예에 관한 사항과 위임사항에 대한 일

교육감은 학교 운영에 필요한 예산 집행권과 인사권을 가진 '교육대통령'이다. 예를 들면 서울시 교육감은 6조가 넘는 예산과 10만 명의 교직원 인사에 대한 권한을 가지고 있다. 초·중·고등학교와 학원, 평생교육까지 대학교육을 제외한 교육활동에 관여한다. 고등학교 평준화 여부를 결정하고 외국어고등학교 설치 권한도 갖고 있다. 또한 2008년 부활한 일제고사(국가수준 학업성취도 평가)의 평가결과를 어떻게 활용할지도 교육감이 정해 학교마다 차별화시킬 수도 있으며, 시·도 조례에 따른 학원 영업시간 제한도 교육감에게 달려 있다.

교육감 선거를 시·도지사 선거와 러닝메이트제로 치르자는 주장도 나오고 있다. 만약 이렇게 통합되어 선거가 치러진다면 교육의 정치적 중립성은 훼손될 것이며 정치권의 입맛에 맞는 교육감이 교육정책을 좌지우지하게 될 것이라는 우려를 할 수 밖에 없다.

시·도 의회
교육위원회

2010년 6월 지방선거에서 선출된 교육의원들은 시·도의회의 교육상임위원회에서 지역에서 선출된 광역의원들과 함

께 활동한다. 시·도 교육청의 소관업무를 관장하는 교육위원회는 각종 교육현 안사업 등 교육 제반분야와 관련된 정책을 다룬다.

시·도의회 교육위원회는 교육감에 대한 통제기능을 수행하며 시·도의원과 교 육의원으로 구성된다. 2010년 8월까지 존재했던 시·도 교육청 교육위원회에서 활동한 교육위원들은 학교운영위원 전원으로 구성되는 교육위원선거인단에 의 해 선출되었으나 2010년부터 주민들이 직접 선출하는 제도로 바뀌었다. 교육위 원회가 교육청의 의결기관일 때 전국적으로 총139명의 교육위원이 있었으나, 시·도의회소속 교육의원으로 선출되는 인원은 절반인 77명만 선출하고 나머지 절반은 시·도의원이 교육상임위원회에서 활동하고 있다. 결국 교육을 책임지 는 교육감을 정치행위를 하는 시·도의회 교육의원들이 견제하는 것이다. 교육 이 정치로부터 중립성을 지킬 수 있을는지 우려되는 지점이기도 하다.

시 · 도 의 회 교 육 위 원 회 가 하 는 일

· 조례안, 예산안 및 결산, 특별부과금·사용료·수수료·분담금 및 가입금의 부과와 징수

· 기채안(起債案)

· 기금의 설치·운용

· 대통령령으로 정하는 중요재산의 취득·처분

· 대통령령으로 정하는 공공시설의 설치·관리 및 처분

· 예산 외의 의무부담이나 권리의 포기에 관한 사항

· 청원의 수리와 처리

· 외국 지방자치단체와의 교류·협력

· 법령과 시·도 조례에 따라 그 권한에 속하는 사항을 심의·의결한다.

교육감과 교육재정

　　　　　　　교육감이 하는 일 중 가장 중요한 일은 교육에 소요되는 예산을 세우고 집행하는 것이다. 아이들이 다니는 학교도 교육청에서 지원해주는 운영비와 학부모가 부담하는 경비로 운영하고 있다. 교육에 소요되는 경비를 '교육재정'이라고 하고, 시·도 교육청 단위로 각급 학교와 교육행정기관을 설치하고 운영하는데 소요되는 경비 일체를 '지방교육재정'이라 한다. 의무교육기관인 초·중학교에 종사하는 교원의 보수와 기타 의무교육에 관련된 경비는 국가가 부담하고 의무교육 이외의 교육에 관한 경비는 국가와 지방자치단체가 부담한다.

　교육청에서는 이처럼 국가와 지방자치단체로부터 교육에 필요한 경비를 받아서 각 학교 학생 수와 학급 수를 고려하여 학교운영비를 지원해주게 된다. 학교는 교육청에서 지원받는 예산에 학부모가 부담하는 경비를 포함시켜 학교예산을 세운다.

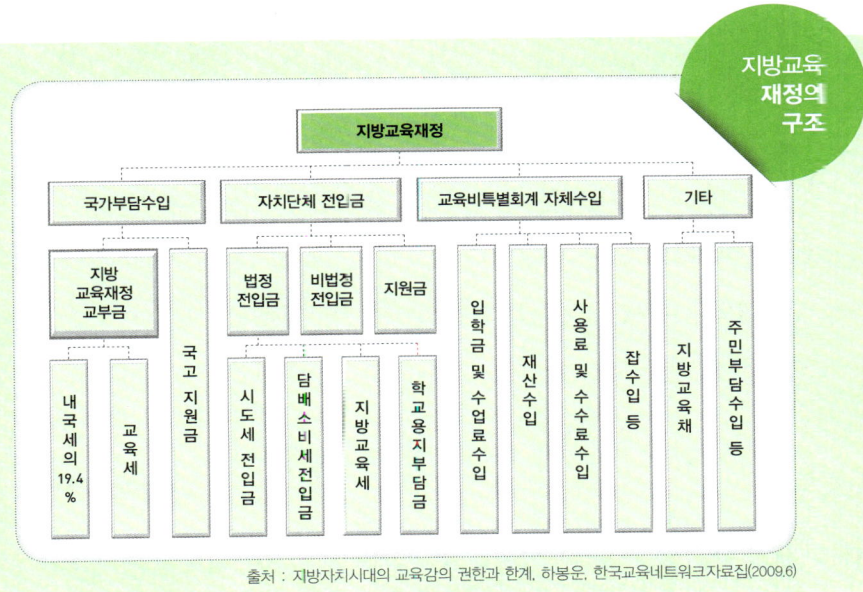

지방교육재정의 구조

지방교육재정

| 국가부담수입 | 자치단체 전입금 | 교육비특별회계 자체수입 | 기타 |

지방교육재정교부금 / 국고지원금 / 법정전입금 / 비법정전입금 / 지원금 / 입학금 및 수업료수입 / 재산수입 / 사용료 및 수수료수입 / 잡수입 등 / 지방교육채 / 주민부담수입 등

내국세의 19.4% / 교육세 / 시도세전입금 / 담배소비세전입금 / 지방교육세 / 학교용지부담금

출처 : 지방자치시대의 교육감의 권한과 한계, 하봉운, 한국교육네트워크자료집(2009.6)

선거는 어떻게 치러지나

2010년부터 교육감 선거는 지방선거와 함께 치르게 된다. 2010년 6월 선거에서는 무려 8개의 선거가 치러졌는데, 광역·기초 단체장(도지사, 시장, 군수), 도 교육감, 광역·기초의원(도의원, 시·군의원), 교육의원, 도의원 비례대표, 시·군의원 비례대표를 한꺼번에 선출하게 된다. 그러나 지방선거는 정당공천을 받고 정당 기호 1, 2, 3과 같이 표시하지만 교육감 선거는 정당에 소속된 자가 출마할 수 없게 되어 있어 가, 나, 다와 같은 기호로 표시하게 되어 있다. 교육 부분이 선거에 미치는 영향이 크기 때문에 교육감 선거가 시·도지사 선거에 휘둘려 정치적인 양상을 띠게 될 것이라는 분석이 많다. 시·도지사 선거와 교육감 선거는 별개로 이루어져야 함에도 교육을 다루는 권한을 가진 교육감을 선출하는 선거를 교묘하게 이용할 가능성을 배제할 수 없다.

선거 120일 전부터 예비후보자들이 등록을 하고 자신을 알리는 활동이 가능해지며, 선거 15일 전에는 후보 등록을 마쳐야 한다. 등록을 마침과 동시에 선거유세를 하게 되는데 유세기간 동안 거리, 토론회, 텔레비전 토론과 같은 후보자 면면을 살필 수 있는 홍보활동을 할 수 있다. 내가 살고 있는 지역의 교육문제는 내 아이와도 직결되는 것이므로 후보들의 면면을 잘 살펴보고 투표를 해야 한다. 소중한 한 표 행사를 무관심이나 정치적인 혐오감 때문에 포기하는 일이 있어서는 안 되겠다.

나의 소중한 한 표가 교육의 향방을 좌우한다

2010년부터 만 19세 이상 투표권을 가진 모든 유권자들이 교육정책을 책임지고 집행하는 교육감을 선출하고 시·도의회 소속 교육의원을 선출한다. 어떻게 보면 대통령을 선출하고 국회의원을 선출하는 것보다 더 중요한 선거가 될 수 있다. 초·중학교에 관련된 교육정책은 교육감에게로 모든 권한이 넘어간 상태라 어떤 교육감을 선출하느냐에 따라 아이들과 학부모들은 직간접으로 영향을 받을 수밖에 없다.

당선된 교육감과 교육의원이 제 역할을 하는지 관심을 가지는 것 또한 중요하다. 교육감이 결정하는 중요한 교육정책에 대한 언론보도를 눈여겨 본다든가 지역별로 이루어지는 공청회나 토론회에 참여하는 것도 좋다. 교육의원은 시·도의회의 교육상임위원회에서 활동하므로 의회 홈페이지에 게시되는 의사록을 읽어보거나 의정감시단 활동을 해보는 것도 좋다. 결국 우리 손으로 뽑은 일꾼들이 제 역할을 하도록 지속적인 관심을 보여주어야 한다.

시·도지사 선거와 함께 치뤄지는 교육감 선거에 꼭 참여하자

교육감 선거제도가 바뀜에 따라 2007년 부산 교육감 선거를 비롯하여 서울, 경기, 충남 등지에서 교육감 선거가 주민 직선으로 치러졌지만 모두 15% 안팎의 저조한 투표율을 보였다. 투표권을 가진 주민들에게 교육감 직선제가 널리 알려지지 않은 측면도 있지만 교육감의 권한과 역할이 얼마나 중요한지에 대한 인식이 국회의원이나 시·도지사에 비해 낮은 것도 원인이었다. 이제 지역의 모든 유권자가 자기 지역의 교육감을 선출해야 한다. 우리가 어떤 교육감을 선택하느냐에 따라 우리나라 교육의 향방이 결정된다는 점을 꼭 기억하자.

교육감은 국민이 내는 세금 중에서 교육분야에 사용되는 예산에 대한 권한과 교직원 인사권을 가지고 있다. 그러니 후보가 내거는 공약을 꼼꼼하게 검토해봐야 한다. 언뜻 이해가 되지 않을 때는 인터넷이나 다른 정보를 이용해서라도 살펴봐야 한다. 집으로 배달되는 선거공보물을 살펴보는 것은 물론이고 선거 기간 중에 있는 후보 초청 토론회나 텔레비전 토론을 통해 후보자간의 공약은 꼭 비교해봐야 한다. 후보의 공약이 실천가능하고 예산을 검토한 후에 만든 공약인지, 주민들의 인기에 영합하기 위해 남발하는 공약인지도 살펴볼 필요가 있다.

2010년부터 교육의원은 시·도의원 선거와 함께 치러진다. 기존의 교육위원회는 없어지고 시·도의회의 교육상임위원회에서 활동하게 되는데 마찬가지로 교육의 전문성과 비전을 가진 사람인지 따져보는 것이 제일 중요하다. 학교를 이해하고 있는 사람인지도 중요하지만, 지역의 모든 학생들이 소외되지 않을 수 있는 교육복지 철학이 있는 사람인지도 따져봐야 하는 것이 지역의 유권자들이 해야 할 최소한의 일이다.

교육청마다 홈페이지를 운영하고 있다. 홈페이지에는 교육정책 소개와 학교에서 해결하기 어려운 민원사항을 상담하기도 한다. 내가 뽑은 교육감이 교육행정을 잘 펴는지 살펴보고 도움을 받을 수 있으니 적극 활용하자.

교육의원이 활동하는 소식은 시·도 의회 홈페이지를 활용하면 된다. 개별 의원 홈페이지도 연결되어 있고 회기가 끝나면 의사록도 올려놓는다. 내가 살고 있는 지역의 교육의원에게 여러 가지 의견을 제시하여 그 의견이 채택되어 변화가 찾아온다면 일 잘하는 교육의원임이 증명될 것이다.

아이에게는 조금 부족한 엄마,
학교에는 조금 드센 학부모로 살기

"엄마, 참교육학부모회 계속 하면 안 돼? 왜 안 나가는 거야?" 학부모회 활동을 하면서 가장 힘든 일이 있었을 때 모든 것을 접어버리기로 결심하고 며칠 나가지 않는 동안 큰아이가 한 말이다.

큰아이가 초등학교 들어갈 때 학부모회 활동을 시작했고 몇 년 지나지 않아 회의감이 들어 더 이상 활동할 의욕을 잃었다. "그냥, 엄마가 힘들기도 하고 너희들도 봐주지 못하는 것 같고 집안일도 엉망이고 그래서 그만둘까 해." 그랬더니 아이는 집안일은 자기가 도울 테니 계속했으면 좋겠다고 했다. 그러면서 "엄마가 그랬잖아. 사람은 하고 싶은 일을 하고 살 때 제일 행복하다구. 그리고 난 엄마가 여러 사람들 앞에서 뭔가 이야기할 때 자랑스럽거든." 했다. 유독 장난도 심하고 여자아이들도 많이 괴롭힌 개구쟁이라 학교만 가면 여자아이 엄마를 만나기가 두려웠는데 벌써 엄마를 헤아릴 만큼 저렇게 컸구나 싶었다. 이 말에 다시 힘을 얻었다.

돌아보면 늘 덜렁거리고 보살핌과 격려가 필요한 나를 오히려 아이들이 도와주고 보호해주었던 것 같다. 회의가 늦게 끝나 저녁시간을 넘기고 부랴부랴 집에 왔을 때 고사리 같은 손으로 저녁상을 차리는 작은아이와 남편의 행복한 표정을 잊을 수가 없다. 내가 부족한 엄마여서 오히려 아이가 더 크는 것 같았다. 어떤 날은 저녁회의에 가야 하는데 아이가 유난히 떼를 썼다. 간신히 달래고서 나오는데 비가 오고 있었다. 시간이 늦어 다시 집으로 들어가기가 곤란해 그냥 버스정류장으로 가 있는데 딸아이가 우산을 들고 정신없이 뛰어왔다. 버스가 와서 고맙다는 말도 못하고 우산을 받아들고 올라 탄 채 손만 흔들었다. 그날 회의장에 갈 때까지 버스 안에서 울었다.

바쁜 엄마 덕분에 아이들도 많이 힘들고 외로웠을 것이다. 유독 엄마 곁에서 떨어지기 싫어하는 작은아이는 3학년 때쯤 자기 소원을 적는 칸에 '햇볕이 따뜻하게 들어오는 거실에 엄마랑 누워 텔레비전 보는 것'이라고 써서 날 울리기도 했다. 이렇듯 지난 날을 떠올려보면 아이들 덕분에 지금까지 학부모회 활동을 계속할 수 있지 않았을까 싶다.

* * *

이제 그 아이들이 군대에 가고 대학을 다니고 있다. 지나온 시간을 생각해보면 부모 노릇 하기도 만만치 않지만 학부모 노릇하기는 더더욱 힘들었던 것 같다.

나는 처음 학교운영위원이 되고서 그동안 공부해왔던 것을 펼칠 수 있는 좋은 기회라고 생각했다. 만반의 준비를 하고 맞이한 첫 회의. 하지만 현실은 가혹했다. 회의 참관하러 온 학부모들에게는 왜 왔냐 하고, 학부모위원이 아니라 '누구누구 어머니'로 불리는 실망감. 앞으로 아무것도 학교 안에서 할 수 없겠구나 생각했었다. 암담함 때문에 밥알이 모래알 같았다. 그런데 다행히 내 주변에 비슷한 경험을 한 학부모들이 많았고 서로 격려하면서 건강한 치맛바람을 일으킬 수가 있었다. 아마 혼자였다면 포기하고 말았을 것이다.

학부모 운영위원으로 활동하면서 가장 어려웠던 것은 같은 학부모들이었다. 어머니회 회장은 운영위원이 되었으니 찬조금을 내라고 했다. 찬조금을 낼 수 없는 사정과 또 그런 것을 거두면 안 된다는 이야기를 했지만 관례라는 이름으로 몇 년을 그렇게 걷어온 회장은 나를 뻔뻔한 학부모로 몰면서 가까이 해서는 안 될 학부모라고 소문을 냈다. 처음에는 그런 눈초리가 매우 불편했지만 시간이 흐르면서 나를 응원해주는 학부모들이 늘어갔다. 본인이 하지는 못하지만 내가 하고 있는 일이 옳다는 것을 지지하는 학부모들의 힘으로 운영위원에 거듭 당선되었다.

아이가 학교에서 성장하는 만큼 나 또한 학부모로서 성장해갔다. 특히 참교육학부모회 상담실 활동은 내게도 큰 도움이 되었다. 다른 학부모들과 함께 문제해결을 위해 고민하면서 어느덧 많은 것을 품어 안을 수 있게 되었다. 아이와의 갈등문제를 상담하면서 우리 아이와 나를 다른 각도에서 바라볼 수 있게 되었고 학교 다니기 힘들어하는 아이를 지켜보는 눈물 젖은 사연을 상담하는 학부모와는 함께 울었다. 또 서로 조금씩 이해하면 해결될 일을 집요하게 문제 삼아 일을 더 키우는 상담전화를 받았을 때는 옆에 있으면 한 대 쥐어박고 싶을 때도 있었다. 직접 만나 심각한 문제를 함께 해결하기도 했다. 이 모든 일들이 나에게 아주 큰 인생 공부였다. 지금 돌이켜보면 내가 만약 참교육학부모회를 만나지 못했다면 어떤 학부모가 되어 있을지 참 궁금하다. 어쩌면 이 학원 저 학원 아이를 실어 나르느라 정신없지 않았을까?

첫아이가 초등학교에 입학할 당시 결혼 후 간신히 잡았던 일터를 포기하고 집안에 들어앉았다. 남편은 아이가 초등학교 들어가면서부터는 엄마가 집에 있어주기를 아이보다 더 간절히 바랐던 것 같다. 장난끼 많은 아이는 만만치 않게 학교에서 크고 작은 일들을 몰아왔고 주변의 학부모들은 노골적으로 봉투 갖고 학교 좀 가보라고 충고했다. 막연하게 학부모 역할이 이런 건 아닌데 라는 생각을 갖고 갈등하고 있을 때 남편이 참교육학부모회를 권유했다. 아이 문제 때문이기도 했지만 일을 그만둔 나에게 맞는 일이 있을 거라며…. 드물게도 그렇게 남편의 추천으로 참교육학부모회 활동을 시작했다.

그 당시 나는 동사무소 가기도 무척 싫어하는 소심한 주부였다. 학교에 대해 무지했던 내가 그때 선배 학부모들의 충고에 따라 봉투 들고 학교를 드나들기 시작했으면 아마도 꽤나 치맛바람 날리고 다니는 학부모가 되어 있었을 게다. 아니면 소심한 내 성격 탓에 아이 교육 문제나 선생님과의 관계 문제로 초등학교 6년을 갈등의 연속 속에서 보내지 않았을까? 그러니 참교육학부모회 덕분에 나는 학부모로서 건강하게 설 수 있었고 당당하게 살 수 있는 자신감을 얻었다. 또 활동을 하면서 함께 늙어가고 싶은 친구를 만났고 오래도록 존경하고 싶은 사람도 만났고 노후 인생설계도 할 수 있었다. 그래서 지금은 내 나름 현실적인 대안이라고 생각하는 어린이도서관을 운영하고 있다. 아이들이 가끔 와서 쉴 수 있는 곳, 친구나 오빠, 동생을 만나 마음껏 놀 수 있는 공간을 만들기 위해 애쓰고 있다. 지금 이 순간 학부모들에게 도움이 되는 책을 십여 년을 함께 활동했던 박이선 씨와 함께 낼 수 있어서 좋다. 그래서 난 행복한 학부모다.

* * *

요즈음 열심히 활동하는 회원과 우연히 이야기를 나눌 기회가 있었다. "요즘 학부모로 살기가 뭐가 제일 힘들어요?" 물었더니 "주변에 학부모들 때문에 힘들어요." 한다. 사연인즉, 올해 중학교에 간 큰아이가 학원 다니는 걸 싫어해서 집에서 혼자 책도 보고 운동도 하며 지내는데, 주변 엄마들이 아이를 왜 그렇게 방치하냐며 학원 보내지 않는 것을 비난한단다. 가까이 하면 나쁜 물이라도 들 것처럼 터부시하는 눈초리들이 참 견디기 힘들다고 했다.

학부모로서 소신을 갖고 살기가 참 어려운 땅!! 다양함을 무시하는 교육풍토, 일 등이어야만 얼굴 들고 살 수 있는 학부모와 아이들. 참 척박하다. 이 척박한 교육의 볼모지어서도 살아남을 방법은 있다. 쫌 뻔뻔하게 살면 된다. 주변에서 공부 못한다고 수군대면 공부말고 잘하는 것을 찾으면 된다. 일류대학보다 인간미 넘치는 따뜻한 마음을 자랑하자. 시험점수를 자랑할게 아니라 인사 잘하는 아이, 친구와 잘 노는 아이를 자랑할 수 있어야 한다. 아이에게 내 부모는 항상 따뜻하고 든든한 후원자라는 걸 알게 하고, 학부모로서는 항상 건강한 학교지킴이가 되어야 한다. 할 일 다 하고 당당하게 자기 목소리를 내는 학부모들이 많아질 때 수많은 우리 아이들이 즐겁게 학교를 다닐 수 있을 것이다. 부디 그런 날이 빨리 오기를 바란다.

힘든 학부모들에게 조금의 희망이 되길 기원하며
황수경

'바로 서는 학부모, 우뚝 서는 아이들'

사단법인 참 교육을 위한 전국 학부모회 1989년 9월 22일, 우리 아이들에게 행복한 교육환경을 만들어 주고자 하는 학부모들의 염원을 모아 창립하였습니다. 뿌리 깊은 주입식 입시경쟁보다는 우리 아이들 모두가 저마다의 소질과 개성, 꿈과 소망을 펼칠 수 있는 교육환경을 만들고자 활동하는 학부모 모임입니다. 2010년 10월 현재 전국 14개 지부와 42개 지회가 있습니다.

주요 활동

학부모 눈으로 보는 교육정책과 연구사업

'교육 격차 해소, 아이들이 행복한 교육'을 만들어갑니다. 일상적인 교육연구 활동을 바탕으로 정부 교육정책에 학생과 학부모의 이해와 입장을 반영하는 활동을 합니다.

* 교육정책에 대해 의견서 제출, 성명서 발표, 서명·청원 활동
* 교육현안에 대해 토론회 개최, 사회여론 조성
* 학력·학벌 타파와 올바른 입시제도 개선 활동
* 교육재정 확보와 학부모 교육비부담 경감사업 등

학부모가 참여하는
아름다운 학교 문화 만들기 사업

학교와 학부모 사이의 올바른 소통과 참여로 아이들이 행복한 학교를 만들어갑니다.

* 학교운영위원회 참여와 불법 찬조금 근절과 예방 활동
* 학교급식 개선 활동
* 값싸고 질 좋은 졸업앨범 만들기, 교복 공동구매 활동
* 교육자치활동에 관한 상담과 지원
* 학교 안 자원봉사 활동

학부모로 살아가기!
자녀와 함께 삶을 배우고 나누는 활동

아이들과 함께 크는 학부모가 되고자 노력합니다.

* 교육현실의 이해를 돕는 학부모교육 강좌
* 새 학기 학부모 교실
* 부모 역할 교육, 학부모 상담 교육
* 40여개 지회에서 이루어지는 소모임 활동 (글쓰기, 역사, 풍물, 미술, 영어 등)
* 청소년 스스로 지킴이 활동, 학생 인권 증진 활동(체벌 금지, 학생회 법제화)
* 어린이사업 (어린이날 행사, 방학프로그램, 체험학습)

학부모들의 고충을 상담하는
'학부모 상담실' 운영

자녀들과의 갈등, 학교와의 갈등에 대해 상담하실 수 있습니다.

* 학부모상담원 양성교육
* 불법 찬조금과 촌지, 학교운영위원회와 학교 참여, 학습 및 진로지도, 체벌과 학교폭력에 대한 상담(인권보호 법률자문단과 협력)
* 전화 상담, 면접 상담, 민원소송 및 법률 대응,

사이버 상담(공개, 비공개)

* 학부모상담실 ☎ 02-393-8980

　사이버상담 sangdam310@daum.net

　www.hakbumo.or.kr

학부모회를 널리 알리기 위한 홍보활동

* 매달 '학부모신문' 발행
* 40여 개 지회에서 '참교육소식' 발행
* 홈페이지 운영 www.hakbumo.or.kr
* 각종 토론회와 행사 자료집 발행

참 교 육 학 부 모 회 회 원 이 되 어 주 세 요 !

우리 아이들이 올곧고 참되게 자라기를 바라고 본회의 뜻에 동의하는 일반인은 누구나 회원이 될 수 있습니다. 회원가입을 원할 경우 해당 지부지회 또는 본부에 전화로 신청하시고, 매달 일정액 이상 원하시는 만큼 회비를 정해 납부하시면 됩니다. 단 한 번의 회비도 기부금 납입증명서를 발급해 드립니다. 연말 소득 공제 시 세금 혜택도 받을 수 있습니다.

회원이 되시면

정회원

* 본회 정관에 따라 회원으로서 권리(피선거권, 선거권, 발언권, 표결권)와 의무를 지닙니다.
* 매달 약정한 회비를 납부하며, 회에서 발간하는 학부모신문과 소식지를 매달 받아 보실 수 있고, 본부 및 지부·지회의 강좌 참여시 수강료를 할인받을 수 있습니다.

후원회원

* 소정의 회비를 납부합니다.

* 학부모신문과 소식지를 매달 받아 보실 수 있고 본부 및 지부, 지회의 강좌 참여 시 수강료를 할인받을 수 있습니다.

회비 납부 방법

CMS(자동이체)

금융결제원과 은행의 통합 전산망을 통해 약정된 회비를 매월 회원의 계좌에서 자동으로 출금되는 이체 서비스입니다. 홈페이지(hakbumo.or.kr) '후원하기' 코너에서 신청하시거나, 본부 총무국(02-393-8900) 또는 전국 지부·지회에 신청하시면 됩니다.

무통장 입금

신한은행 325-01-168996(예금주 참교육을위한전국학부모회)으로 입금하시면 됩니다.

자세한 문의는 전화(본부 02-393-8900),
전자우편(hakbumo@chol.com),
홈페이지(www.hakbumo.or.kr)로 하시면 됩니다.

학 부 모 헌 장

지금 우리의 아이들은 21세기를 살아갈 아이들이다. 지금보다 더욱 정보화, 세계화, 다원화된 사회에서 개성과 소질, 자율성을 존중받으며 살아야 할 아이들이다. 그러나 우리는 참된 사람을 길러내고 이러한 시대변화에 알맞은 인재를 양성하는 데에 소홀히 해왔다.

지난 수십 년간 우리 교육을 다행으로 몰고 온 입시위주 교육과 학력위주 풍토 속에서 우리 아이들은 미래사회에 요구되는 창의성과 자율성, 더불어 사는 공동체 정신을 키워오지 못하고, 저마다 지닌 아름다운 개성과 꿈, 삶의 목표를 잃은 채 방황하고 있다. 그러나 학부모들은 입시경쟁교육에 시들어가는 아이들에게 더욱 더 공부만을 강요했을 뿐, 즐겁게 배우고 생활할 수 있는 학교 환경을 만들고, 올바른 교육정책에 참여하는 학부모의 권리와 책임을 스스로 저버린 채 우리 교육의 파행성을 더욱 부추겨왔다.

이제 우리 학부모는 달라져야 한다.

우리 아이들에게 잃어버린 꿈과 웃음을 되찾아주고, 밝은 미래를 살아갈 힘과 용기를 주기 위해 학부모가 나서야 한다. 내 자녀를 개성과 창의성 있는 아이, 더불어 함께 살아가는 아이로 키우기 위해 슬기로운 부모가 되어야 하며, 학교를 즐거운 배움의 장으로 만들 수 있도록 진정한 교육개혁을 요구하고 참여하는 부모가 되어야 한다. 나아가 모든 아이들이 올곧게 자랄 수 있는 건강한 사회·환경을 만들기 위해 함께 노력하는 부모가 되어야 한다.

이를 위해 오늘, 우리 학부모들은 우리 아이들이 좋은 환경에서 좋은 교육을 받도록 해야 할 책임과 권리를 자각하며, 우리 교육의 진정한 발전을 위해 지혜와 힘을 모아 가정과 학교, 지역사회에서 다음 사항을 실천해나갈 것을 다짐한다.

우리의 다짐

우리는 가정에서 ————————

* 성적보다는 자녀의 인성과 소질,
  소망을 더 존중한다.
* 자신의 삶을 스스로 책임지고
  가꾸는 사람으로 성장하도록 돕는다.
* 땀 흘려 일하는 노동의 귀함을 깨닫도록
  자녀에게 모범을 보인다.

* 더불어 사는 지혜와 사랑을
  부모의 삶을 통해 배우도록 한다.

우리는 학교에서 ————————

* 내 아이만이 아닌, 모든 아이들을 위한
  평등교육을 지향한다.
* 좋은 학교, 즐거운 교실을 위해 학교운영위원회와
  학부모회에 관심을 갖고 적극 참여한다.
* 학교발전과 교사의 교육활동을 돕는
  학교자원봉사에 앞장선다.
* 올바른 교육정책이 수립될 수 있도록
  학부모의 교육권을 바르게 행사한다.

우리는 사회에서 ————————

* 학력(學歷)과 학벌보다는 사람됨과
  능력으로 평가하는 사회를 위해 노력한다.
* 성과 지역, 직업에 대한 편견과
  차별이 없는 사회를 위해 실천한다.
* 분단의 아픔을 대물림하지 않고
  이를 극복하기 위해 앞장선다.
* 올바른 교육개혁을 위해
  모든 부문의 사회개혁에 참여한다.

연혁

1989 참교육을 위한 전국 학부모회 창립대회 (9.22), 육성회비 반환청구 소송

1990 돈봉투 없애기 운동 및 학생인권유린 방지를 위한 결의대회

1991 '학부모 신문' 창간호 발간, 선생님과 함

께 하는 청소년 문화 한마당

1992 어린이 캠프 '숲속학교', '한새어린이학교' 개최 , 교과전담제 요구활동

1993 교육재정 확충을 위한 활동 등 각종 교육현안 정책대응 활동

1994 불법 찬조금 고발 창구 개설, 초등학교 급식 지원 요구

1995 학교운영위원회 올바른 정착을 위한 활동, 제 1차 상담원 교육

1996 학교운영위원회 학부모 지침서 제작, 학교폭력 및 청소년 문제 전담전화 증설 운영

1997 학교운영위원회 평가와 대안 마련 활동, 체벌토론회 개최

1998 '스승의 날 옮기기' 운동, 학부모 자원봉사활동 교육

1999 대학등록금 삭감 국민교육비 부담 경감촉구 활동, 농어촌과 소규모학교 학교통폐합의 법적검토와 그 대응에 관한 토론회 개최

2000 '값싸고 질 좋은 졸업앨범 만들기' 활동, 학부모 정보화 교육 사업

2001 교복공동구매 전국네트워크 참여, 학교급식 지침서 발간, '학생의 학운위 참여 법제화' 토론회 개최, 인터넷문화를 위한 부모교육 실시

2002 어린이신문 강제구독 거부 운동, 학교급식법 개정 활동, 또래상담캠프 개최

2003 불법 찬조금 사례 신고 창구 개설 및 해당 사례 감사요구 활동, 학생체벌금지를 위한 법 개정 활동, 학교안전공제회 토론회 개최

2004 새내기 학부모 교육 및 좋은 학교도서관 만들기 운동, 학생체벌 금지를 위한 헌법소원 심판청구, 대입제도 개선 촉구 단식 농성

2005 학교 참여의 다양한 사례 발굴과 활동 보고대회, 학부모포럼 및 학부모 상담원 교육, 가고 싶은 학교 만들기 공모전

2006 2008학년도 논술 위주의 서울대 입시안 철회 사업, 촌지에 대한 학부모 설문지 조사와 분석, 전국 학교 예결산과 학교생활규정 조사 및 분석

2007 특목고 우대 입시전형 철회 및 특목고 정책전면 재검토 촉구 활동, 학교운영지원비 폐지 활동, 대학입시제도 개선 활동

2008 전국단위 일제고사 반대 및 교사 부당징계 철회 요구, 학교운영지원비 반환청구소송 및 납부거부 운동, 서울국제중학교 설립 반대 활동

2009 등록금 네트워크 연대 활동, 무상급식 실현 연대 활동, 자율형 사립고 반대 활동